독자의 1초를
아껴주는 정성을
만나보세요!

세상이 아무리 바쁘게 돌아가더라도 책까지 아무렇게나 빨리 만들 수는 없습니다.
인스턴트 식품 같은 책보다 오래 익힌 술이나 장맛이 밴 책을 만들고 싶습니다.
땀 흘리며 일하는 당신을 위해 한 권 한 권 마음을 다해 만들겠습니다.
마지막 페이지에서 만날 새로운 당신을 위해 더 나은 길을 준비하겠습니다.

길벗 IT 도서 열람 서비스

도서 일부 또는 전체 콘텐츠를 확인하고 읽어볼 수 있습니다.
길벗만의 차별화된 독자 서비스를 만나보세요.

더북(TheBook) ▶ https://thebook.io

더북은 (주)도서출판 길벗에서 제공하는 IT 도서 열람 서비스입니다.

ZUKAI SOKUSENRYOKU SYSTEM SEKKEI NO THEORY TO JISSENHOHO GA KORE
1SATSU DE SHIKKARI WAKARU KYOKASHO by NAOKI ISHIGURO
Copyright © 2023 Gloria, Limited
All rights reserved.
Original Japanese edition published by Gijutsu-Hyoron Co., Ltd., Tokyo

This Korean language edition published by arrangement with Gijutsu-Hyoron Co., Ltd., Tokyo
in care of Tuttle-Mori Agency, Inc., Tokyo, through Botong Agency, Seoul.

이 책의 한국어판 저작권은 Botong Agency를 통한 저작권자와의 독점 계약으로 길벗이 소유합니다.
신 저작권법에 의하여 한국 내에서 보호를 받는 저작물이므로 무단전재와 무단복제를 금합니다.

그림으로 이해하는 시스템 설계
SYSTEM DESIGN

초판 발행 · 2024년 9월 30일

지은이 · 이시구로 나오키
옮긴이 · 서수환
발행인 · 이종원
발행처 · (주)도서출판 길벗
출판사 등록일 · 1990년 12월 24일
주소 · 서울시 마포구 월드컵로 10길 56(서교동)
대표전화 · 02)332-0931 | **팩스** · 02)323-0586
홈페이지 · www.gilbut.co.kr | **이메일** · gilbut@gilbut.co.kr

기획 및 책임편집 · 이원휘(wh@gilbut.co.kr) | **디자인** · 장기춘 | **제작** · 이준호, 손일순, 이진혁
영업마케팅 · 임태호, 전선하, 차명환, 박민영, 박성용 | **유통혁신** · 한준희 | **영업관리** · 김명자 | **독자지원** · 윤정아

편집 진행 · 강민철 | **전산편집** · 박진희 | **출력 · 인쇄 · 제본** · 예림인쇄

- 잘못 만든 책은 구입한 서점에서 바꿔 드립니다.
- 이 책은 저작권법에 따라 보호받는 저작물이므로 무단전재와 무단복제를 금합니다.
  이 책의 전부 또는 일부를 이용하려면 반드시 사전에 저작권자와 ㈜도서출판 길벗의 서면 동의를 받아야 합니다.

ISBN 979-11-407-1105-5 93000
(길벗 도서번호 080424)

정가 22,000원

독자의 1초를 아껴주는 정성 길벗출판사

(주)도서출판 길벗 | IT교육서, IT단행본, 경제경영서, 어학&실용서, 인문교양서, 자녀교육서　www.gilbut.co.kr
길벗스쿨 | 국어학습, 수학학습, 어린이교양, 주니어 어학학습, 학습단행본　www.gilbutschool.co.kr

페이스북 · www.facebook.com/gbitbook

그림으로 이해하는 시스템 설계

이시구로 나오키 지음
서수환 옮김

일러두기

- 책에 기재된 내용은 정보 제공이 목적입니다. 추후 운영에는 반드시 여러분 자신의 책임과 판단이 필요합니다.
- 책의 정보는 2024년 8월의 내용입니다. 책의 설명, 기능 내용, 화면 등이 추후 변경될 수 있습니다.
- 웹사이트나 서비스 내용 변경 등에 따라 웹사이트를 확인할 수 없거나 서비스를 받을 수 없는 경우가 있을 수 있습니다.
- 본문에 등장하는 제품 등의 명칭은 모두 관련된 회사의 등록 상표입니다. 본문에 ™, ®, ©은 명시하지 않았습니다.

지은이의 말

읽어 주셔서 감사합니다. 주식회사 글로리아의 이시구로 나오키라고 합니다. 이전에는 일본을 대표하는 시스템 개발사(SI)인 주식회사 노무라 종합 연구소에서 시스템 엔지니어로 15년간 근무하면서, 높은 품질이 필요한 금융계 시스템을 주로 담당했습니다.

이 책은 『IT 시스템의 정석: 사례로 배우는 시스템 기획·개발·운용·유지보수』에 이은 정보 시스템 관련 전문서입니다. 『IT 시스템의 정석』에서는 시스템 수명주기(life cycle)를 중심으로 회사의 정보 시스템 부서가 파악해야 하는 전체 모습과 반드시 알아야 하는 노하우를 체계적으로 정리했습니다. 이 책은 그중 시스템 설계에 초점을 맞춘 전문서입니다.

이 책은 시스템 개발을 처음 접하는 분, 앞으로 시스템 개발에 참여할 가능성이 있는 분, 시스템 설계에 흥미가 있는 분 등 처음 시작하는 분들을 대상으로 처음 손에 잡히는 책이 될 수 있도록 만들었습니다. 이를 위한 콘셉트로 ① 시스템 설계의 전체 모습을 이해할 수 있다, ② 포괄적인 개요를 파악할 수 있다, ③ 더 깊이 배울 수 있는 팁과 힌트를 알 수 있다. 이렇게 세 가지 요소를 중심으로 정리했습니다. 또한, 시스템 용어로 설명하여 키워드를 통해 스스로 검색해서 찾아볼 수 있도록 구성했습니다. 깊게 파고들어 배움의 너비를 넓혀 보시기 바랍니다.

그러나 시스템 개발 현장에서 필요한 기술이나 노하우처럼 '실무에 곧바로 활용할 수 있는 정보'는 깊게 다루지 않습니다. 예를 들어 프로세스 정리 방법만 해도 상세한 내용은 현장에 따라 달라지는 경우가 많습니다. 초보자에게는 오히려 혼란스럽기만 할 뿐이므로 개별적인 케이스는 따로 다루지 않았습니다. 이런 노하우는 다른 기회에 소개할 수 있길 바랍니다.

SYSTEM DESIGN

이 책을 통해 시스템 개발에 조금이라도 흥미가 생기고, 시스템 설계가 어떤 것인지 이해하고, 다음 단계로 성장하는 계기가 된다면 큰 영광일 것입니다.

이시구로 나오키

옮긴이의 말

SYSTEM DESIGN

시스템 개발자의 어려움을 정리하면 크게 두 가지로 나닙니다.

첫 번째는 '이게 왜 안 되지?'이고,
두 번째는 '이게 왜 되지?'입니다.

근본 원인을 따지면 설계대로 되지 않았거나 아니면 설계가 잘못된 경우가 대부분이었습니다.

이 책은 개발 과정의 처음부터 끝까지 커다란 영향력을 끼치는 설계 자체를 상세히 다룹니다. 일반적인 설계 관련 서적은 설계가 어떤 일을 하는지 그 방법에 주목하지만 이 책은 그런 과정이 왜 필요하고 어떤 곳에서 쓰이는지 이유를 이해하고 효과적인 설계를 스스로 할 수 있도록 돕는 내용이 많이 담겨 있습니다.

설계가 중요하다는 말은 많이 들었지만 왜 그런지 이해하기 어려웠던 분에게 이 책이 많은 도움이 되길 바랍니다.

착하지만 자기가 듣기 싫은 말은 종종 못 들은 척하는 꾀를 부리기 시작하는 현이와 제가 게으름을 부리면 모범을 보이라며 응원 아닌 응원을 하는 사랑하는 가족과 편집자분에게 고맙다는 말을 하고 싶습니다. 여러분도 이유는 몰라도 어쩐지 되는 일이 많아지는 그런 나날이길 빕니다.

2024년 여름
서수환

베타테스터 후기

저는 업무상 시스템 설계, 특히 하드웨어, 소프트웨어(OS 등) 구성에 관한 산출물을 많이 검토하고 있습니다. 이 책은 저자가 언급했듯이 시스템 개발 및 설계에 참여할 가능성이 있거나 또는 관심이 있거나 저처럼 관련 문서를 검토하고 검수하는 책임자를 위한 책으로, 시스템 설계의 모든 부분(미들웨어, OS, 보안, 네트워크, 외부 접속 설계 등)에 대해 어떤 것을 챙겨야 할지 길잡이가 되어 주는 책입니다. IT 분야에 종사하는 분이라면 시스템 설계 전체를 파악할 수 있어 한번 읽어 볼 만한 유익한 내용입니다.

최규민_국가정보자원관리원

책을 읽고 나니 첫 PM을 맡았던 프로젝트가 생각나더군요. 분명 평소에 쭉 해 오던 개발/설계와 크게 다를 바 없는데 어디서부터 어떻게 해야 할지 모르겠던 그 막막함. 그때 '이 책을 만났더라면 얼마나 좋았을까?'라는 생각을 해 봅니다.
전체적으로 시스템 설계라는 숲을 파악할 수 있게 아주 꼼꼼히 설명한 점이 인상깊었습니다. 로직 설계/테스트를 진행한 경험이 있는 주니어 개발자나, 전체 시스템 설계 경험은 있지만 체계적으로 정리해 본 적이 없는 시니어 개발자에게 적극 추천합니다. 특히 각 챕터별로 해당 챕터와 연관된 문서 작성 시 참고할 수 있는 목차 가이드라인은 따로 기록해 둘 만큼 유용한 정보라고 생각합니다. 시스템 설계라는 분야는 프로젝트가 클수록 많은 이해관계가 상충되고, 범위가 넓어서 어느 순간 길을 잃어버리기가 쉬운데, 망망대해의 등대처럼 좋은 가이드 역할을 해 주는 내용이네요. 개발자 리더에서 프로젝트 관리자로 넘어가는 분이라면 꼭 한번 읽어 보면 좋겠습니다.

장태욱_단디소프트 대표

초반에는 너무 함축적으로 짧게 설명하는 것 아닌가 하는 생각도 들었는데 '그림으로 이해하는 시리즈'의 정해진 양식에 맞추면서도 복잡한 시스템 설계에 대한 큰 그림을 살펴보는 데는 매우 적절한 설명 방법이라고 생각했습니다. 그림으로 쉽게 설명해주는 유용한 서적이라니 관련 엔지니어에게 단비 같은 소중한 책이라 생각합니다. 이 책을 통해 현업 종사자들이 편안하게 읽고 쉬어 갈 수 있길 희망합니다.

전봉규_LG CNS 임베디드 시스템 개발자

SYSTEM DESIGN

시스템 설계부터 보안, 배치, 화면 기획서, 서버 장애 등 IT 전반적인 구성에 대해서 확인하고, 필요한 절차 및 구성요소에 대해서 쉽게 파악할 수 있습니다. 우리는 시스템에 모든 사항을 다 적용하지 않지만, 모르고 못하는 것과 알지만 점진적으로 확대해 가는 것은 다릅니다. 처음부터 시스템을 크게 시작하는 경우도 있고, 아닌 경우도 있습니다. 물리적인 환경, 기업 환경도 모두 다르기 때문에 이 책을 내가 알고 있는 것과 조금 더 이후에 알아가야 하는 지침서로 활용하면 더욱 도움이 될 것입니다.

박찬웅_롯데렌탈 소프트웨어 개발자

저는 아키텍트 직군은 아니었지만 다양한 직군과 회사에서 다양한 설계서, 요구서를 경험했습니다. 베타 리딩을 통해 시스템 설계와 설계 요구서 등 폭넓은 내용을 알 수 있어 견문도 많이 넓힐 수 있었습니다. 사실 이 정도의 아키텍처 혹은 시스템 설계를 저연차 주니어들이 읽을까, IT에서 경험이 가능할까 싶지만, 그럼에도 제가 알지 못하는 내용까지 다뤄서 좋았습니다. 시스템 설계에 관심있는 분 혹은 어느 정도 대형 규모의 프로젝트를 진행하는 실무진 분에게 많은 도움이 될 것 같습니다.

최치영_매드업 SRE

이 책은 소프트웨어 개발 수명주기 안에서 전체적인 시스템 구축에 필요한 설계 포인트에 대해 '설계 목적, 작성 단계, 조언'이라는 구성으로 최대한 핵심만 설명하고 있습니다. 여기에 그림과 표를 통해 쉽게 이해할 수 있도록 구성했습니다.
이 책의 모든 설계 포인트를 한 사람이 다 알아야 하는 것은 아니지만 개발 경력이 쌓이고 개발자에서 아키텍처 또는 그에 준하는 업무를 맡게 되었을 때는 소개하고 있는 내용들이 얼마나 필요한 부분인지 느낄 수 있을 것입니다.

유형진_데브구루 디바이스 드라이버 개발자

프로젝트 개발 및 유지보수에 있어 가장 핵심적인 요소는 시스템 설계 문서화입니다. 문서는 다른 사람과 의사소통을 하거나 프로젝트의 현 상태를 정확히 파악하는 데 필수적입니다. 이 책은 시스템 설계와 관련 문서에 대해 정확히 배울 수 있습니다. 예전에 대기업 또는 공공 프로젝트를 경험하면서 접해 본 시스템 설계 문서를 이 책을 통해서 확인할 수 있었습니다.

개발자부터 아키텍처, PM까지 해당 시스템 설계 및 문서 항목은 폭넓은 독자층에게 유용할 것입니다. 시스템 설계 방식과 문서화를 어떻게 해야 하는지 알 수 있고, 섹션마다 적절한 샘플을 제시하여 실제 업무에 바로 적용할 수 있는 문서 템플릿과 예시를 얻을 수 있습니다. 즉, 단순한 이론서를 넘어 실용적인 가이드북 역할을 훌륭히 수행하고 있습니다. 현대 소프트웨어 시스템의 설계와 문서화에 관심 있는 모든 IT 전문가에게 이 책을 강력히 추천합니다.

여병훈_엔티소프트 서버 개발자, PM

IT 시스템이나 솔루션이 만들어지기까지 여러 가지 고도의 지적 활동이 단계적으로 수행됩니다. 요구사항이 적절한 기능으로 구현되기 위해서는 시스템 설계라는 과정을 거치게 마련인데, 이 과정에서 기능 요구사항과 더불어 비기능 요구사항이 누락 없이 얼마나 효과적으로 반영되느냐에 따라 시스템의 완성도가 달라집니다. 이 책은 독자들에게 시스템 설계에 관해 숲에서부터 나무까지 들여다볼 수 있는 여정을 제공합니다.

폭포수 모델을 기반으로 설명하는 부분이 살짝 아쉽지만 아직까지 가장 일반적으로 머릿속에 그려보고 이해할 수 있는 부분이라 나쁘지 않다고 생각합니다. 또한 설계에 관해 내용을 풀어 가기 전에 전체적인 시스템 개발 과정과 이후 설계에 영향을 줄 수 있는 개념들을 언급함으로써 설계에 국한된 시야에 한정되지 않도록 하는 저자의 세심함도 보입니다.

독자들은 전체 설계라는 것에 대한 통찰을 통해 숲을 보고, 나무에 해당하는 분야별 상세 설계로 세부적인 내용으로 접근할 수 있기에 시스템 설계에 대한 개념과 기초를 잡는 데 어려움이 없습니다. 이 책은 개발자뿐만 아니라 시스템 운영자에게도 본인들이 운영 중인 시스템이 설계되는 과정을 이해하고 운영에 필요한 주안점을 파악하는 데 필요한 인사이트를 제공해 줄 것입니다.

김용회_(주)씨에스피아이 이사, 시스템 운영 조직 담당

SYSTEM DESIGN

마침 회사에서 소프트웨어 산출물 관리 업무를 하게 되었습니다. 예전에 소프트웨어 공학 공부를 하면서 어렴풋하게 배웠던 내용을 이번 기회에 다시 살펴볼 수 있어서 좋았습니다. 책의 내용 역시 무겁지 않고, 중요한 내용이 섹션별로 잘 정리되어 있어서 내용을 쉽게 살펴볼 수 있었습니다. 물론 깊이 있게 내용을 살피려면 좀 더 자세하게 설명된 책을 찾아야 하겠지만, 이런 설계 업무를 처음 접하는 사람에게 좋은 가이드가 될 것이라고 생각합니다.

강찬석_LG전자 소프트웨어 엔지니어

복잡한 시스템을 설계할 때 필요한 이론과 실제 적용 방법을 명확하고 체계적으로 설명하고 있습니다. 특히 각 장에서 제시된 이론들은 실제 사례를 통해 구체화되어 실용적이고 이해하기 쉬웠습니다. 인상 깊었던 부분은 저자가 시스템 설계서의 중요성에 대해 강조한 점입니다. 시스템 설계서가 없을 때 동료, 후배, 선배 또는 후임자가 겪을 수 있는 어려움에 대해서 깊이 생각하게 됐습니다. 시스템 설계서가 부재할 경우, 새로운 팀원이 시스템을 이해하고 유지보수하는 데 많은 시간을 소모하게 되고, 그로 인해 팀 전체의 생산성이 저하될 수 있습니다. 이 책은 그러한 문제를 예방하기 위한 시스템 설계 문서의 중요성과 작성 방법을 잘 다루고 있습니다.

이학인_법원행정처 사법정보화실 실무관

목차

1장 시스템 설계가 차지하는 위치 ····· 017

Section 01 이 책의 전제 조건과 시스템 개발의 전체 모습 **018**
Section 02 요구사항 정의란? **023**
Section 03 설계란? **028**
Section 04 개발, 테스트란? **031**
Section 05 릴리스란? **035**
Section 06 유지보수, 운영이란? **037**
   COLUMN 프로세스마다 리소스가 얼마나 필요할까? **039**

2장 시스템 설계란? ····· 041

Section 07 이 책에서 말하는 시스템 설계의 정리 방법 **042**
Section 08 설계서를 작성하는 이유 **049**
Section 09 설계서의 종류 **052**
Section 10 전체 설계 개요 **054**
Section 11 입출력 설계 개요 **056**
Section 12 데이터베이스 설계 개요 **058**
Section 13 로직 설계 개요 **061**
Section 14 네트워크 설계 개요 **063**
Section 15 서버 설계 개요 **066**
   COLUMN 깊고 넓은 시스템 설계 **068**

SYSTEM DESIGN

3장 시스템 설계에 영향을 주는 개념 ····· 069

Section 16 소프트웨어 설계 모델   070

Section 17 프레임워크   073

Section 18 외부 요인, 내부 요인   075

Section 19 온프레미스와 클라우드   077

Section 20 가상화 기술   079

Section 21 미들웨어   082

COLUMN 소프트웨어 제작은 공부해야 하지만 사실은 재미있는 일   084

4장 전체 설계 ····· 085

Section 22 전체 설계의 흐름과 핵심   086

Section 23 시스템 아키텍처 설계   091

Section 24 신뢰성/안전성 설계(종합편)   096

Section 25 환경 설계(종합편)   101

Section 26 성능 설계(종합편)   105

Section 27 보안 설계(종합편)   110

Section 28 운영 방식 설계(종합편)   115

Section 29 외부 접속 방식 설계(종합편)   120

Section 30 표준화 설계   125

Section 31 테스트 방식 설계(종합편)   130

Section 32 마이그레이션 방식 설계(종합편)   135

COLUMN 이렇게까지 전체적인 설계가 필요한가?   139

5장 입출력 설계 ····· 141

Section 33 설계서 목록 **142**

Section 34 화면계: 화면 목록 **144**

Section 35 화면계: 화면 전이도 **146**

Section 36 화면계: 화면 공통 설계 **149**

Section 37 화면계: 화면 레이아웃 **152**

Section 38 화면계: 화면 입력 설계 **154**

Section 39 장표계: 장표 레이아웃 **157**

Section 40 IF계: 외부 접속 대상 목록 **159**

Section 41 IF계: 외부 접속 방식 설계 **161**

Section 42 IF계: IF 레이아웃 **163**

Section 43 기타: 전송 이메일 설계 **166**

> **COLUMN** 입출력 설계에는 시스템 지식과 더불어 의사소통 능력이 필요하다 **168**

6장 데이터베이스 설계 ····· 169

Section 44 설계서 목록 **170**

Section 45 볼륨 목록 **172**

Section 46 RDB: 데이터베이스 설정 **174**

Section 47 RDB: ER 다이어그램 **177**

Section 48 RDB: 테이블 레이아웃 **179**

Section 49 파일: 파일 설계 **182**

> **COLUMN** 데이터베이스 설계라면 일단 RDB **185**

SYSTEM DESIGN

7장 로직 설계 ····· 187

Section 50 설계서 목록 188

Section 51 유스케이스 다이어그램 191

Section 52 액티비티 다이어그램 193

Section 53 클래스 다이어그램 195

Section 54 시퀀스 다이어그램 197

Section 55 프로세스 흐름 다이어그램(플로차트) 200

Section 56 상태 전이 설계 202

Section 57 배치 전체 설계 204

Section 58 처리 설계(프로그램 사양서) 207

COLUMN 시스템 구축에는 시스템적 사고방식과
업계 특유의 지식이 필요하다 209

8장 네트워크 설계 ····· 211

Section 59 설계서 목록 212

Section 60 네트워크 전체 구성도(물리 구성) 215

Section 61 네트워크 전체 구성도(논리 구성) 218

Section 62 네트워크 제공 서비스 목록 221

Section 63 통신 요구사항 목록 223

Section 64 IP 주소 설계 226

Section 65 네트워크 서비스 설계 229

Section 66 방화벽 규칙 설정 정책서 232

Section 67 처리량 제어 설계 235

COLUMN 네트워크의 기초는 OSI 모델 배우기부터 238

SYSTEM DESIGN

9장 서버 설계 ····· 239

Section 68 설계서 목록 240

Section 69 서버 사양 설계 242

Section 70 가상화 설계 244

Section 71 서버 제품 구성서 246

Section 72 서버 가동 서비스 목록 248

Section 73 서버 설정 사양서 250

Section 74 서버 구축 절차서(클라우드편) 252

Section 75 서버 운영 설계 255

Section 76 장애 대응 절차서 257

COLUMN 서버 설계를 할 수 있으면 대부분 어떻게든 해결된다 260

10장 설계서 활용 ····· 261

Section 77 설계서는 개발만 위한 것이 아니다 262

Section 78 설계서는 지속적인 관리가 중요 264

Section 79 설계서는 영향 조사에 사용 266

Section 80 설계서는 시스템 품질 향상에 사용 269

Section 81 설계서는 교육에 사용 271

Section 82 설계서는 마이그레이션 준비에 사용 273

COLUMN 설계서는 필요 없다는 말도 안 되는 말 276

찾아보기 280

1장

시스템 설계가 차지하는 위치

시스템 설계의 세부 내용을 설명하기 전에 우선 시스템 개발에서 시스템 설계가 어떤 위치에 있는지 알아보겠습니다. 그리고 각 활동(공정, 프로세스)에 대한 개요를 살펴봅니다. 아울러 이 책의 전제 조건과 구성에 대해서도 설명합니다.

01 이 책의 전제 조건과 시스템 개발의 전체 모습

SYSTEM DESIGN

이 책은 시스템 '설계'를 설명하는 책이지만, 그러려면 먼저 시스템 개발이 무엇인지 알아야 합니다. 이 절에서는 이 책의 전제 조건을 정의하고, 시스템 개발의 전체 흐름을 설명합니다.

이 책에서 다루는 시스템이란?

이 책에서 말하는 시스템은 **프로그래밍을 통해 구축한 정보 시스템** 및 **서버에 해당 기능을 만들어 넣은 시스템**을 가리킵니다. 예를 들어 브라우저로 이용할 수 있는 사내 업무 시스템, 일반 소비자가 이용하는 EC(Electronic Commerce)(전자상거래) 사이트 등을 말합니다.

반면 기기에 설치해서 사용하는 방식, 즉 스마트폰 앱 개발, 윈도우 애플리케이션 개발 등은 대상에서 제외합니다. 설계 대상 요소가 다르기도 하지만, 하나로 묶으면 오히려 초보자가 보기에 혼란스러울 수 있으므로 무리하게 포함하지 않겠습니다. 물론 이 책에서 설명하는 많은 개념은 어디에나 활용할 수 있습니다. 그 외에도 전자레인지 내장 프로그램 같은 임베디드 시스템[1]도 대상에서 제외합니다.

---

1 임베디드 시스템(embedded system)은 제한 사항이 많아서 관련 규정이나 개발 방법론이 조금 다른 편입니다.

직접 시스템을 구축하는 경우를 다룸

정보 시스템을 사용하는 방법은 다양합니다. 이미 만들어진 시스템 서비스를 도입해서 사용하는 경우도 많습니다. 예를 들면 클라우드 회계 솔루션 등을 도입하는 경우지요.

이 책은 이런 서비스를 도입하는 용도의 설계가 아니라, 직접 시스템을 구축하는 경우를 대상으로 설명합니다. 앞에서 예로 든 클라우드 회계 솔루션이라면, 직접 구축하는 것에 해당합니다. 또한, 애플리케이션 개발뿐만 아니라 서버 같은 인프라 구축도 포함합니다.

▼ 그림 1-1 이 책에서 다루는 시스템

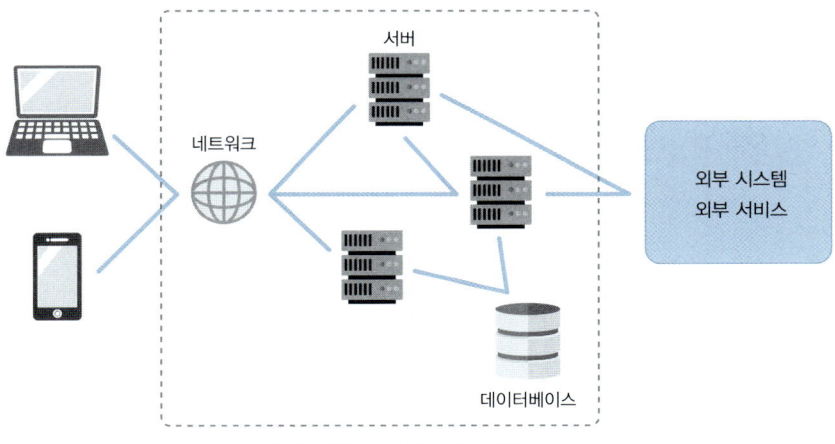

이 책에서 다루는 시스템 설계의 범위

× 대상에서 제외

클라이언트(윈도우나 Mac)
애플리케이션

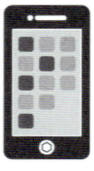
스마트폰 앱

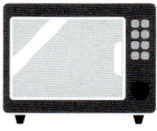
임베디드 프로그램

도입 서비스
(각종 설정 등)

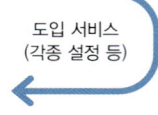

이미 존재하는
시스템 서비스

시스템 개발이란?

시스템은 프로그래밍 언어[2]로 작성되어 동작합니다. 하지만 (당연한 말이지만) 갑자기 아무 것도 없이 프로그래밍할 수 있는 것은 아닙니다. 시스템 구축은 흔히 건축에 비유하는데, 갑자기 프로그래밍부터 시작하는 것은 건축 도면 없이 땅에 기둥부터 세우는 것과 같습니다. **시스템 설계는 건축 도면을 만드는 것이라고 생각하면 됩니다.**

건축 도면을 작성한다고 생각해 봅시다. 어떤 건물을 지어야 할지 요구사항을 미리 확인합니다. 그리고 건물이 완성된 후에는 도면에 맞게 지어졌는지 전기 배선은 제대로 되어 있는지 확인(테스트)합니다. 마지막으로 건축물을 인계합니다.

---

[2] 조금이라도 프로그래밍을 아는 분이라면 C언어, 자바, 파이썬 같은 단어를 들어 본 적이 있을 것입니다. 엑셀 매크로에서 사용하는 VBA도 프로그래밍 언어 중 하나입니다.

시스템 구축도 마찬가지입니다. 요구사항을 확인하고, 해당 요구사항을 만족하도록 설계해서 조립합니다. 테스트하고 시스템을 실제로 사용합니다. 이 책에서는 이 일련의 대응을 시스템 개발이라고 정의합니다.

알기 쉬운 폭포수 모델로 설명

시스템 개발 방법론은 다양하지만, 고전적이고 이해하기 쉬운 폭포수 모델(Waterfall model)을 기반으로 설명하겠습니다. 과정별로 해야 할 일이 정해져 있고 순서대로 진행하기 때문에 초보자도 이해하기 쉬운 모델입니다.

이 책의 구성

이 책은 시스템 설계를 설명하는 책입니다. 하지만 설계 전후의 일을 이해하지 못하면 수준 높은 설계를 할 수 없습니다. 설계뿐만 아니라 전체적인 모습도 설명하고 시스템 개발 이후 설계서의 활용 방법도 소개합니다.

4장 이후부터는 각 설계 내용을 설명합니다. 폭포수 모델에서 공정별로 구분한 것이 아니라 설계 내용의 큰 분류에 맞춰 설명합니다. 자세한 내용은 Section 07을 참조하기 바랍니다.

▼ 그림 1-2 시스템 개발 모습(건축에 비유)

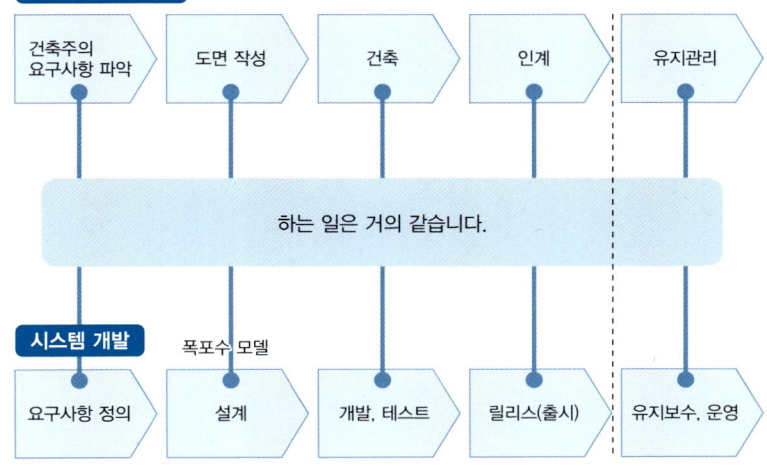

▼ 표 1-1 이 책의 구성

Section	제목	내용
1	시스템 설계가 차지하는 위치	시스템 개발 전반에 대한 내용과 각 공정의 개요를 설명합니다.
2	시스템 설계란?	시스템 설계에 대해 자세히 설명합니다.
3	시스템 설계에 영향을 주는 개념	시스템을 설계할 때 설계에 큰 영향을 끼치는 관점을 설명합니다.
4	전체 설계	각 설계를 하기 전에 필요한 전체적인 설계에 대해 설명합니다.
5	입출력 설계	화면, 장표, 인터페이스(IF)와 같은 입출력 관련 설계를 설명합니다.
6	데이터베이스 설계	데이터를 어떤 형태로 보관할지 설계하는 방법을 설명합니다.
7	로직 설계	각 프로그램 로직을 어떻게 설계하는지 설명합니다.
8	네트워크 설계	네트워크 관련 설계를 설명합니다.
9	서버 설계	서버 관련 설계를 설명합니다.
10	설계서 활용	개발 완료 후 설계서를 활용하는 방법을 설명합니다.

02 요구사항 정의란?

요구사항은 시스템 설계에 들어가기 전에 정의합니다. 하지만 시스템을 생각하지 않고는 할 수 없습니다. 어떻게 해야 하고, 어떤 결과물을 산출해야 하는지 알아봅시다.

요구사항 정의는 요구사항을 정하는 과정

요구사항 정의는 **말 그대로 요구사항을 정하는 과정**입니다. 요구사항 정의의 대상은 시스템만이 아닙니다. 업무와 시스템을 연결하는 중요한 다리 역할을 하는 과정입니다.[3]

시스템을 개발하는 사람 입장에서 보면 주어진 신규 업무를 실제로 구현하는 데 어떤 시스템 요구사항이 필요한지 설계하는 작업입니다.

일반적으로 다음과 같은 순서로 정의하곤 합니다.

1. 현재 업무와 현재 시스템을 분석합니다.
2. 신규 업무를 정의합니다(업무 요구사항 정의).
3. 신규 업무 구현에 필요한 시스템 요구사항을 정의합니다(시스템 요구사항 정의).

업무 요구사항 정의에서 하는 일

시스템화해야 할 업무를 파악하고, 시스템화 이후 신규 업무가 어떻게 되어야 하는지 설계합니다. **어떤 시스템이 필요한가에 대한 기본 자료를 작성하는 것이 목적입니다.**

---

[3] 이 책에서는 요구사항 정의를 자세히 다루지 않습니다. 관련 내용을 다루는 다른 참고 서적을 확인하기 바랍니다.

가장 쉬운 방법은 업무 처리 흐름을 작성하는 것입니다. 현재 업무와 신규 업무의 처리 흐름을 작성해서 비교하면 기존 업무에서 변경된 점이나 빠진 부분, 시스템 간의 차이점을 확인하기 쉽기 때문에 설계 품질을 높일 수 있습니다. 업무 처리 흐름에서는 표현하기 어렵지만 시스템에서 처리해야 하는 중요한 비즈니스 규칙이 있으면 그것도 별도로 정리합니다.

시스템은 업무에 활용하기 위해서 존재하며, 시스템 개발의 목적은 신규 업무를 실현하는 것입니다.

❤ 그림 1-3 현재 업무와 신규 업무의 처리 흐름 예

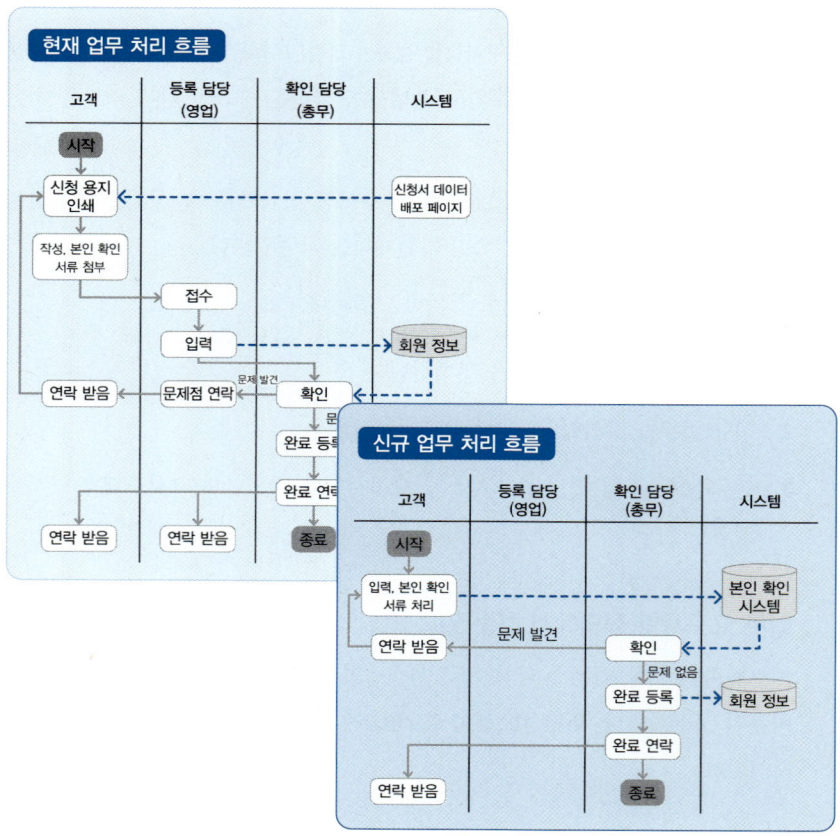

▼ 표 1-2 비즈니스 규칙의 예

비즈니스 규칙	내용
구매 횟수 제한	되팔기(리셀링) 문제가 발생한 상품은 배송지 주소당 1개만 주문할 수 있도록 합니다. 되팔기 대책 상품 여부는 상품 마스터 정보에서 판단합니다.
회원 등급 확인	회원 등급을 확인해 유료 회원이면 20% 할인을 적용합니다. 주문 시 금액 확인 화면에서 20% 할인 표시와 함께 20% 할인된 금액을 표시합니다.
포인트 유효 기간	구매 시 획득할 수 있는 포인트는 주문 확정일로부터 90일간(90일 후 포함) 유효합니다.

시스템 요구사항 정의에서 하는 일

업무 요구사항을 실현하는 데 필요한 시스템 요구사항을 정의합니다. 요구사항이라는 말이 어렵다면 **단순하게 '시스템에 필요한 기능'이라고 이해하면 됩니다.**

요구사항은 기능 요구사항(Functional Requirements)과 비기능 요구사항(Non-Functional Requirements)으로 나뉩니다.

기능 요구사항은 애초에 시스템에서 구현하려는 내용이므로 비교적 설계하기 쉽습니다. 하지만 비기능 요구사항은 시스템 구성과 관련된 내용이 많고, 어떤 것이 필요한지 알지 못하면 놓치기 쉽기 때문에 매우 어렵습니다. 게다가 비기능 요구사항 단계에서 누락된 것이 있으면 시스템 자체를 사용할 수 없게 되는 등 큰 영향을 끼치는 경우도 많습니다. 비기능 요구사항을 얼마나 잘 설계하는가에 따라 시스템 품질이 크게 좌우된다고 해도 과언이 아닙니다.

기능 요구사항

시스템에 필요한 **기능**을 정의합니다. 예를 들어 '상품 목록을 표시하는 화면', '합계 금액을 계산해서 은행에 송금하는 기능', '월 1회 수입/지출 보고서 작성' 같은 기능입니다.

▼ 표 1-3 기능 요구사항 예

기능 요구사항	내용
신용카드 결제	주요 신용카드로 결제할 수 있어야 한다.
영수증 PDF 다운로드	고객이 직접 영수증을 PDF로 다운로드할 수 있어야 한다. 회원 로그인이 필요하다.
(사내) 매출 집계표 작성	매출 집계를 확인할 수 있는 화면이 있어야 한다. 매출은 최신 판매 정보까지 포함해야 한다.

비기능 요구사항

시스템에 필요한 '**기능적인 측면을 제외한 나머지**'를 정의합니다.

기능을 제외한 나머지가 도대체 무엇인지 말만 들어서는 이해하기 어렵겠지만, 예를 들어 '시스템 동시 이용자 수', '시스템 이용 시간', '하드웨어 고장 시 가동 요구사항', '보안 대응' 같은 내용이 여기에 해당합니다.

다행히 다양한 시스템 구축 경험을 바탕으로 검토해야 할 비기능 요구사항을 정리한 정보가 있습니다. 시스템 특성에 맞게 골라서 선택해야 하지만 참고용으로는 충분합니다.[4]

비기능 요구사항은 이후 진행되는 인프라 설계(네트워크 설계, 서버 설계)에 큰 영향을 줍니다.

---

[4] 기술 진보, 시대 변화에 따라 필요한 비기능 요구사항도 변합니다. 계속해서 최신 정보에 주목하기 바랍니다. 예를 들어 십여 년 전에는 지금과 다르게 개인 정보를 그다지 중요하게 다루지 않았습니다.

▼ 표 1-4 비기능 요구사항 예[5]

비기능 요구사항	설명	검토할 내용(예)
가용성	시스템을 지속적으로 어떤 수준까지 사용할 수 있도록 유지할지 여부	- 시스템 운영(가동) 시간대 - 장애나 재해 발생 시 가동 목표 - 업무 정지가 발생했을 때 목표 복구 시점(1시간 이전 상태 등)
성능, 확장성	시스템에 필요한 성능, 앞으로 확장 가능성 대응 여부	- 처리 피크타임, 처리량 - 미래의 업무량 증가 예측 - 화면 응답 시간
운영, 유지보수성	요구되는 시스템 모니터링 수준과 유지보수의 용이성	- 모니터링 수단 - 유지보수 가능한 타이밍 - 지원 체계
이행성 (마이그레이션)	현재 시스템에서 새로운 시스템으로 마이그레이션 시 요구사항	- 마이그레이션 대응에 따른 용량 제한 - 마이그레이션 방식 - 마이그레이션 대상
보안	추구하는 보안 수준	- 사용자 접근 제어 단위 - 지켜야 하는 데이터 자산 정리 - 보안 진단
시스템 환경 영향	시스템 설치 환경 요구사항	- 법령, 조례 등 제약사항 확인 - 소비 전력 예상 - 재난, 사고대비 환경 조건

---

5 비기능 요구사항 정리 방법은 다양하지만 여기서는 IPA(정보처리추진기구)가 공개한 '비기능 요구사항 등급 2018'을 소개합니다. (출처: https://www.ipa.go.jp/archive/digital/iot-en-ci/jyouryuu/hikinou/ent03-b.html)

03 SECTION 설계란?

SYSTEM DESIGN

이 책의 주제인 시스템 설계에 대해서는 2장 이후에 자세히 설명합니다. 여기서는 설계가 무엇이고 실제 현장에서는 설계를 어떻게 다양하게 구분해서 사용하는지 알아보겠습니다.

설계는 시스템을 설계하는 프로세스

즉, 정해진 요구사항을 만족하는 시스템을 설계하는 프로세스입니다. 결과물은 설계서입니다. 리뷰를 거쳐 설계 품질을 개선하고 다음 과정인 개발, 테스트로 넘깁니다.

하지만 실제로 현장에서 작성하는 설계서는 안건에 필요한 설계 범위, 개발 규모, 개발 체계나 역할 분담[6]에 따라 크게 달라집니다. 여기서는 어느 정도 규모가 있는 시스템을 처음부터 구축한다고 가정하여 설명합니다.

1. 요구사항에서 어떤 시스템 환경이 필요한지 검토합니다.
2. 시스템 개발 전체에 관련된 부분을 설계합니다.
3. 개별 설계를 진행합니다.

---

[6] 설계서를 작성하는 데는 비용이 듭니다. 많은 사람이 참여해서 개발한다면 원활한 의사소통을 위해 설계서가 필요하지만 만약 혼자서 개발할 수 있는 규모라면 명시적으로 설계서를 만들지 않아도 시스템을 구축할 수 있습니다.

설계 프로세스의 구분과 명칭은 다양

이 책에서는 '설계'라고 하나로 통칭해 이야기하지만 '외부 설계', '내부 설계'처럼 프로세스를 나누는 경우가 많습니다. **업계, 조직, 프로젝트에 따라 설계 프로세스를 부르는 방식이 달라서** 조금 복잡합니다. 혹 명칭은 같아도 실제로 해당 프로세스에서 수행하는 내용이 다르기도 합니다.

이 책의 목적은 '시스템 설계란 어떤 것을 설계하는가?'를 설명하는 것이기 때문에, 프로세스 단계 구분에 따른 설계서 설명은 다루지 않았습니다. 실제 업무에서는 어떤 프로세스인지 잘 파악해야 합니다.

▼ 그림 1-4 설계의 대략적인 흐름

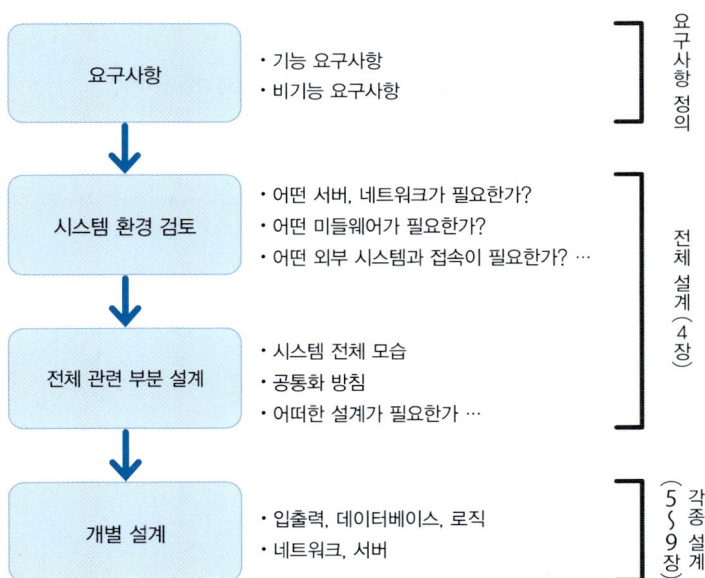

❖ 표 1-5 일반적인 프로세스 분류 방법

일반적인 패턴	프로세스명	설계 내용 구분(예)
A	외부 설계	– 전체 관련 설계 – 외부에서 보이는 부분(화면, 시스템 접속 정보 등)의 설계
	내부 설계	외부에서 보이지 않는 시스템 내부 로직[7] 설계
B	기본 설계	– 전체 관련 설계 – 시스템에 필요한 기능, 데이터, 화면 등을 설계(논리 설계[8]) – 사용자 입장의 설계
	상세 설계	– 실제 시스템 환경에서 가동하기 위한 구체적인 설계 (물리 설계) – 개발자 입장의 설계
C	개요 설계	시스템 요구사항 설계~전체 관련 설계
	외부 설계/기본 설계	(위 A, B에 있는 설명 참조. 전체 관련 설계 부분 제외)
	내부 설계/상세 설계	(위 A, B에 있는 설명 참조)

---

[7] 역주 로직(logic)은 업무 처리를 위한 논리로 비즈니스 로직을 줄여서 표현한 용어입니다.

[8] 역주 논리 설계는 물리(실체) 설계에 대비된 말로 개념 설계로도 볼 수 있습니다.

04 SECTION 개발, 테스트란?

개발은 실제로 프로그래밍해서 동작하는 시스템을 만드는 과정입니다. 프로그래밍이 끝나도 버그나 설계 실수 때문에 당장 업무에 사용할 수 없는 경우가 많으므로 테스트가 필요합니다. 다양한 관점의 테스트가 있으므로 그 부분도 살펴봅시다.

프로그래밍하고 테스트하기

설계한 내용에 따라 프로그래밍해서 동작하는 시스템을 만듭니다. 편의상 프로그래밍이라고 했지만 개발 프레임워크나 노코드(no-code), 로우코드(low-code) 개발 도구를 사용하는 등 일반적으로 말하는 소스 코드를 작성하는 형태가 아닌 개발도 있습니다. 어느 쪽이든 선택한 기술에 맞춰서 적합한 형태로 시스템을 구축합니다.

그리고 만든 것이 설계한 대로 제대로 작동하는지 실제로 실행해서 확인(테스트)합니다.

만드는 사람에 따라 품질은 천차만별

설계서가 있으니 누가 만들어도 비슷한 코드가 나올 거라고 생각할지 모르지만 그렇게 쉽지 않습니다. 개인의 프로그래밍 능력을 비롯해 개발 조직의 품질 유지 관리 등 다양한 요인에 따라 좌우됩니다. **어떤 시스템 '기능'을 만드는 법은 무수히 많습니다.** 이렇게 품질 차이가 나는 상황을 방지하려면 아주 상세한 수준까지 설계서를 작성하거나 프로그래밍 규칙을 정해서 확인해야 합니다. 제조업에서 같은 설계도를 보고 만들어도 장인이 만든 것과 신입이 만든 것의 품질이 다른 것과 비슷합니다. 다음 그림은 마이크로소프트 사의 엑셀을 예로 들어 프로그래밍의 차이를 설명하는 그림입니다.

만약 여러분이 개발 회사에 시스템 개발을 의뢰하는 입장일 경우, 설계서가 있으니까 어디에 맡겨도 똑같다고 생각한다면 무척 위험합니다. 유지보수할 때 큰 어려움을 겪을 것입니다.

▼ 그림 1-5 설계서를 바탕으로 프로그래밍하는 예

> ⓘ 하고 싶은 것(설계서 내용)
>
> C2~G2 셀의 합계를 C1에 표시하기

✏️ 구현 예①

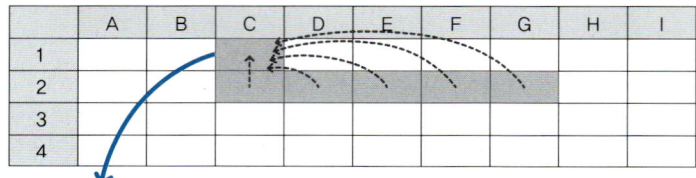

수식 = C2 + D2 + E2 + F2 + G2

✏️ 구현 예②

	A	B	C	D	E	F	G	H	I
1									
2									
3									
4									

수식 = SUM(C2 : G2)

> **처리 결과는 같지만 다음과 같은 부분이 다르다.**
> - 구현 예①은 합계 대상 셀이 늘어나면 코딩 실수가 발생하기 쉽다.
> - 중간에 열을 추가해서 추가한 열까지 합계에 포함하려면 구현 예①은 수정이 필요하다(엑셀 사양에 따름).
>   → 미래의 일을 생각해서 어느 쪽으로 만들지 선택해야 한다.

테스트 기본은 V자 모델

어떤 관점에서 테스트를 실시하면 좋을까요? **정석이라 할 수 있는 가장 보편적인 방법은 V자형 모델입니다.**[9]

설계는 요구사항 정의 → 외부 설계 → 내부 설계 → 개발(코딩) 순서로 진행하는데 이런 설계에 대응하는 형태로 테스트를 실시합니다. 각각의 설계에서 구현하는 관점이나 수준이 다르므로 해당하는 설계 내용을 확인하는 테스트 케이스를 작성해서 필요한 테스트를 망라하고 시스템 품질을 보장합니다.

테스트 명칭도 가지각색

설계와 마찬가지로 테스트 명칭도 다양합니다. 단위 테스트(Unit test)(개별 테스트)처럼 프로세스명 또는 테스트명으로 볼 수 있는 명칭이 있는가 하면 외부 접속 테스트나 보안 테스트처럼 테스트할 내용을 나타내는 명칭을 사용하기도 합니다.

중요한 것은 어떤 설계에 대해 어떤 테스트를 실시하는가입니다. 결국 명칭은 이름일 뿐이므로 실제로 한 것이 무엇인지 확인하지도 않고 종합 테스트를 실시했으니까 시스템 품질에 문제가 없다고 섣불리 판단하면 위험합니다.

프로덕션 환경과 동등한 테스트는 어렵다

프로덕션 환경(서비스 환경)은 실제 업무를 처리하는 시스템 환경을 말합니다. 이 프로덕션 환경과 동일한 환경에서 테스트하는 것은 쉽지 않습니다. 개발과 테스트를 실시하는 환경을 개발 환경이라고 하며, 보통은 프로덕션 환경과 다른 점이 많습니다. 서버 수나 네트워크 구성이 다르고, 실제 환경에 비해 데이터양과 패턴이 적거나, 실제로 가동 중인 외부 서버에 테스트 데이터를 보낼 수 없는 등 다양한 제약 요인이 있습니다. 이러한 제약에도 불구하고 테스트 품질을 얼마나 향상시킬 수 있는지는 엔지니어의 실력에 달려 있습니다.

---

9   프로그래밍과 테스트에는 다양한 방법론이 있습니다. 예를 들어 테스트 주도 개발(Test-Driven Development, TDD)이라면 테스트를 먼저 작성하고 그 후에 소스 코드를 만드는 진행 방법을 택합니다.

❤ 그림 1-6 V자 모델

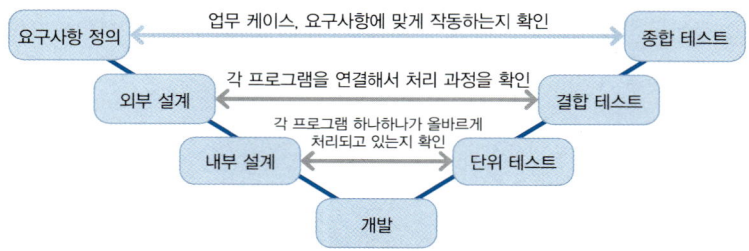

V자 형태로 프로세스를 진행하므로 V자 모델이라고 부른다.

❤ 표 1-6 각종 테스트 명칭

테스트 명칭	개요
Unit Test(UT), 모듈 테스트, 소프트웨어 테스트	단위 테스트에 해당합니다.
Integration Test(IT), Joint Test(JT), 연결 테스트, 통합 테스트	결합 테스트에 해당합니다.
System Test(ST)	종합 테스트에 해당합니다.
(사용자) 인수 테스트	확인하는 내용은 종합 테스트와 비슷하지만 시스템 개발 회사에 의뢰해서 만든 소프트웨어를 납품 받을 때 실시하는 경우가 많습니다.
운영 테스트	릴리스 이후의 시스템 운영에서 문제없이 작동하는지 확인합니다. 종합 테스트 중에 실시하는 경우가 많습니다.
외부 접속 테스트	외부 접속 대상과의 접속 테스트로 결합 테스트 중에 실시하는 경우가 많습니다. 상대 시스템의 제약이나 상황에 따라 테스트하기 어려운 경우도 있습니다.
보안 테스트	보안 관점 테스트로 실시할 내용에 따라 단위, 결합, 종합 테스트 안에 포함해야 합니다.
성능 테스트	비기능 요구사항에서 정의한 성능을 만족하는지 확인하는 테스트로, 애플리케이션이 거의 완성된 상태일 때 임계값 확인용으로 실시하기도 합니다. 단위, 결합 테스트 중에도 실시하면 좋지만 해당 단계에서는 버그 수정 등이 발생하므로 최종적으로 종합 테스트에서 실시합니다.
장애 테스트	주로 하드웨어나 네트워크 장애가 발생했을 때 작동하는지 확인하는 테스트로 인프라뿐만 아니라 애플리케이션 상태도 함께 확인합니다. 단계별로 실시할 수 있지만 최종적으로 종합 테스트에서 실시하는 경우가 많습니다.

05 릴리스란?

SYSTEM DESIGN 1

설계, 개발, 테스트를 거쳐 드디어 업무에서 사용할 때가 왔습니다. 하지만 아무 준비도 없이 "이제 사용하세요."라고 한들 사용자가 곧바로 쓸 수 있는 것은 아닙니다. 시스템도 지금까지의 테스트 상태가 아니라 프로덕션 상태로 바꿔야 합니다.

업무에 사용 시작

최종적으로 시스템을 업무에 사용하기 시작하는 것을 릴리스(release)(출시)라고 하는데, 문제 발생 시 위험을 분산시키기 위해 단계적으로 릴리스하는 경우가 있습니다. 이때 릴리스 단계별로 '사전 릴리스', '업무 릴리스1', '업무 릴리스2'처럼 프로젝트 이름을 붙입니다.

업무에 활용하기 위해서는 **사용자가 사용할 수 있도록 준비하기, 실제 업무에 시스템을 사용할 수 있도록 환경을 준비하기, 이 두 가지 과정이 필요**합니다.

첫 번째 사용자 대상 준비는 '업무 훈련'이라고 하고 매뉴얼 준비, 사용자 교육, 헬프 데스크 준비하기 등이 있습니다. 두 번째 시스템 환경 준비는 시스템에 업무에서 사용하는 실제 데이터를 준비하고, 사용자가 프로덕션 시스템에 접속해서 사용할 수 있는 상태로 만드는 것이 주된 내용입니다.

사용자와의 소통이 중요

시스템은 결국 사용자를 위해 존재합니다. 아무리 멋진 시스템을 만들어도 사용자가 써 주지 않으면 아무런 의미가 없습니다. 또한, 아무리 열심히 시스템을 설계하고 테스트를 해도 실제 업무에 맞지 않거나, 막상 사용해 보니까 애초에 비기능 요구사항이 잘못된 경우도 있습니다.

만 점짜리 시스템을 만드는 것은 매우 어려운 일입니다. 사용자와 의사소통하면서 함께 릴리스를 목표로 대응해 나가야 합니다.[10]

❤ 그림 1-7 릴리스까지의 일반적인 과정

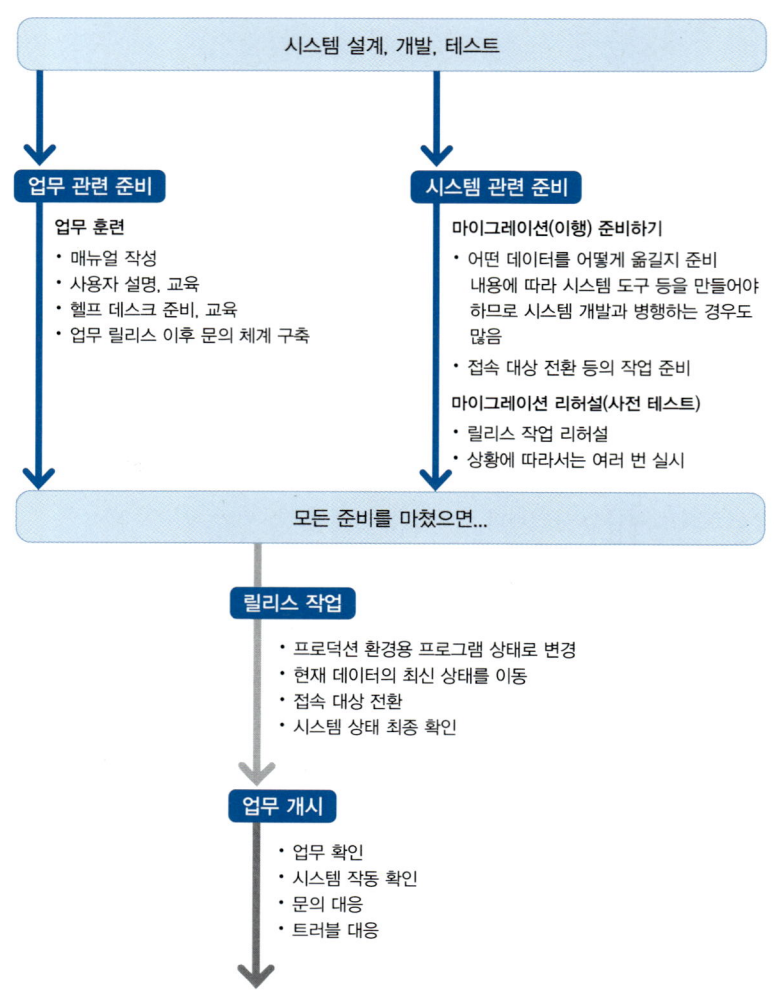

---

10 사용자도 사람입니다. 어떤 문제가 발생했을 때 결국은 인간 관계가 결정적인 역할을 합니다. 시스템 개발이라고 하면 무미건조해 보이겠지만 결국엔 사람이 하는 일입니다. 특히 관리 업무를 담당하는 분이라면 꼭 명심해 두기 바랍니다.

06 SECTION 유지보수, 운영이란?

SYSTEM DESIGN

시스템 개발은 릴리스하면 모든 일이 끝난 것처럼 생각하기 쉽지만, 사실은 업무에서 사용하기 시작한 후부터가 진짜입니다. 개발에 쓴 시간보다 유지보수와 운영 기간이 훨씬 더 깁니다. 어떤 대응을 하는지 살펴봅시다.

시스템을 계속해서 사용하려면 유지보수와 운영이 필요

시스템을 업무에 사용하기 시작하면 유지보수 및 운영 작업이 계속 필요합니다. 시스템을 방치하면 금방 사용할 수 없게 됩니다. 따라서 시스템 개발보다 유지보수, 운영에 훨씬 비용이 많이 듭니다. 유지보수와 운영에 관련해서 다양한 해석과 정의가 있겠지만 '유지보수'는 사용자의 요청이나 법규 등에 맞게 시스템을 고치는 것이고, '운영'은 시스템을 계속 가동하기 위해 필요한 대응을 하는 것입니다.

설계할 때부터 유지보수, 운영을 고려할 것

쉽지 않겠지만 시스템 개발 설계할 때부터 유지보수와 운영을 고려해서 설계하는 것이 가장 좋습니다. 이런 작은 차이로 유지보수, 운영의 어려움과 소모 비용이 크게 달라집니다. 시스템 규모가 어느 정도 이상으로 커지면 개발 담당자와 운영 담당자를 나누는 경우가 많습니다. 따라서 개발 담당자 입장에서 이런 부분은 운영이 담당하겠지 생각하면서 문제 해결을 나중으로 미루며 떠넘길 수도 있습니다. 시스템 전체를 생각하면 좋지 않은 결정입니다. 이런 문제를 해결하는 방법론으로 나온 것이 DevOps 같은 개념입니다. 시스템 개발에서는 다양한 관점이 모여야 최고의 결과가 나옵니다. 넓은 시야를 가지고 시스템을 설계하기 바랍니다.[11]

---

[11] 시스템 개발 전체를 좀 더 알고 싶다면 『IT 시스템의 정석』(비제이퍼블릭, 2023)을 참고하기 바랍니다. 시스템 수명주기에 맞춰 시스템 개발 전체를 설명합니다.

▼ 표 1-7 유지보수와 운영 활동 개요

유지보수

분류	활동 개요
시스템 개선, 수리	- 유지보수 실행 방법 설계 - 유지보수 관련 계약 체결 - 유지보수 안건 관리 - 대응 우선순위 조정 - 시스템 설계~릴리스 - 설계서 유지관리 …

운영

분류	활동 개요
이벤트 관리	- 운영 관리(시스템 처리나 가동 상태 모니터링, 백업 실시 등) - 문의 관리 - 장애 관리 - 일정 관리(특별한 이벤트 일정 등 관리 및 대응 실시) - 시스템 개선 안건 릴리스 일정 관리 - 관련 시스템 릴리스, 이벤트 일정 관리 - 리소스 변경 관리(클라우드 서비스 설정 변경 등) - 마스터 등록 운영 관리(부서 정보 등의 마스터 정보 관리 등) …
시스템 관리	- IT 자산 관리(소유한 하드웨어, 소프트웨어 버전이나 지원 기한 등) - 이용 서비스 관리 - 계약 관리 - 리소스 관리(시스템 이용 상황 관리 등) - 액세스 관리 - 시스템 감사/SLA(Service Level Agreement) - 설비 관련 관리(전원, 랜 케이블 관리, 전력, 온도 관리, 출입 관리 등) …
장애 대응	- 시스템 장애 발생 시 탐지와 접수 - 원인 확인, 임시 조치 - 시스템 장애에 따른 업무 후속 조치 대응 - 근본적인 시스템 개선을 위한 개발 부서에 대응 인수인계 실시 - 장애 관리 정보 업데이트 …

프로세스마다 리소스가 얼마나 필요할까?

폭포수 모델로 시스템 개발을 진행하는 방식은 본문에서 설명했습니다. 그러면 프로세스별로 얼마나 많은 리소스(인력)가 필요할까요?

물론 시스템 개발의 규모, 신규 개발 여부, 개발 체계, 구축 난이도 같은 다양한 요인에 따라 필요한 리소스는 다릅니다. 여기서는 참고 자료로 JUAS(일반사단법인 일본정보시스템 사용자 협회)에서 공개한 보고서 「소프트웨어 지표 조사 2020 시스템 개발, 유지보수 조사」[12] 집계 결과를 살펴봅시다.

보고서의 2016년도 데이터를 보면 시스템 개발 전체가 100이라고 할 때 프로세스별 비율은 다음과 같습니다.

요구사항 정의: 10 설계: 20 구현(개발): 40 테스트: 30

여기서 주의할 점은, 1명이 1개월 동안 일하는 양을 1MM(Man Month)이라고 하는데, 실적 집계의 비율은 이 MM의 합계 비율입니다. 따라서 해당 프로세스에 걸린 '기간'의 비율이 아니라는 점에 주의하기 바랍니다. 일반적으로 상위 프로세스(요구사항 정의)보다 하위 프로세스(개발 등)로 갈수록 동시에 작업할 수 있습니다. 즉, 많은 인력을 동원하면 작업에 걸리는 기간을 줄일 수 있습니다(물론 한계는 있습니다만).

또한, 해당 프로세스에 필요한 비용(원가)의 비율이 아니라는 점도 주의하기 바랍니다. 일반적으로 상위 프로세스가 MM 대비 단가가 높습니다. 업무도 잘 알고 시스템 설계도 가능해야 하므로 기술력 수준이 높아야 하기 때문입니다.

참고로 참가하는 인원이 늘어날수록 의사소통 비용이 폭발적으로 증가하므로 이런 부분도 주의해야 합니다.

---

12 https://juas.or.jp/cms/media/2020/05/20swm_pr.pdf

memo

2장

시스템 설계란?

이제 시스템 설계에 대한 설명을 시작해 봅시다. 이 장에서는 이 책에서 말하는 시스템 설계의 정리 방법과 개요를 설명합니다. 이 부분은 앞으로의 내용을 이해하는 데 무척 중요합니다. 그리고 설계서가 왜 필요한지 원론적인 내용도 알아보겠습니다.

07 이 책에서 말하는 시스템 설계의 정리 방법

SYSTEM DESIGN

시스템 설계 전체를 알기 쉽게 설명하는 것은 사실 무척 어려운 일입니다. 어떻게 하면 범용적으로, 이해하기 쉬운 형태로 전달할 수 있을지 고민한 끝에 이절에서 설명하는 정리 방법을 만들었습니다. 더 깊게 이해할 수 있도록 한번 잘 읽어 보기 바랍니다.

설계 내용에 집중

프로세스를 외부 설계, 내부 설계나 기본 설계, 상세 설계와 같이 구분하는 경우가 많지만, 결국 각 개발 현장의 상황에 따라 정리 방법이 다릅니다. 요구사항 정의 단계라고 해도 현실적으로 아무런 시스템 설계 없이 정의할 수 있는 것도 아니고, 어떤 설계를 '이건 요구사항 정의에서 해야지' 혹은 '아니, 외부 설계 때 해야지'와 같이 서로 다르게 주장하기도 합니다.

이런 점을 생각했을 때, 이 책의 프로세스 구분법을 정의해서 설명하는 방법도 있지만, 이 책의 본질인 '시스템 설계는 무엇을 설계하는가?'를 이해하려면 프로세스를 의식할 필요가 없다고 생각했습니다. 초보자에게는 혼란만 일으킬 뿐입니다.

프로세스를 생각하면 복잡해지지만 시스템 설계의 본질에 집중하면 설계해야 할 내용은 변하지 않습니다. 따라서 **이 책에서는 프로세스를 구분하는 대신에 단순히 '설계할 내용'을 설명하는 형태로 진행합니다. 또한, 알아 보기 쉽도록 설계 분류에 따라 정리했습니다**(설계 분류는 나중에 다시 설명합니다).

프로세스에 따라 나뉘는 담당자

프로세스 이야기를 조금 더 해 보겠습니다. 대규모 시스템일수록 많은 인원이 참여해서 구축합니다. 그러다 보니 역할을 분담해서 대응하는데 이런 역할 분담, 계약 형태에 따라서 자신이 설계할 범위나 내용이 달라집니다. 문제 없이 진행하려면 관리 부분도 신경을 써야 합니다. 실제 업무에서는 시스템 설계 이외에도 다양한 요소가 필요하다는 점을 의식하기 바랍니다.

시스템 개발은 사내 정보 시스템 부서가 담당하는 경우가 많지만, 부분적으로 시스템 개발 회사에 외주(outsourcing)를 주기도 합니다. 폭포수 모델에서 흔히 볼 수 있는 시스템 개발 패턴은 다음 그림 2-1과 같습니다. 표 2-1을 보면 계약 형태로 준위탁 계약과 도급 계약이 나와 있는데, 준위탁 계약은 전문 기술 제공 등의 업무 처리가 목적이고 도급 계약은 소프트웨어 개발 완료처럼 일의 완성이 목적이라는 점이 다릅니다.

▼ 그림 2-1 이 책에서 말하는 프로세스와 시스템 설계의 관계

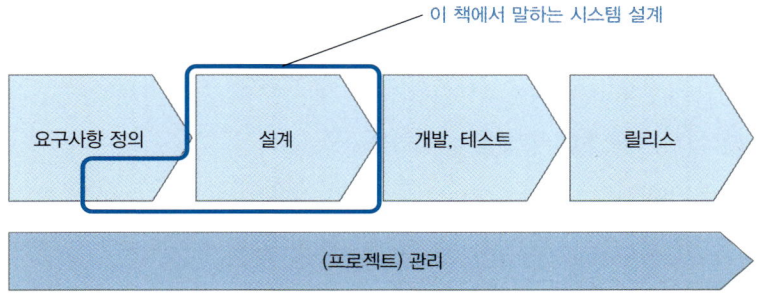

❤ 표 2-1 프로세스별 분담과 계약 형태

프로세스	외주 대상과 맺는 계약 형태	발주자 역할 (사업 회사)	수주자 역할 (시스템 개발 회사)
프로젝트 계획	준위탁 계약	업무와 관련된 프로젝트 수행 내용과 일정의 타당성을 결정합니다.	시스템 개발자 입장에서 시스템과 관련된 프로젝트 수행 내용과 일정의 타당성을 조언합니다.
요구사항 정의	준위탁 계약	업무 요구사항을 정의합니다. 업무 과제를 해결합니다.	요구사항을 만족하는 시스템 설계안과 적합한 시스템을 제안합니다.
설계	도급 계약	요구사항을 실현할 수 있는지 확인합니다. 업무 과제를 해결합니다.	시스템 설계를 합니다. 시스템 과제를 해결합니다.
개발, 테스트	도급 계약	시스템 품질을 만족하는지 확인합니다. 시스템 납품(인수)을 확인합니다.	개발 및 설계 내용대로 작동하는지 테스트합니다.
릴리스	준위탁 계약	업무에 사용하기 위한 준비와 작업을 실시합니다.	시스템에 관련된 준비를 합니다.

시스템 설계는 애초에 무엇을 설계하는가?

조금 다른 이야기이지만 시스템을 가동하려면 가장 먼저 무엇이 필요할까요? 바로 하드웨어와 소프트웨어입니다. 즉, **자신의 시스템을 설계한다는 것은 하드웨어를 원하는 대로 조작하는 소프트웨어를 만드는 일입니다.**

하지만 하드웨어를 조작하는 프로그램을 전부 새로 만드는 것은 현실적이지 않습니다. 하드웨어에 지시하는 방법을 알 수 없는 경우도 있고 해당 하드웨어를 사용하는 사람들이 모두 이런 프로그램을 만드는 것도 비효율적입니다. 소프트웨어도 마찬가지입니다. 예를 들어 데이터를 문제 없이 저장하고 싶다는 것은 전 세계 모든 사용자의 공통된 요구사항입니다.

이렇게 누구에게나 필요한 공통적인 요구사항을 간단히 실현할 수 있도록 프로그래밍 언어, OS, 미들웨어가 만들어졌습니다. **시스템 설계란 요구사항을 실현하기 위해 적절히 제품과 기능을 선택하고 미리 준비된 조작 방식(mechanism)을 사용해서 어떻게 설정하면 제대로 작동할지 방법을 고민하는 것입니다.**

시스템 설계의 기본 흐름

시스템 설계의 기본 흐름은 **넓은 시점의 설계 → 공통 부분 설계 → 개별 설계 순서로 진행됩니다.** 개별 설계도 개념적, 논리적 설계에서 시작해서 프로그래밍 가능한 구체적인 수준으로, 큰 관점에서 구체적인 내용으로 다듬는 작업 흐름입니다.

다만 현실적으로 완벽한 설계를 할 수 있는 경우는 거의 없습니다. 개별 설계 단계에서 전체에 큰 영향을 주는 문제가 발생하는 경우도 있고, 애초에 넓은 시점의 설계를 하려면 업무 측면도 포함한 시스템의 깊은 이해와 감각이 필요하므로 설계 자체 난이도가 높고 설계 도중에 실패를 경험하기도 합니다. 비즈니스가 있어야 시스템도 있는 법이므로 비즈니스 상황 변화로 요구사항, 예산, 일정이 변할 수 있습니다.

시스템 설계는 보통은 앞에서 설명한 순서대로 진행되지만, 각 설계는 상호 작용을 통해 계속해서 수정하고 보완하면서 진행합니다.

▼ 그림 2-2 시스템 설계는 하드웨어를 제어하는 방식을 고민하는 것

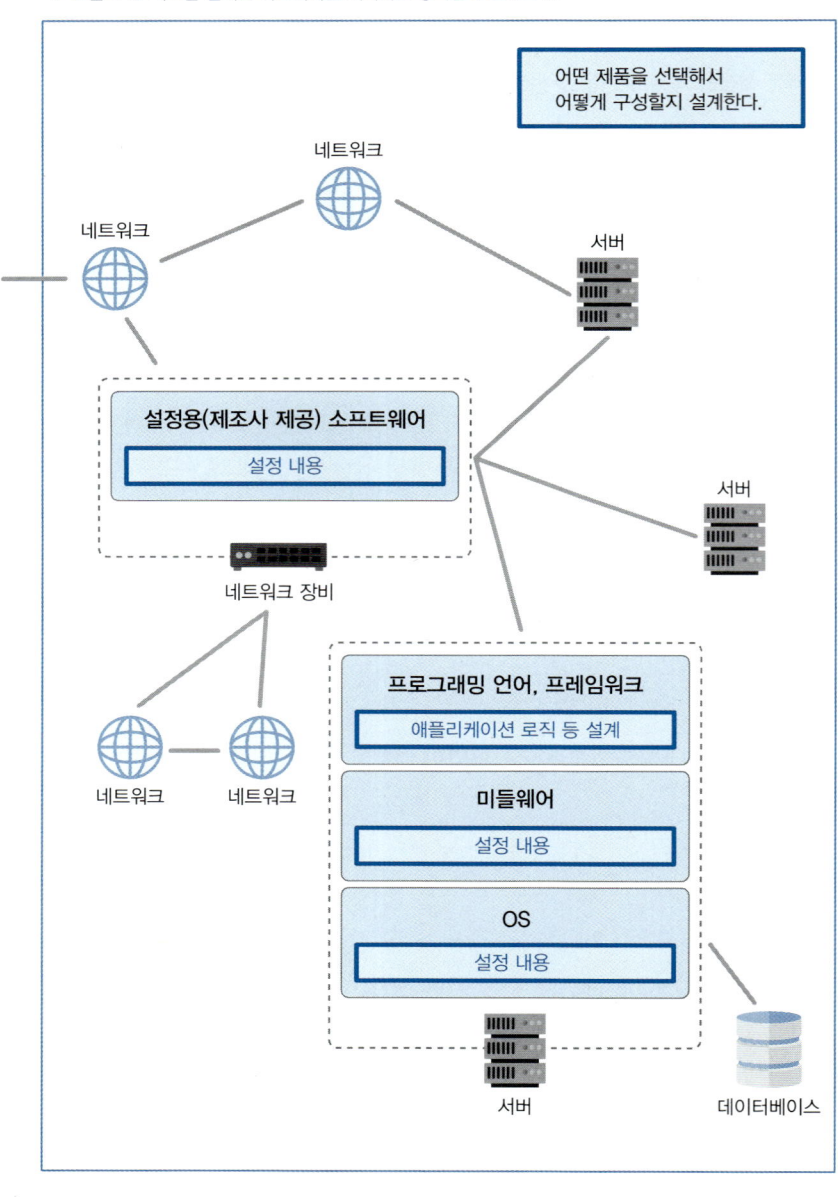

설계 분류를 바탕으로 설명하기

그러면 결국 어떤 설계를 해야 좋을까요? 예를 들어 선택한 미들웨어에 따라 설계 내용이 달라질 수 있습니다. 따라서 이 책에서는 시스템(Section 01 참조) 구축에 필요한 **보편적인 요소를 설계 분류로 정리합니다**. 어떤 하드웨어, OS, 미들웨어를 선택하더라도 결국 이런 요소를 설계해야 합니다.

먼저 설계 분류는 크게 애플리케이션과 인프라로 나눌 수 있습니다. 애플리케이션은 소프트웨어 설계에 해당하고 입출력 설계, 데이터베이스 설계, 로직 설계로 나눕니다. 인프라는 애플리케이션을 실행하는 기반이 되고 네트워크 설계, 서버 설계로 나눕니다.[1]

물론 이런 설계는 서로 영향을 주고 받습니다. 처리 성능이 필요한 요구사항이 있다면 로직 최적화로 성능을 높이는 방법도 있고, 서버를 많이 준비해서 머신 파워로 해결하는 방법도 있습니다. 요구사항을 실현하는 방법은 한 가지가 아닙니다. 방법은 다양하지만 따로따로 설계하면 낭비가 발생하거나 전체적인 요구사항을 만족시키지 못할 수 있습니다. 따라서 우선은 시스템 전체를 어떻게 구성할지 방침과 개념, 기능 배치 방법, 설계 규칙 같은 '전체 설계'를 실시합니다.

이 책은 **전체 설계, 입출력 설계, 데이터베이스 설계, 로직 설계, 네트워크 설계, 서버 설계 단위로 장을 나눠서 설명합니다.**

설계서 종류는 계속 늘어남

설계서는 한마디로 정리하면 선택한 제품을 조작하기 위한 내용을 작성한 것입니다. 따라서 구체적인 설계서(종류) 자체는 새로운 제품이나 기술이 등장하면 늘어날 수밖에 없습니다.

하지만 설계서의 본질 자체는 앞에서 설명한 설계 분류 중 어느 하나에 해당한다고 이해하기 바랍니다.

---

1 애플리케이션과 인프라 설계는 하는 일이 많이 달라서 명확하게 나뉘는 편입니다.

▼ 그림 2-3 설계 분류의 전체 모습

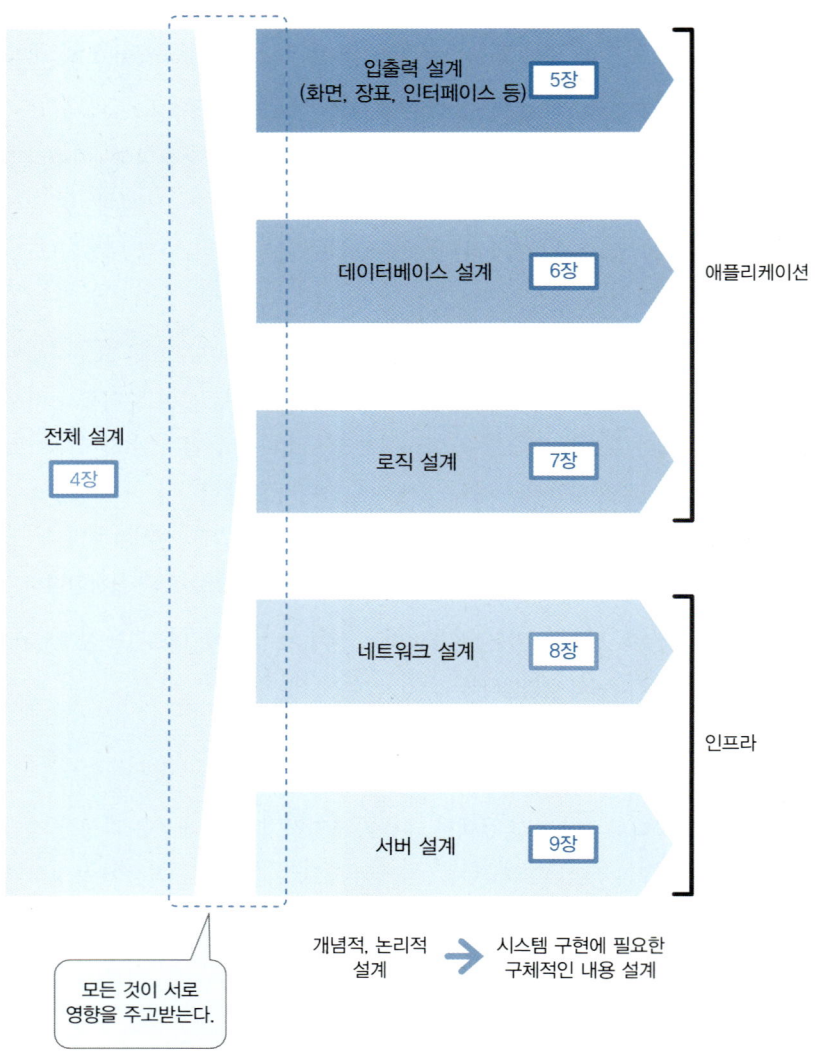

08 설계서를 작성하는 이유

시스템 설계 내용을 알아보기 전에 설계서를 왜 작성하는지에 대해서 생각해 봅시다. 극단적으로 말하자면, 설계서를 만들지 않고도 좋은 시스템을 만들 수 있다면 그쪽이 더 편할 것입니다.

시스템 품질 향상을 위해

설계서처럼 직접 눈으로 볼 수 있는 결과물이 없다면 무엇을 설계해야 하는지, 부족한 점은 없는지, 전체적으로 앞뒤가 맞지 않는 부분은 없는지 판단할 수 없습니다. 또한, 설계서는 테스트 케이스를 작성할 때에도 사용합니다. 무엇을 보고 생각대로 동작한다고 말할 수 있을까요? 즉, 설계서가 없으면 품질이 나쁜 시스템이 만들어집니다.[2]

관계자와 내용을 공유하고 작업을 분담하기 위해

설계서가 있으면 요구사항 정의 담당자, 시스템 개발자, 사용자 등 관계자끼리 내용을 공유하고 이해를 일치시킬 수 있습니다. 시스템을 완성했는데 원하던 것과 전혀 다른 결과가 나왔다면 정말 곤란한 일이 벌어지기 때문입니다.

또한, 할 일이 무엇인지 설계서를 보면 알 수 있으므로 서로 분담해서 일을 진행할 수 있습니다.

---

[2] 품질이 더 높은 설계서를 만드는 방법으로 설계서의 목적을 명확하게 정하기, 요구사항의 설계 누락 방지를 위해 설계서에 연결된 관리 번호로 추적성 확보하기, 사양 변경에 유연하게 대응하도록 설계하기 등이 있습니다.

▼ 그림 2-4 설계서의 역할

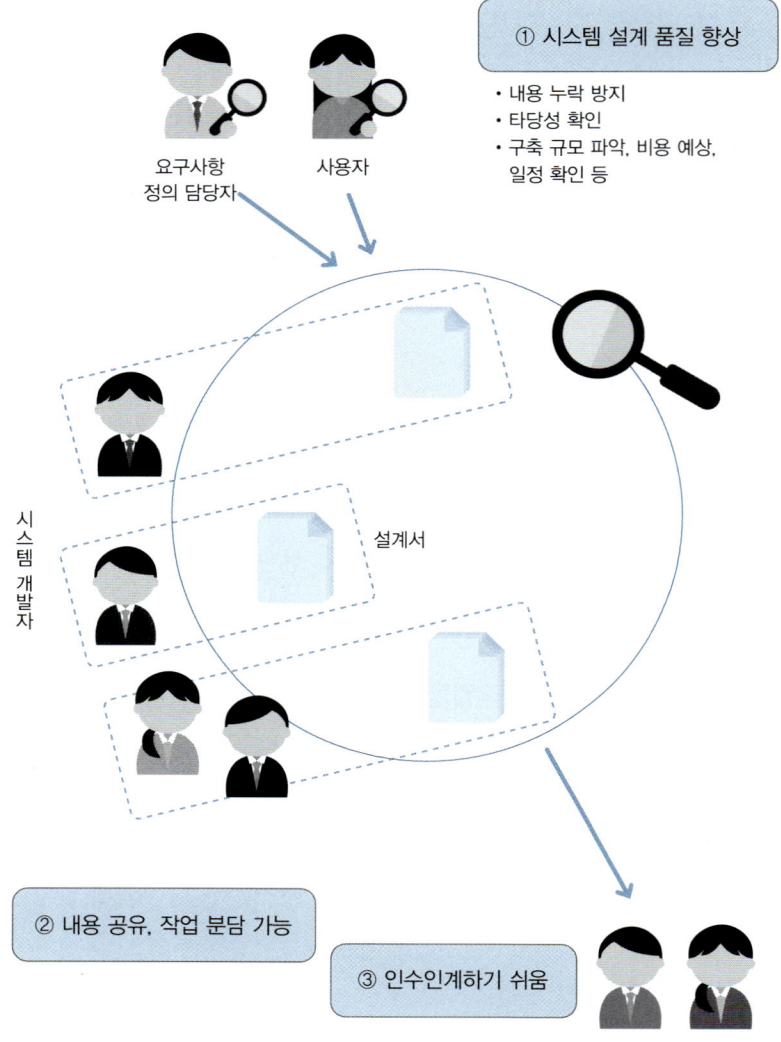

다만 사용할 가능성이 희박한 불필요한 설계서는 작성할 필요 없다.
설계서를 왜 작성하는지 목적을 늘 의식해야 한다.

유지보수, 운영에 설계 내용을 인수인계하기 위해

시스템 릴리스 이후에도 시스템은 유지보수, 운영 작업이 필요합니다. 시스템을 개발한 사람이 계속해서 시스템을 유지보수, 운영하는 경우는 현실적으로 많지 않습니다. 따라서 인수인계가 필요한데 설계서가 없다면 무엇을 어떻게 설명해야 하는지 갈피를 잡기 힘듭니다. 작동 중인 시스템만 넘긴다면 유지보수, 운영 담당자는 원래 설계 의도가 무엇인지 알 수 없고 앞으로 어떻게 해야 할지도 전혀 파악할 수 없을 것입니다.

설계서의 종류

이 책에서는 설계 분류 외에도 또 다른 구분법을 준비했습니다. 바로 설계서의 종류(이하 설계 종류)입니다. 각 설계서도 설명하고 싶은 내용에 따라 여러 패턴이 있으므로, 이를 활용하여 정리하기 바랍니다.

해당 설계서의 필요성 생각하기

설계서를 작성하는 데는 어떤 목적이 있어야 합니다. 목적을 알면 그 설계서가 왜 필요한지, 설계서에 넣어야 할 내용이 무엇인지 이해하기 쉽습니다.

반대로 목적이 없는(목적을 잘 알 수 없는, 목적이 분명하지 않은) 설계서는 왜 필요한지 모호하고 다른 설계서와 중복된 내용이 많아서 아무도 보지 않는 쓸데없는 문서가 됩니다.

이런 일이 생기지 않도록 머릿속을 쉽게 정리하기 위해 '설계 종류'를 준비했습니다. 하지만 설계 종류는 설계서 작성을 보조하는 정보이므로 반드시 종류를 결정해야 하는 건 아닙니다.

세 가지로 정리하기

이 책에서는 설계 종류를 **관리계, 전체파악계, 개별계** 이렇게 세 가지로 정리합니다.[3]

관리계는 무엇이 있는지 관리하기 위해 작성합니다. 화면 목록이나 테이블 목록 등이 예입니다.

전체파악계는 주로 시스템의 전체 모습을 표현할 때 작성합니다. 시스템의 전체 모습(아키텍처)이나 네트워크 전체 구성도를 떠올리면 이해하기 쉽습니다.

---

[3] 프로젝트 관리까지 포함하면 'XX 계획서' 같은 문서도 있지만 이 책은 관리 관련 내용 설명을 생략합니다.

개별계는 관리계와 전체파악계를 제외한 모든 것입니다. 처리 로직이나 화면 레이아웃, 테이블 레이아웃 등이 해당됩니다.

▼ 표 2-2 설계 종류와 설계서 이미지(예)

설계 종류	설계서 예	설계서 이미지
관리계	• 화면 목록 • 테이블 목록 • 프로그램 목록	**화면 목록** | 화면 ID	화면명	화면 프로그램 | | --- | --- | --- | | A-1500 | 주문 화면 | a1500.jsp | | A-1600 | 주문 확인 화면 | a1600.jsp | | A-2100 | 결제 완료 화면 | a2100.jsp | | B-0010 | 계정 정보 화면 | b0010.jsp |
전체파악계	• 시스템 아키텍처 설계 • 전체 배치 설계 • 네트워크 전체 구성도 (논리 구성)	**시스템 아키텍처 설계** (프런트엔드 — 백엔드 — 데이터베이스, 실시간 동기화)
개별계	• 화면 레이아웃 • 테이블 레이아웃 • 서버 설정 사양서	**화면 레이아웃** 화면 ID: A-1500 상품 코드 [▼] → 상품 코드 테이블의 값을 표시 개수 [ ] → 양의 정수만 표시

2장 시스템 설계란? **053**

10 전체 설계 개요

SECTION

SYSTEM DESIGN 1

이제 각 설계 종류의 개요를 설명하겠습니다. 먼저 전체적인 품질을 좌우하는 전체 설계에 대해 설명합니다. 전체 설계의 완성도가 유지보수, 운영을 포함한 시스템의 성공과 실패를 좌우합니다.

전체 설계는 모든 애플리케이션, 인프라 설계의 기반

전체 설계는 그 외의 설계 분류의 개별 설계에 필요한 역할 분담, 설계 방침, 규칙을 결정합니다.

먼저 시스템을 어떤 기술 요소로 만들고, 어떻게 구성할지 등 시스템 아키텍처를 정합니다. 물론 그 대상은 애플리케이션과 인프라 모두 해당됩니다. 그 후에는 선택한 제품에 적합한 설계 규칙과 필요한 큰 관점에서의 방식을 설계합니다.

선택한 내용에 따라 설계 내용도 다양

전체 설계에서 해야 할 일은 어느 정도 패턴이 정해져 있지만, 설계 내용은 시스템 아키텍처에서 선택한 제품에 따라 크게 달라집니다. 예를 들어 시스템 개발을 돕는 도구를 '개발 프레임워크'라고 하는데, 프레임워크 자체에도 개발에 필요한 다양한 규칙이 있습니다. 선택한 프레임워크에 따라 결정해야 할 규칙이 변합니다. 즉, 설계 내용이 달라집니다.

또한 시스템 규모에 따라서도 달라집니다. 대규모 시스템일수록 더 많이, 더 상세해집니다.[4] 그렇지 않으면 많은 인원이 서로 통일된 설계를 할 수 없기 때문입니다. 설계가 상당히 진행된 후에 문제가 발생했을 때 재설계하는 작업량을 생각하면 가능한 한 처음부터 제대로 내용을 정해 두는 것이 좋습니다.

---

[4] 소규모 시스템이라고 해서 규칙이 필요 없는 것은 아니지만, 규칙 설계로 인한 장점과 비용 대비 효과, 시간을 생각하면 많은 규칙을 적용하는 대신 간략하게 실시하는 것이 현실입니다.

▼ 그림 2-5 전체 설계 흐름

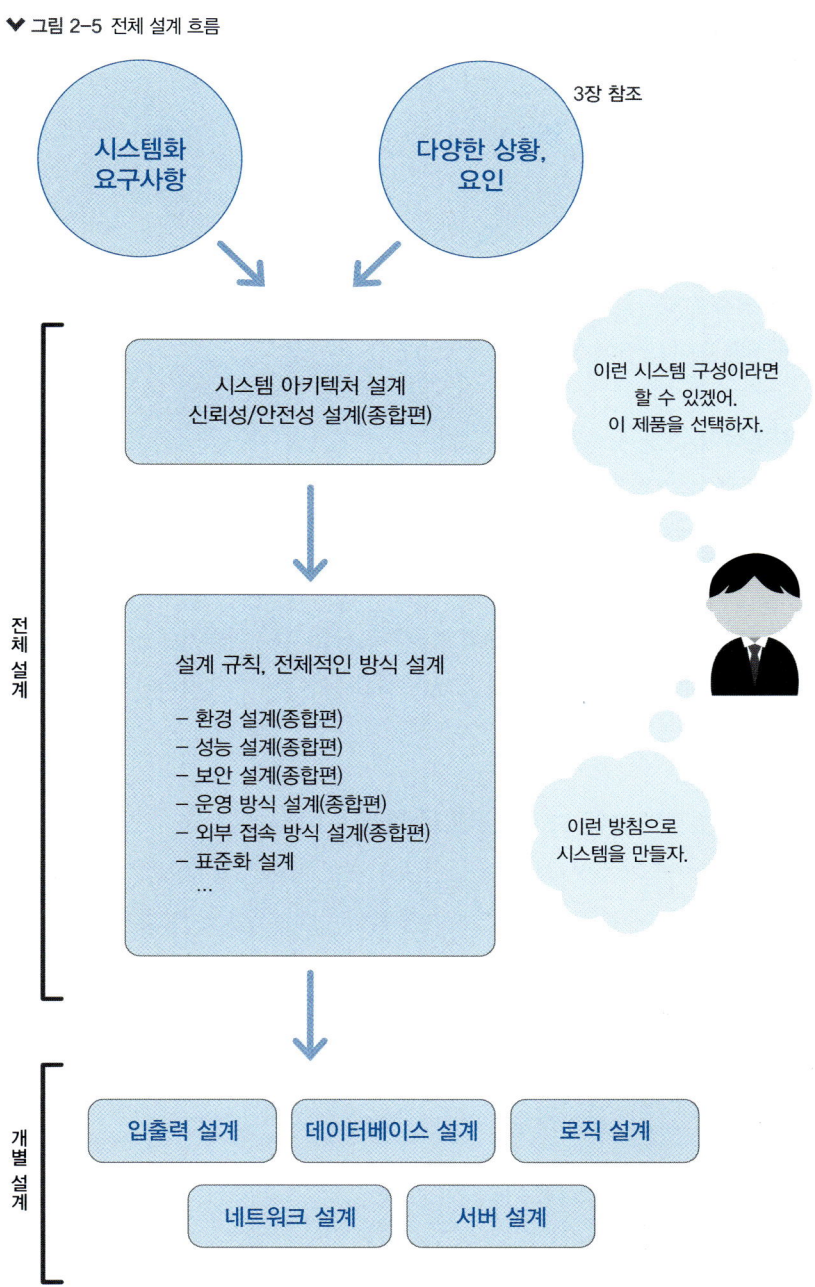

SECTION 11 입출력 설계 개요

시스템이 하려는 일은 결국 어떤 입력이 있을 때 어떤 결과를 출력하는 것입니다. 입출력에는 화면, 장표, 파일 등 다양한 형태가 있는데, 이와 관련된 자세한 설계를 하는 것이 입출력 설계입니다.

입출력이 없는 시스템은 없다

시스템은 컴퓨터를 사용합니다. 컴퓨터는 전자 계산기입니다. 계산기는 어떤 값을 입력해서 결과를 받기 위해 사용합니다. 당연한 말이지만 시스템에는 입력과 출력 즉, 입출력 기능이 포함되어 있습니다.

시스템 입출력은 사람용, 시스템용의 두 종류로 나뉩니다.[5] 화면이나 장표는 사람을 위한 것이고, 시스템 간 데이터를 연계하는 데이터 파일은 시스템을 위한 것이라고 볼 수 있습니다.

입출력 설계는 눈에 보이는 부분을 설계

다양한 계산과 처리를 하는 프로그램에서 '어떤 형태로 입력할까?', '어떤 형태로 출력하면 좋을까?'와 같이 입출력에 관련된 설계를 하는 작업이 입출력 설계입니다.

화면 레이아웃, 장표 레이아웃, 파일 인터페이스 레이아웃 등이 이에 해당합니다.

---

[5] 물론 양쪽 모두에 해당하는 경우도 있습니다. CSV 파일 출력은 사람이 쓰기도 하고 다른 시스템의 입력으로 사용하기도 합니다.

예를 들어 화면 레이아웃이라면 어떤 값을 입력할 수 있는지, 자유 입력인지, 풀다운 메뉴인지, 체크박스인지, 기타 항목을 선택했을 때만 입력할 수 있는지 등의 내용을 구체적으로 설계합니다.

▼ 그림 2-6 입출력 설계 예

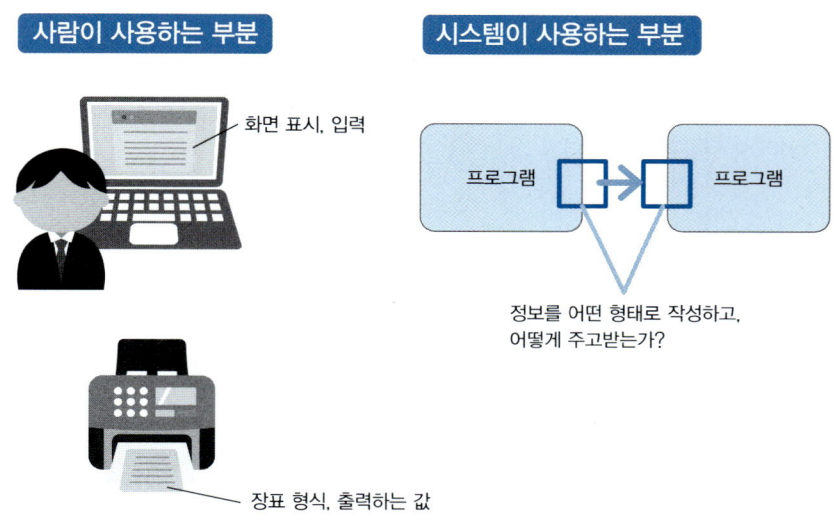

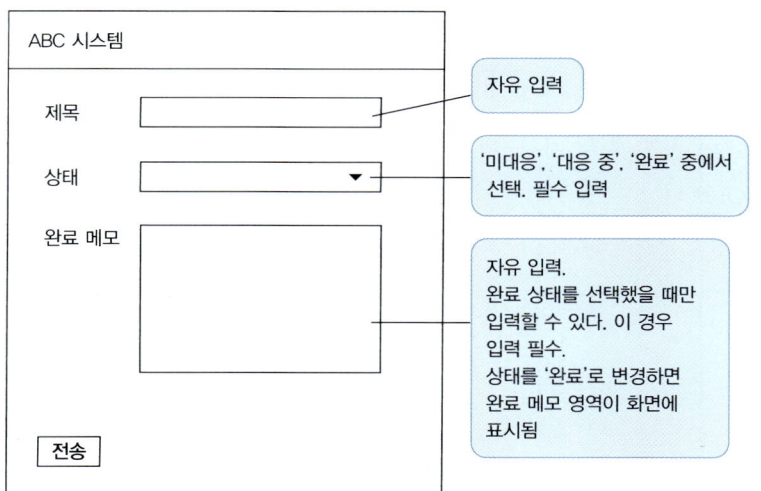

이 절에서는 화면 이미지 오른쪽에 '입력 필수' 등의 설명을 적었지만 실제 업무에서는 설계에 누락이 없도록 설계해야 할 요소를 표 형식으로 채워 넣는 설계서 서식을 많이 사용합니다.

SECTION 12 데이터베이스 설계 개요

시스템 설계, 특히 애플리케이션에서 핵심은 바로 데이터베이스 설계입니다. 데이터베이스 설계 품질은 프로그래밍 난이도, 성능, 유지보수, 운영까지 광범위하게 영향을 미칩니다.

시스템에 저장하는 방법 설계

입출력 설계에서 시스템은 입력이 있으면 출력이 있다고 설명했는데 처리할 때마다 매번 입력할 내용을 준비한다면 비효율적입니다. 예를 들어 100만 건의 주소 데이터 목록을 출력하려고 매번 화면에 100만 건을 입력할 수는 없는 노릇입니다. 같은 내용을 반복해서 입력해야 한다면 컴퓨터를 사용하는 의미가 없겠죠.

따라서 컴퓨터에 100만 건의 데이터를 저장해 두고 필요할 때 꺼내서 사용하면 됩니다. **데이터를 어떻게 저장할지 생각하는 것이 데이터베이스 설계입니다.**[6]

RDB와 NoSQL

저장 형식은 크게 두 가지, 관계형 데이터베이스(Relational DataBase, RDB)와 NoSQL로 나눌 수 있습니다. 각자 특성을 이해하고 어느 쪽을 사용할지 선택해야 합니다. 그리고 각각에 어울리는 방식으로 데이터 배치 방법을 설계합니다.

---

[6] 데이터베이스를 대상으로 한 입출력 설계이므로 입출력 설계에 포함되어야 한다고 생각할 수 있지만, 매우 큰 설계 요소이기 때문에 데이터베이스 설계로 따로 정리합니다.

데이터 배치 방법은 애플리케이션의 작성 용이성, 성능, 미래의 업무에 대한 대응 난이도에 따라 크게 달라집니다. 업무에 대해 깊이 이해하고 있어야 데이터베이스를 설계할 수 있습니다.

데이터베이스 설계라고 하면 데이터베이스만 해당하는 것처럼 보이겠지만, 이 책에서는 문서 파일처럼 시스템에 저장하는 모든 것을 데이터베이스 설계에 포함합니다.

▼ 그림 2-7 데이터를 저장하는 방식 설계

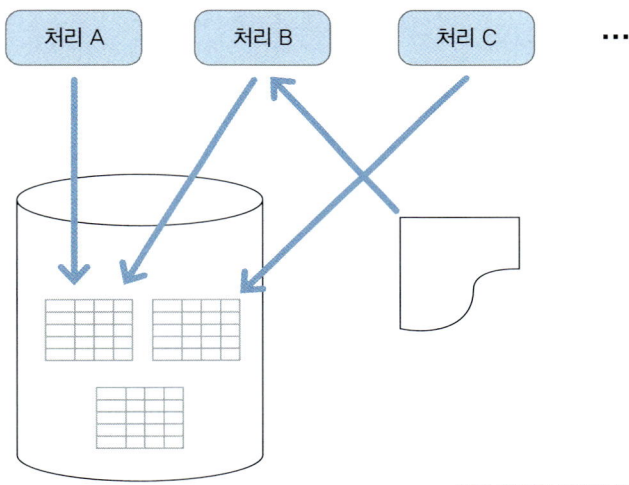

어떤 형식을 선택해서, 어떻게 저장할지 설계한다.

▼ 표 2-3 RDB와 NoSQL의 차이점

핵심	관계형 데이터베이스(RDB)	NoSQL(Not Only SQL, RDB 이외)
장점	데이터 무결성을 관리할 수 있고 고급 검색이 가능합니다.	대용량 데이터 처리에 적합하고 구조화되지 않은 데이터도 처리할 수 있습니다. 확장성이 뛰어납니다.
단점	확장성이 낮고 대용량 데이터 처리가 느립니다. 구조화된 데이터가 필요합니다.	데이터 무결성을 보장하기 어렵고 고급 검색이 어렵습니다.
데이터 구조	행과 열의 2차원 구조	형태가 다양합니다. 키밸류형, 와이드 컬럼 스토어형, 문서형, 그래프형 등
유명 제품	MySQL, PostgreSQL, Oracle Database 등	Amazon DynamoDB, Big Table, MongoDB, Neo4j 등
사용 예	업무 데이터 전반(EC 사이트, 금융 등 무결성이 무척 중요한 경우에 필수)	데이터 분석용 데이터, 생체 인증 같은 비구조 데이터, 시계열순으로 등록되는 대량의 로그 계통의 데이터
보충 설명	전통적인 데이터 관리 방법으로 큰 문제가 없다면 우선적으로 사용합니다.	RDB에 비해 비교적 최신 방식입니다. RDB가 처리하기 힘든 부분을 해결하기 위해 다양한 형식이 있습니다.

SECTION 13 로직 설계 개요

입출력 형식과 저장 방법은 설계했지만, 어떻게 처리해서 서로 연결할지는 아직 설계하지 않았습니다. 이러한 처리 방법을 정하는 것이 바로 로직 설계입니다.

어떤 구성으로 프로그램을 작성할 것인가

곧바로 처리 내용을 작성하고 싶겠지만 그 전에 해야 할 일이 있습니다. 어떤 구성으로 프로그램을 작성할지 정하는 것입니다. 단순한 처리 하나만 만든다면 생략해도 되겠지만, 보통 시스템은 많은 프로그램으로 구성됩니다. 어떤 단위로 나눠서 프로그래밍할 것인가, 계속해서 같은 처리를 하는 부분은 공통 부품으로 작성할 것인가 등을 정합니다.[7] **로직 설계에서는 어떤 범위를 해당 프로그램에서 처리할지 정하고 각각의 프로그램 처리 내용을 설계합니다.** 전체 설계의 시스템 아키텍처 설계에서 전체 구조를 설계하고, 로직 설계에서 구체적인 내용을 설계합니다.

온라인과 배치 작업

전체적인 구조 외에도 로직 설계에 많은 영향을 주는 것이 있습니다. 바로 작업 처리 방식입니다. 실시간으로 처리를 끝내는 온라인 형식과 정해진 시간에 실행해서 처리하는 배치(Batch) 형식이 있습니다. 온라인은 지시를 받으면 곧바로 실행해서 처리하며 대량의 데이터 처리에는 적합하지 않습니다. 배치는 한 달치 데이터를 집계해서 표로 작성하거나, 회원 데이터의 주소를 일괄 변경하는 등 한꺼번에 처리할 때 적합합니다. 그 외에 동기 처리나 비동기 처리처럼 구현 방법과 처리 관점이 다른 경우도 있습니다.

---

[7] 알기 쉬운 예를 들면 달력 기능이 있습니다. 특정 날짜가 휴일인지 확인하는 기능은 다양한 프로그램에 필요합니다. 누구나 쓸 수 있는 부품으로 작성해 휴일을 확인하고 싶을 때 이 공통 부품을 사용하면 됩니다.

▼ 그림 2-8 구체적인 구분 방법을 정해서 각 처리의 내용을 설계(예)

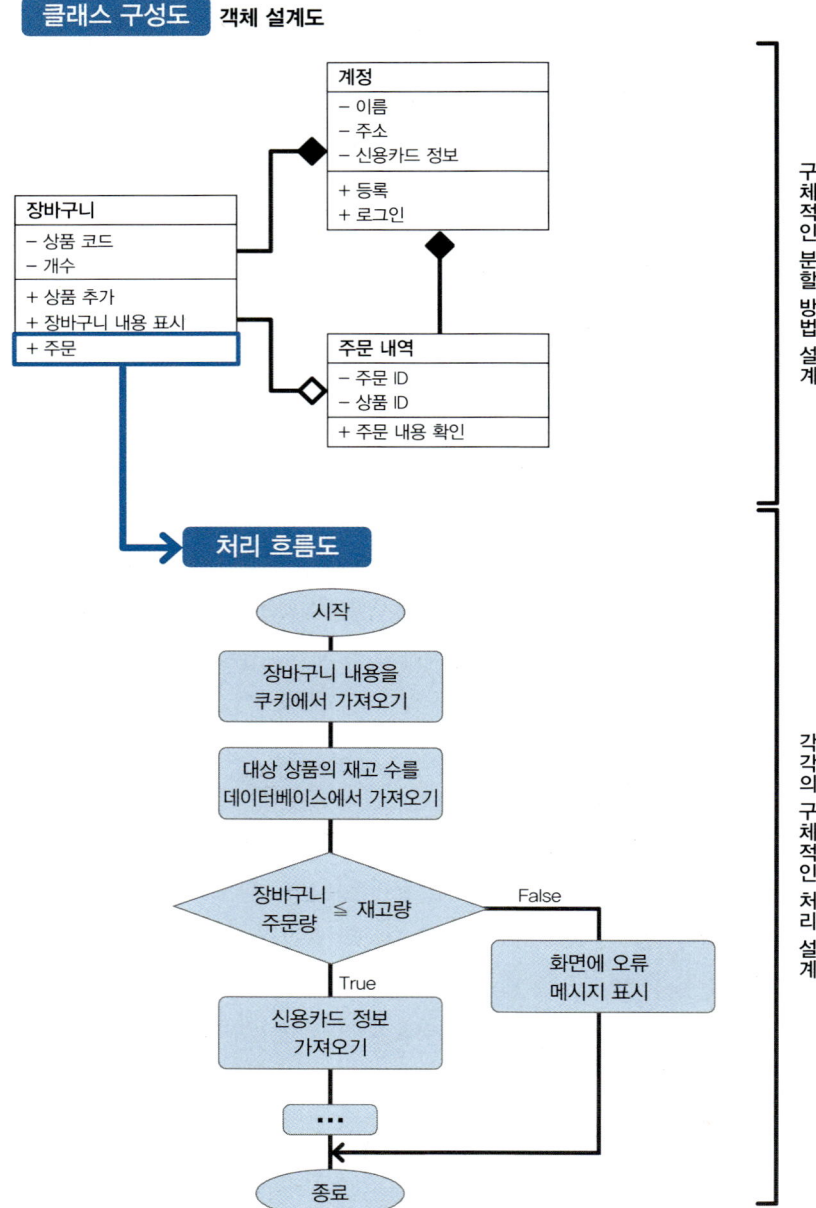

14 네트워크 설계 개요

네트워크란 각 컴퓨터를 연결하는 배관 역할을 합니다. 연결 방법, 굵기(대역폭), 고장 시 우회 방법 등 안정적으로 운영하려면 그에 맞는 설계가 필요합니다. 게다가 나중에 변경하려면 다른 설계에 미치는 영향 범위가 무척 큰 설계입니다.

어떤 배관을 만들 것인가를 정하는 네트워크 설계

서버와 클라이언트를 연결하는 배관이 바로 네트워크입니다. 클라이언트 내부에서 처리가 끝나는 애플리케이션이라면 모르겠지만, 정보 공유가 필요한 업무 시스템에 네트워크가 없다면 시스템이 성립되지 않습니다.

네트워크를 설계할 때도 먼저 전체 구성을 설계하고 각 부분을 설계하는 방식으로 진행합니다.

비기능 요구사항에 큰 영향을 받음

단순히 통신만 하는 것이라면 그렇게 어렵지 않습니다. 평소 사용하는 PC나 스마트폰으로 인터넷에 접속하는 것이 별로 어렵지 않은 것과 마찬가지입니다. 특수한 요구사항이 아니라면 기술적으로도 TCP/IP 구조를 사용하면 거의 끝입니다.

하지만 비기능 요구사항에 따라서는 설계 작업량이 크게 늘어납니다. 오히려 **비기능 요구사항 때문에 네트워크 설계가 엄청나게 어려워질 수 있습니다.**

비기능 요구사항 중에서도 특히 가용성, 성능/확장성, 운영/유지보수성, 보안에 크게 영향을 받습니다. 예를 들어 보안이라면 인터넷에 접속하는지 여부에 따라 큰 차이가 생깁니다. 최근에는 제로 트러스트(Zero trust)[8] 개념이 등장하는 등 어떤 개념을 바탕으로 설계하는가에 따라 설계할 것도 달라집니다.

▼ 그림 2-9 네트워크 설계 모습

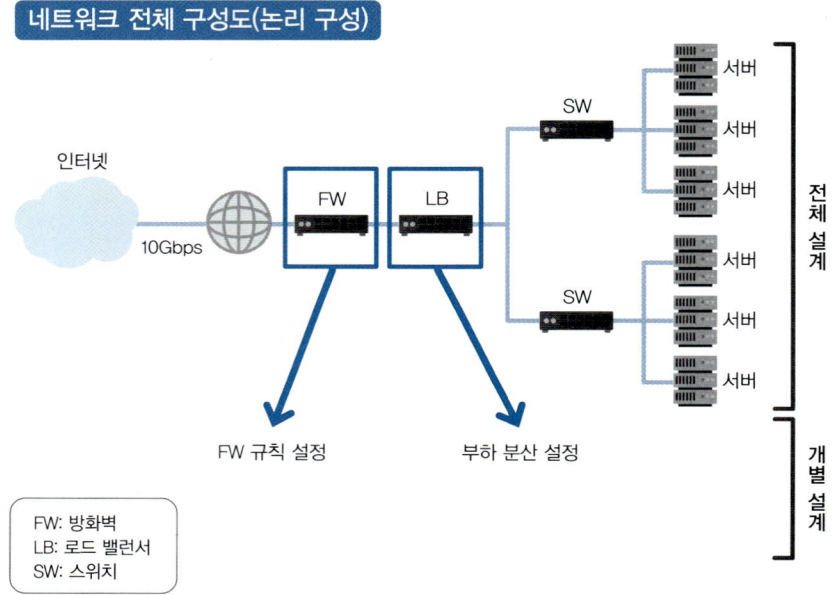

---

[8] 회사 내부/외부 구분 없이 언제나 접속자를 신뢰하지 않고 안전성을 확인하는 개념입니다. '신뢰=트러스트'를 '하지 않는다=제로'라서 제로 트러스트입니다.

▼ 표 2-4 네트워크 설계에 영향을 주는 비기능 요구사항

비기능 요구사항	요구사항(예)	대책(예)
가용성	장비 고장 시에도 시스템을 계속 사용할 수 있어야 합니다.	네트워크 장비 고장에 대비해서 장비(라우터 등)를 다중화합니다. 다중화에 함께 장비 장애 시 감지 방법 및 자동으로 회선을 전환, 복구 후 복원 같은 것을 설계합니다.
성능/확장성	서버 한 대로 모두 처리할 수 없으므로 스케일아웃 구성(동일한 처리가 가능한 서버를 여러 대 준비해서 처리를 분산)을 실현합니다.	로드 밸런서(처리 요청을 받아서 여러 서버에 분산하는 기능)를 도입합니다.
운영/유지보수성	전체 시스템이 24시간 365일 쉬지 않고 가동할 수 있도록 합니다.	네트워크 장비 보수 시간을 확보할 수 있게 장비 구성을 다중화합니다.
보안	웹사이트의 악의적인 요청(애플리케이션 버그 악용, 데이터베이스 정보 부정 취득 등)을 즉시 차단할 수 있어야 합니다.	WAF(Web Application Firewall) 도입으로 의심스러운 요청을 감지, 차단하도록 설정합니다.

15 서버 설계 개요

SYSTEM DESIGN

서버는 애플리케이션을 작동하기 위한 환경입니다. OS뿐만 아니라 데이터베이스와 웹 서버와 같은 사용하는 제품의 설치 및 설정, 장애 발생 시 하드웨어 설정 등도 필요합니다.

애플리케이션 작동 환경 정비

온프레미스(on-premise)(자사 내에 자체적으로 준비된 서버를 이용)라면 하드웨어를 선정, 조달해서 구축하고 서버에 제품을 설치합니다. OS도 그렇지만 데이터베이스 제품, 프로그래밍 언어, 도구 등 요구사항에 따라 다양합니다.[9] 그리고 **이 제품들을 적절하게 설정해서 애플리케이션을 개발 및 운영할 수 있는 작동 환경을 만듭니다.**

클라우드를 이용한다면 조달이 필요 없습니다. 사양 선택이나 제품 선택 및 설정 등 조달 이외의 부분을 작업합니다(작업 범위는 사용하는 클라우드에 따라 달라집니다).

구축하는 환경에 주의

온프레미스에서나 클라우드에서나 서버와 네트워크는 물리적인 장비입니다. 따라서 프로덕션 환경(업무에 이용하는 환경) 외에도 개발 및 테스트용 환경이 필요하고, 성능 확인 환경이나 업무 훈련 환경이 필요할 수도 있습니다. 이런 환경을 만들 때 프로덕션 환경 설계 내용을 그대로 사용하면 좋겠지만, 비용 측면에서 같은 규모로 환경을 구축하는 경우는 드뭅니다. 요구하는 수준을 만족시키면서 비용을 얼마나 절감할 수 있는지는 설계 실력에 달려 있습니다.

---

[9] 이 책에서는 네트워크 이외의 구축물을 서버 설계에 포함합니다. 저장 영역(스토리지)인 NAS(Network Attached Storage)나 SAN(Storage Area Network) 구축도 서버 설계에 해당합니다.

애플리케이션은 작동 모드(프로덕션용, 개발용 등)를 변경하는 정도로 끝나지만, 네트워크를 포함한 서버는 필요한 환경의 개수만큼 구축해야 합니다.

▼ 그림 2-10 서버 설계 모습

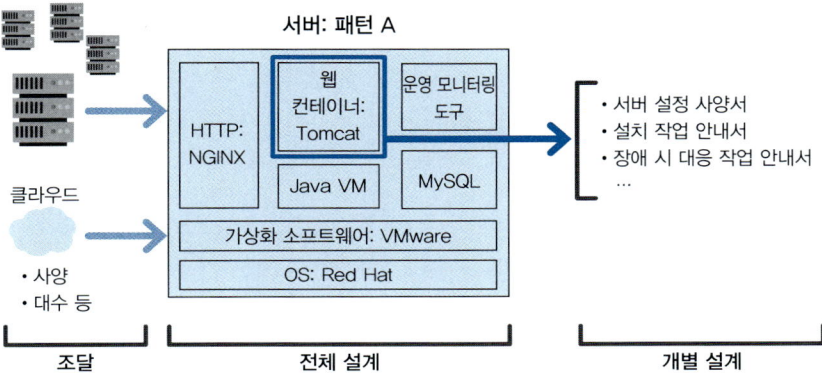

▼ 그림 2-11 환경별로 설정 내용이 다르다(예)

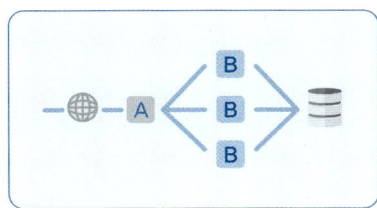

프로덕션 환경
- 최대 사양
- 모든 장비를 다중화한다.

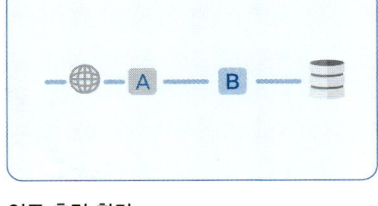

업무 훈련 환경
- 최소한의 서버만 사용한다.
- 애플리케이션은 모두 작동 가능하도록 한다.

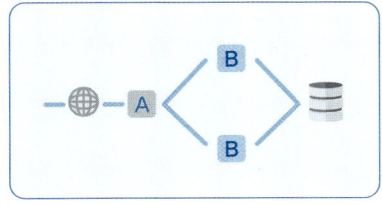

성능 확인 환경
- 애플리케이션 성능을 측정하는 환경
- 각 서버 사양은 프로덕션 환경과 동일하다. 단, 스케일아웃 규모는 최소(2대)로 한다.

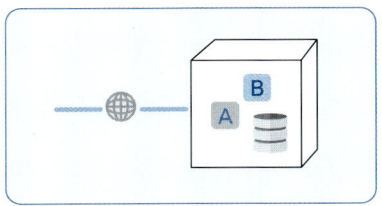

개발, 테스트 환경
- 모든 기능을 서버 1대에 집약한다.
- 개발팀 수만큼 준비해서 각자 필요한 최소한의 설정만 반영한다.

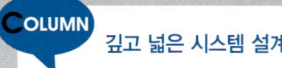 깊고 넓은 시스템 설계

시스템 설계에는 전체 설계, 입출력 설계, 데이터베이스 설계, 로직 설계, 네트워크 설계, 서버 설계가 있다고 설명했습니다. 시스템 규모에 따라 차이는 있지만, 이런 설계가 없다면 제대로 된 시스템을 구축하기 어렵습니다. 시스템 설계를 전혀 몰랐다면 이렇게 다양한 설계가 필요하다는 사실에 깜짝 놀란 분도 있을 것입니다.

일본의 시스템 엔지니어 국가 자격 시험 중에는 IPA(독립행정법인 정보처리추진기구)가 실시하는 정보처리 기술자 시험이 있습니다. 시대 변화에 따라 개정되지만 2023년 봄 기준으로 13가지 부문으로 나뉘어 있습니다. 그중에서 시스템 설계와 관련된 시험인 기본 정보 기술자 시험과 응용 정보 기술자 시험은 시스템 설계 전반에 관련된 지식을 묻습니다. 저도 처음에는 기본 정보 기술자 시험부터 응시했는데 아주 고생했던 기억이 있습니다. 그만큼 폭넓은 지식이 필요합니다.

이런 지식을 바탕으로 각 분야의 전문가를 위한 시험이 있습니다. 시스템 아키텍처 시험, 데이터베이스 전문가 시험, 네트워크 전문가 시험, 정보처리 안전 확보 지원사 시험이 시스템 설계자에 해당하는 시험입니다.

시스템 설계라고 한마디로 묶어도 실제로는 이렇게 여러 가지로 구분하고 각 영역마다 전문가에게 필요한 전문 지식이 존재합니다. 시스템 설계란 이렇게 복잡한 세계이며, 당연하지만 모든 시스템을 혼자서 만드는 것은 무척 어려운 일입니다. 수많은 전문가가 힘을 합쳐서 시스템 설계를 진행해야 합니다.

그리고 이런 작업을 관리하고 관계자와 의사소통 창구 역할을 하며 시스템 개발을 성공으로 이끄는 사람이 프로젝트 관리자(Project Manager)입니다. 시스템 지식은 물론이고 업무 지식과 의사소통 능력이 필요한 역할입니다.

3장

시스템 설계에 영향을 주는 개념

시스템 설계 내용으로 들어가기 전에 조금만 더 이야기해 봅시다. 무엇을 설계해야 하는지는 다양한 개념과 사용하는 제품 등에 크게 영향을 받습니다. 이 장에서는 설계에 영향을 주는 대표적인 개념에 대해 알아보겠습니다.

SECTION 16 소프트웨어 설계 모델

인프라는 애플리케이션을 구동하기 위해서 만듭니다. 즉, 애플리케이션을 어떻게 만드느냐에 따라 인프라의 형태도 변합니다. 물론 애플리케이션 설계 자체도 소프트웨어 설계 모델에 따라 크게 달라집니다.

소프트웨어 설계 모델이란?

소프트웨어 설계 모델은 각 모델의 대상 범위나 수준이 제각각이라 전부 나열하기는 어렵습니다. **하지만 선택한 모델에 따라 어떤 프레임워크(Section 17 참조)를 선택할 것인지가 어느 정도 결정됩니다.** 프레임워크는 소프트웨어 설계 모델을 구현할 목적으로 만들어진 것이 많기 때문입니다.[1]

MVC 모델

MVC 모델은, 데이터 정의를 담당하는 모델(Model), 화면 등 표시를 담당하는 뷰(View), 뷰와 모델의 연결을 담당하는 컨트롤러(Controller), 이렇게 세 가지로 나눠서 프로그램 기능을 만드는 방법입니다. 각자 역할이 명확하게 나뉘어서 설계를 분담하기 좋고 유지보수성도 뛰어납니다. 대표적인 예로 라라벨(Laravel)(PHP 언어), 루비 온 레일즈(Ruby on Rails)(루비 언어), 스프링 MVC(Spring MVC)(자바 언어) 등이 있습니다.

---

1 프레임워크가 아니라 라이브러리인 경우도 있지만 이 책에서는 그런 부분은 접어 두고 어떤 개념에 기반해서 만든 도구가 있고 해당 도구에 맞는 설계가 필요하다고 이해하기 바랍니다.

마이크로서비스 아키텍처

요즘 자주 거론되는 아키텍처입니다. 서비스(시스템이 제공하는 기능) 단위로 독립적으로 작동하도록 설계하는 방법입니다. 각 서비스 연동은 느슨한 연결로 구성되어서 서비스 단위로 변경하기 쉽고 개발부터 릴리스까지 걸리는 시간을 줄일 수 있습니다. 반면에 각 서비스를 어떻게 나눌 것인가, 어떤 구조로 느슨한 연결을 구현할 것인가 등 설계 난도가 높은 아키텍처입니다.

▼ 그림 3-1 소프트웨어 설계 모델의 효과

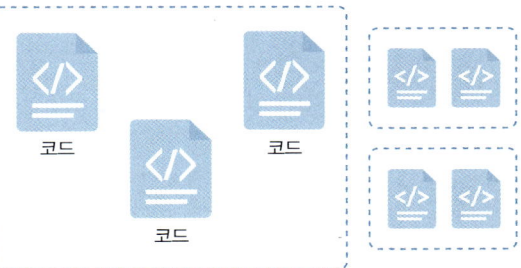

- 어디에 어떤 정보가 있는지 알 수 없다.
- 어디를 수정하면 되는지 판단할 수 없다.

- 'XX는 YY에 정리한다' 같은 규칙이 있어서 왼쪽의 문제점을 해결할 수 있다.
- 유명한 소프트웨어 설계 모델은 전 세계적으로 이미 검증된 결과가 많아서 프레임워크를 따라 하면 고품질 시스템을 구축하기 쉽다.

❤ 그림 3-2 MVC 모델의 분할 모습

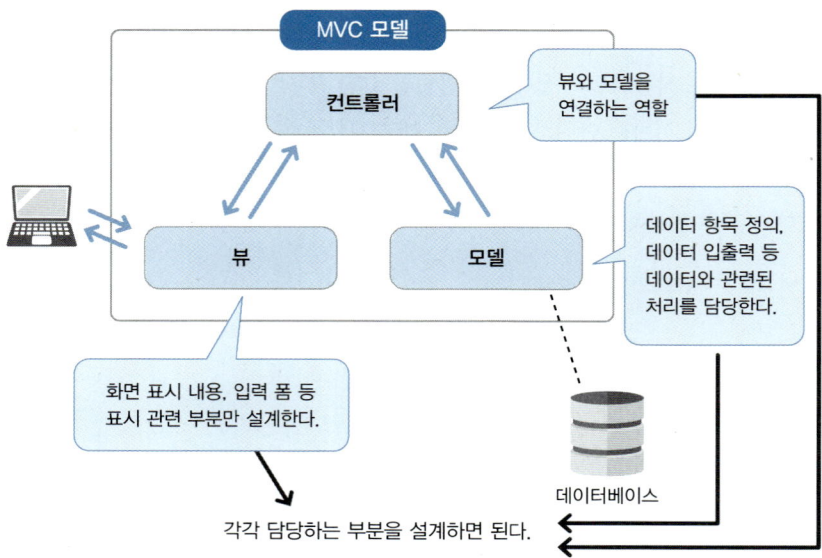

SECTION 17 프레임워크

SYSTEM DESIGN

애플리케이션을 효율적으로 개발하고, 품질도 높이기 위해 프레임워크가 만들어졌습니다. 하지만 프레임워크가 제시하는 방식을 따라야 하므로 설계도 프레임워크의 내용에 맞춰야 합니다.

프레임워크란?

한마디로 정리하면 **시스템을 효율적으로 개발하기 위한 소프트웨어**입니다. 예를 들어 웹 시스템을 만들 때 필요한 기본적인 처리에는 어느 정도 정형화된 패턴이 있습니다. 화면을 만들고 입력 폼으로 입력 받은 값을 확인하고 문제가 없으면 데이터베이스에 저장합니다. 그리고 지정한 화면으로 이동해서 특정 메시지를 출력합니다. 만약 프레임워크를 쓰지 않고 만든다면 이런 모든 처리를 일일이 직접 작성해야 합니다. 프레임워크를 사용하면 이렇게 정해진 패턴은 단 몇 줄의 코드만 작성해서 만들 수 있습니다. 프레임워크에 다양한 처리가 내장되어 있기 때문에, 예를 들어 '입력값이 날짜 형식인지' 확인하는 코드를 처리 로직에 작성할 필요가 없습니다.[2]

프레임워크 선택과 설계에 미치는 영향

프레임워크는 이렇게 편리하지만, 프레임워크가 제시하는 방식에 따라 설계를 해야 합니다. 설계 대상과 조합 방법이 선택한 프레임워크에 크게 좌우되기 때문입니다.

현실적으로 프레임워크 선택은 기능의 좋고 나쁨만으로 정해지지 않습니다. 프레임워크를 이용하려면 설계자와 개발자가 해당 프레임워크를 잘 이해하고 있

---

2 프레임워크는 훨씬 더 큰 역할을 하지만 여기서는 이해하기 쉽고 작업이 줄어드는 예를 들었습니다.

어야 합니다. 프레임워크에 따라 난이도가 다르므로(학습 비용이라고 부릅니다) 상황과 프레임워크 자체의 장래성도 고려해서 무엇을 선택할지 판단해야 합니다.

❤ 그림 3-3 프레임워크를 이용하는 모습

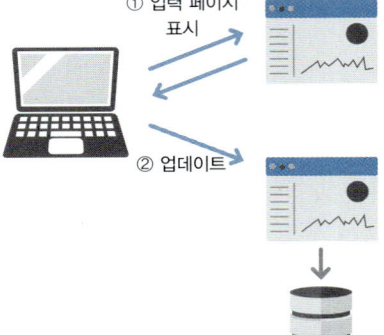

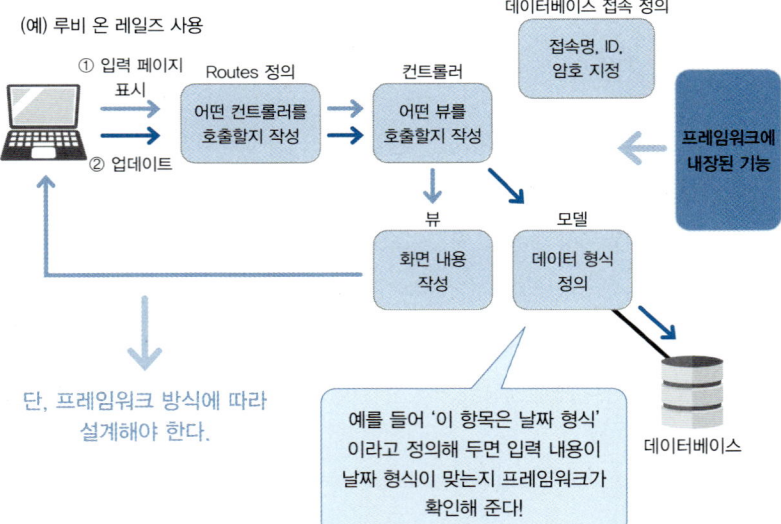

SECTION 18 외부 요인, 내부 요인

요구사항을 만족하도록 시스템을 설계한다는 말은 너무 당연해 보이지만 그렇게 쉽지 않은 경우도 많습니다. 오히려 비즈니스 활동에 영향을 받지 않을 수 없는데, 이런 요인을 소개합니다.

참견이 없는 시스템 설계는 없다

요구사항을 만족하도록 시스템 설계를 하지만, **실제로 요구사항만 고려해서 설계할 수 있는 경우는 거의 없다**는 것을 먼저 인지해야 합니다.

예를 들어 당연한 말이지만 시스템에 투자하는 비용에는 한계가 있습니다. 해당 요구사항에 딱 맞는 설계라도 비용이 너무 많이 필요하면 선택하기 어렵습니다. 고성능 서버를 도입하면 해결될 문제라고 한들 그렇게 간단히 구매할 수 없는 것과 마찬가지입니다. 그 외에도 내부에 신규 시스템 도입을 거부하는 세력이 있어 원안이 승인 받지 못하고, 원안과 상당히 달라진 설계를 억지로 통과시키는 경우도 있습니다. 사용하고 싶은 데이터가 있는데 데이터 사용 허가가 나지 않아서 다른 우회 수단으로 구현해야 하는 경우도 이런 예입니다.

외부 요인, 내부 요인으로 구분해서 정리

이처럼 시스템 설계에 영향을 주는 요인은 무수히 많습니다. 그렇다고 해서 시스템 설계에 실패할 수는 없습니다. 저의 저서 『IT 시스템의 정석』(참고 문헌 참조)에서 시스템 설계에 영향을 주는 이런 요인을 외부 요인, 내부 요인으로 정리했습니다.[3]

---

[3] 『IT 시스템의 정석』은 시스템 수명주기를 중심으로 시스템 설계뿐만 아니라 기획, 폐기, 유지보수, 운영, 관리를 포함한 다양한 범위를 다룹니다.

시스템을 설계할 때 이런 영향을 고려하지 않으면 결국 그림의 떡이 되어 시스템 구현에 실패합니다. 시스템의 목적은 비즈니스에 사용하는 것이며, 이상적인 시스템 설계가 최우선은 아니라는 점을 이해하기 바랍니다.

▼ 표 3-1 외부 요인, 내부 요인과 영향 예

분류	요인	시스템 설계에 끼치는 영향 예
외부	법률	개정된 제도 내용 중 명확하지 않은 부분이 있으므로 해석이 나올 때까지 어느 쪽으로든 대응할 수 있도록 설계해야 합니다.
	시장 및 경쟁 업체 동향	경쟁 업체에는 XX 기능이 있으므로 해당 기능을 반드시 시스템에 구현해야 합니다.
	재해, 환경	재해 발생 시 대책은 필수이므로 시스템 구성을 재검토해야 합니다.
	사건, 판결	개인 정보 유출 사건이 발생하여 동일한 문제를 방지하기 위한 구현이 필요합니다.
	외부 서비스	사용 예정이었던 외부 서비스가 폐지되고 대체 가능한 서비스도 없어서 해당 기능을 구축해야 합니다.
	기술 동향	선택하려는 기술이 계속해서 관리될지 미래가 불투명하므로 선택할 수 없습니다.
	외부 관계자	매출 증가에 직접적인 영향을 주지 않고 구축 비용이 상당하지만 고객이 강하게 요청하기 때문에 구현해야 합니다.
내부	경영 전략	회사의 파트너 전략 변경에 따라 예정된 파트너와 협력이 중단되어 해당 파트너의 우수한 기술을 채택하기가 어려워졌습니다.
	재무	예산 부족으로 필요한 장비를 조달할 수 없어서 다른 방식으로 설계해야 합니다.
	IT 자산	기존 IT 시스템을 그대로 사용해야 합니다(강제적).
	다른 안건	다른 안건(프로젝트)에서 구축 예정이었던 기능이 개발 중지되어 해당 기능을 사용하기로 했던 부분을 재설계해야 합니다.
	사내 정치	사용 예정이었던 타 부서의 데이터 제공이 거부되어서 새로운 방식으로 설계해야 합니다.
	문화, 조직, 체제	조직의 파벌 의식이 강한 탓에 여러 부서에서 사용하는 기능 사양이 정해지지 않아 시스템 설계가 진행되지 않습니다.
	사내 규칙	사내 보안 규정 때문에 사용하고 싶은 외부 서비스를 사용할 수 없어서 다른 방식으로 설계해야 합니다.

19 온프레미스와 클라우드

클라우드라는 말을 들어 본 적이 있습니까? 클라우드 이전의 구축 방법을 온프레미스라고 하는데 둘 다 인프라(네트워크, 서버 설계)와 큰 관련이 있습니다.

온프레미스와 클라우드 개요

클라우드는 서버나 네트워크를 빌려서 쓰는 서비스입니다. 어떤 계층(네트워크, 서버 등)까지 빌릴 수 있는가는 클라우드나 사용하는 서비스에 따라 다릅니다. 이를 SaaS(Software as a Service), IaaS(Infrastructure as a Service), PaaS(Platform as a Service) 등으로 나눠서 정리합니다.

클라우드는 계약만 하면 곧바로 사용할 수 있기 때문에 장비 구입 비용이 들지 않고 발주 후 받을 때까지 걸리는 대기 시간이 필요 없다는 점이 큰 장점입니다. 하지만 클라우드 사업자가 제공하는 서비스에서 선택해야 하고 제공하는 범위를 넘어서려 하면 오히려 설계가 더 복잡해질 수도 있습니다.[4]

클라우드가 아니라 **자사에서 자체적으로 모든 하드웨어를 준비해서 구축하는 방법을 온프레미스라고 합니다.**

인프라 설계 난이도와 규모가 크게 변함

클라우드는 클라우드 자체의 설정 화면이 제공되기 때문에 브라우저에서 조작하여 작업하는 경우가 많습니다. 세세한 설정까지 설계할 필요가 없어서 결과적으로 설계도 간결해집니다.

클라우드를 사용하는 장점으로 리소스 변경이 쉽다는 점도 **빼놓을 수 없습니다.** 필요한 서버가 10대라고 설계했는데 실제로 가동해 보니 4대로 충분하다면

---

[4] 단점으로는, 클라우드 업체가 정한 규칙을 따라야 하므로 갑작스러운 서비스 종료나 이용 요금 상승 같은 일방적인 움직임에도 사실상 따를 수밖에 없습니다. 달러로 결제하는 경우 환율 변동에도 큰 영향을 받습니다.

남은 6대를 정지해서 이용료를 줄일 수 있습니다. 사용할 리소스를 유연하게 변경할 수 있어서 정밀한 견적 없이 대략적인 견적만으로도 일단 시작할 수 있습니다.

▼ 그림 3-4 온프레미스와 클라우드의 범위

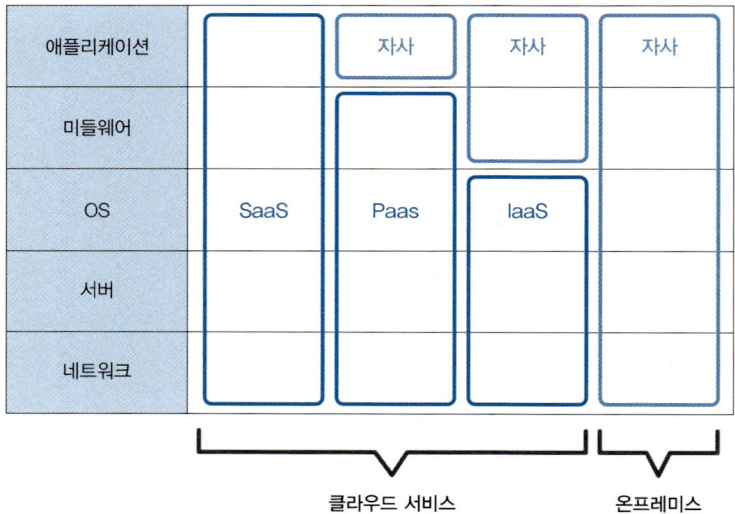

▼ 그림 3-5 인프라 설계 부담

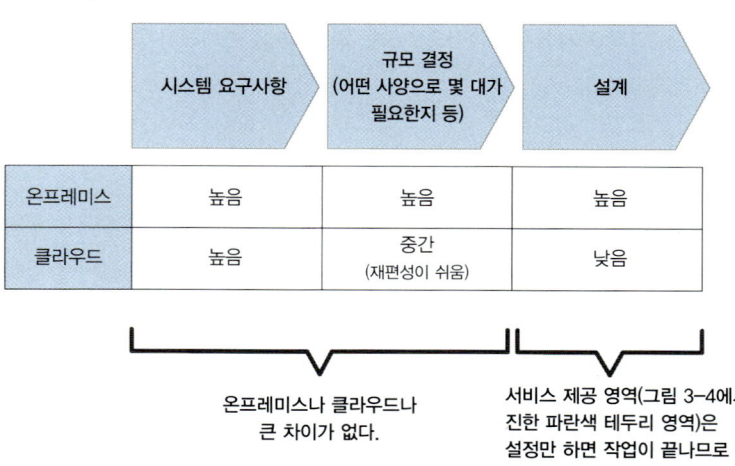

20 가상화 기술

초보자 입장에서는 '가상화'가 무엇을 뜻하는지 상상하기 어렵습니다. 하지만 최근 일정 규모 이상의 시스템이라면 서버에서 가상화 기술을 사용하는 것은 거의 상식에 가까울 정도로 많이 활용되고 있습니다.

가상화 기술이란?

가상화라고 하면 잘 모르는 분이 많을 테니 쉽게 반대로 생각해 봅시다. 가상화의 반대말은 물리 환경입니다. PC를 예로 들어서 설명하면 PC 본체가 있고, 거기에 윈도우(A라고 합시다)가 설치되어 있지요? 가상화 기술을 사용하면 윈도우 A 안에 별도의 하드웨어와 윈도우(B라고 합시다)를 설치해서 가동할 수 있습니다. 별도의 하드웨어라고 했지만 물리적인 하드웨어가 아니라 실제로는 **윈도우 B가 하드웨어처럼 인식할 수 있는 소프트웨어입니다. 이런 방식을 가상화라고 합니다.** 즉, 1대의 물리적인 하드웨어에 여러 대의 윈도우를 작동시킬 수 있는 것입니다.

인프라 설계에 큰 영향을 미침

가상화 기술은 네트워크와 서버 설계에 큰 영향을 미칩니다. 가상화 소프트웨어를 도입해야 할 뿐만 아니라 리소스(CPU, 메모리 등) 할당에도 영향을 주고, 장애 발생 지점도 늘어납니다. 하드웨어가 고장 나면 해당 장비에서 가동 중인 가상 환경이 전부 정지하거나 특정 가상 환경만 정지하는 경우도 있습니다. 네트워크도 물리적으로는 랜 포트 하나이지만 가상 환경에 IP 주소를 부여하는 등 가상 환경과 실제 환경에서 차이가 발생하기도 합니다.

최근에는 OS 가상화뿐만 아니라 애플리케이션 수준의 가상화를 비롯하여 가상화할 수 있는 패턴이 다양하게 늘어났습니다.[5]

❤ 그림 3-6 가상화 기술

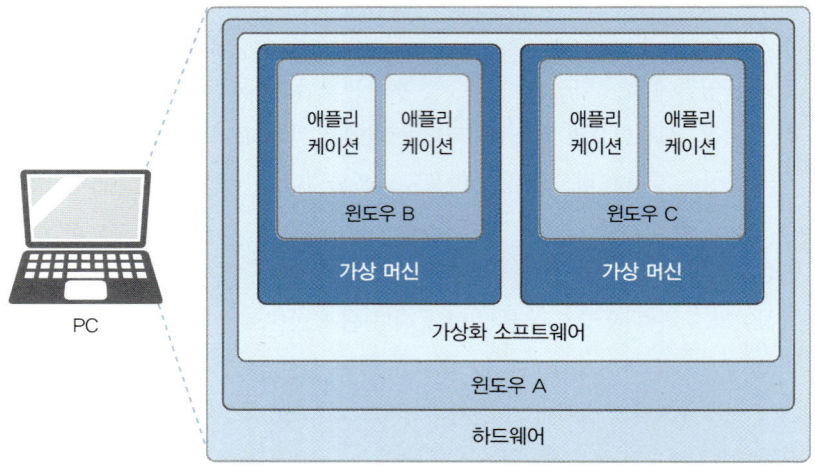

윈도우 A에서 동작하는 애플리케이션인 것처럼 윈도우 B와 윈도우 C를 실행한다.

---

[5] 더 자세히 알고 싶다면 Hyper-V, VMware, 컨테이너, Docker, Kubernetes 같은 키워드를 조사해 보기 바랍니다. 네트워크 가상화도 있습니다.

▼ 표 3-2 가상화의 장점과 단점

분류	주요 내용
장점	확장성이 좋습니다. : 여유 리소스가 있으면 추가로 가상 머신을 실행해서 물리적인 하드웨어 증설 없이 확장할 수 있습니다.
	비용 절감이 쉽습니다. : 물리적인 서버의 수를 줄일 수 있으므로 전력을 포함한 비용을 쉽게 절감할 수 있습니다.
	여유 리소스를 효과적으로 사용할 수 있어서 효율적입니다. : 각 서버가 항상 최대 성능으로 처리를 실행하는 것은 아닙니다. 같은 환경의 가상 머신끼리 리소스를 공유해서 사용할 수 있으므로 부하가 높은 시간이 겹치지 않으면 리소스 낭비 없이 유용하게 활용할 수 있습니다.
	마이그레이션이 쉽습니다. : 가상화는 모두 소프트웨어이므로 파일을 복사하는 것처럼 다른 서버로 이동시키기 쉽습니다.
단점	OS 자체의 성능은 나빠질 가능성이 높습니다. : 같은 환경의 다른 OS가 사용하는 리소스에 영향을 받으므로 할당 및 배치 관련 설계의 난이도가 높습니다.
	장애 발생 시 대응이 복잡합니다. : 장애 원인 확인 및 대응 방법 등 장애 발생 지점이 늘어나서 복잡해지기 쉽습니다.

SECTION 21 미들웨어

당연한 말이지만 어떤 미들웨어 제품을 선택하느냐에 따라 설계 내용이 달라집니다. 미들웨어가 무엇인지 모르는 분도 이해하기 쉽게 설명하겠습니다.

미들웨어란?

윈도우나 리눅스 같은 OS와 구축하는 애플리케이션 중간에 위치하는 소프트웨어를 말합니다. 그 사이에 있어서 미들웨어(middleware)라고 부르는 것이죠.

개별 업무 요구사항에 대해서는 개별 애플리케이션을 만들어야 하지만, 애플리케이션에서 공통적으로 필요한 처리가 있습니다. 이런 **공통 기능을 모아서 제품화한 것이 미들웨어입니다.** 오픈소스로 무료로 사용할 수 있는 제품도 있고, 유료 서비스를 지원받을 수 있는 제품도 있습니다. 상업적으로 이용할 때는 이런 지원 여부가 무척 중요합니다.

인프라 설계와 애플리케이션 설계에 주는 영향

선택한 미들웨어가 다르면, 즉 소프트웨어가 다르면 당연히 설정 방법도 다릅니다. 비슷한 일을 하더라도 설정 방법이 다르면 그에 따라 설계도 달라집니다.[6]

같은 종류의 미들웨어라도 기능에 차이가 있습니다. 예를 들어 데이터베이스 제품인 MySQL과 오라클 데이터베이스는 세부 기능에서 차이가 있습니다. 이런 고유 기능을 사용하려면 애플리케이션에서 데이터베이스마다 고유한 호출 방법을 써야 하므로 애플리케이션 설계에도 영향을 미치게 됩니다. 이런 차이를 프로그램을 수정하지 않고도 어느 정도 자동으로 처리하는 기능을 프레임워크에서 제공하기도 하지만 완벽하지는 않습니다.

---

[6] 이 책에서는 미들웨어 설정 부분까지 서버 설계에 포함합니다. 실제 업무에서는 조직 체계, 역할 분담에 따라 달라서 애플리케이션 담당자가 설정하는 경우도 있습니다.

❤ 표 3-3 미들웨어 제품 예

종류	제품 예
웹 서버	NGINX, Apache HTTP Server, Internet Information Services
데이터베이스	MySQL, PostgreSQL, Oracle Database
애플리케이션 서버	IBM WebSphere Application Server, JBoss

❤ 그림 3-7 미들웨어 구성도: 웹 서버(NGINX) 예

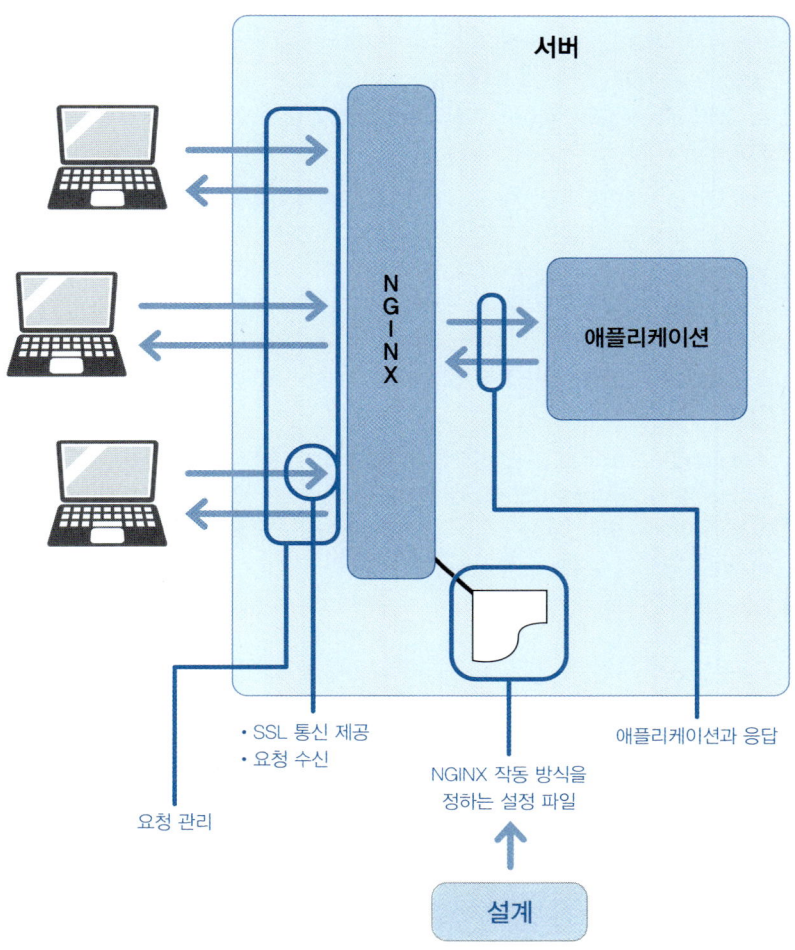

소프트웨어 제작은 공부해야 하지만 사실은 재미있는 일

시스템 설계에 영향을 미치는 다양한 개념을 설명했는데 초보자에게는 이해하기 쉽지 않은 이야기였을 것입니다. 시스템 산업의 역사는 아직 짧지만 다양한 시도를 해왔고 그 결과를 활용해서 지금의 IT 서비스 형태를 만들었습니다. 소프트웨어의 최대 장점은 복사에 비용이 거의 들지 않는다는 점입니다. 한번 훌륭한 소프트웨어를 만들면 그것이 자산이 되어서 세상에 도움이 됩니다. 이렇게 생각하면 무척 설레는 일이 아닐까요?

이런 시스템 설계를 하는 엔지니어는 한곳에 안주할 수 없습니다. 계속해서 새로운 기술과 제품이 속속 등장하고 있습니다. 어떤 제품의 불편함을 해결한 새로운 제품이나 완전히 새로운 개념으로 접근한 제품, 때로는 기존의 시스템 설계법을 근본적으로 뒤엎는 제품이 출시되기도 합니다.

따라서 엔지니어는 매일매일 계속 공부해야 합니다. 시대에 뒤처지지 않기 위해서도 그렇지만 무엇보다 신제품이 등장해서 지금까지 고생하던 일을 간단히 해결하는 경우도 많기 때문에 모르고 넘어간다면 너무 아깝습니다. 참고로 어떤 제품을 알아보는 제일 빠른 방법은 실제로 써 보는 것입니다. 테스트 환경을 만들어 사용해 보고 오류 때문에 고민도 하고 무엇을 할 수 있는지 직접 체험하는 것입니다. 살짝 이해가 되기 시작하면 공식 문서나 참고 문헌을 찾아보는 것이, 제 경험에 따르면 가장 좋은 방법이었습니다. 무엇보다도 무언가를 만든다는 건 본래 무척 즐거운 일입니다.

교육 현장에서 프로그래밍 교육을 시작했지만 프로그래밍은 본질적으로 애플리케이션을 만드는 도구에 불과합니다. 애플리케이션을 만드는 즐거움을 아는 것이 우선입니다. 무엇을 배우고 이해하면 만들 수 있는지, 대규모 시스템을 작성하려면 무엇이 필요할지 공부하는 데 이 책이 조금이나마 도움이 되면 좋겠습니다.

4장

전체 설계

시스템 전체의 구성과 방침, 규칙을 정하는 것이 전체 설계입니다. 전체 설계 품질에 따라 시스템 구축뿐만 아니라 운영을 포함한 시스템의 성공과 실패가 갈립니다. 설계해야 할 대상을 정확하게 파악하고 미래까지 대비해서 설계하는 것, 그것이 전체 설계입니다.

22 전체 설계의 흐름과 핵심

SYSTEM DESIGN

전체 설계는 '이런 것까지 정해야 하나' 싶을 정도로 다양한 내용을 다룹니다. 다만 어느 수준까지 설계할 것인가는 구축하는 시스템 규모나 체계에 달려 있습니다. 이 책에서는 보편적으로 필요한 설계에 대해 설명합니다.

전체 설계는 무엇인가?

전체라는 이름에 걸맞게 각 시스템 설계의 기반이 되는 설계를 합니다. 바로 **전체 구성과 설계 규칙**입니다. 특히 대규모 시스템을 구축할 때 설계자마다 자기 멋대로 설계한다면 품질 편차가 생기기도 하고, 중복 또는 빠진 부분이 생길 수도 있습니다. 이러면 유지보수나 운영도 불가능합니다.

▼ 그림 4-1 전체 설계의 전체 이미지

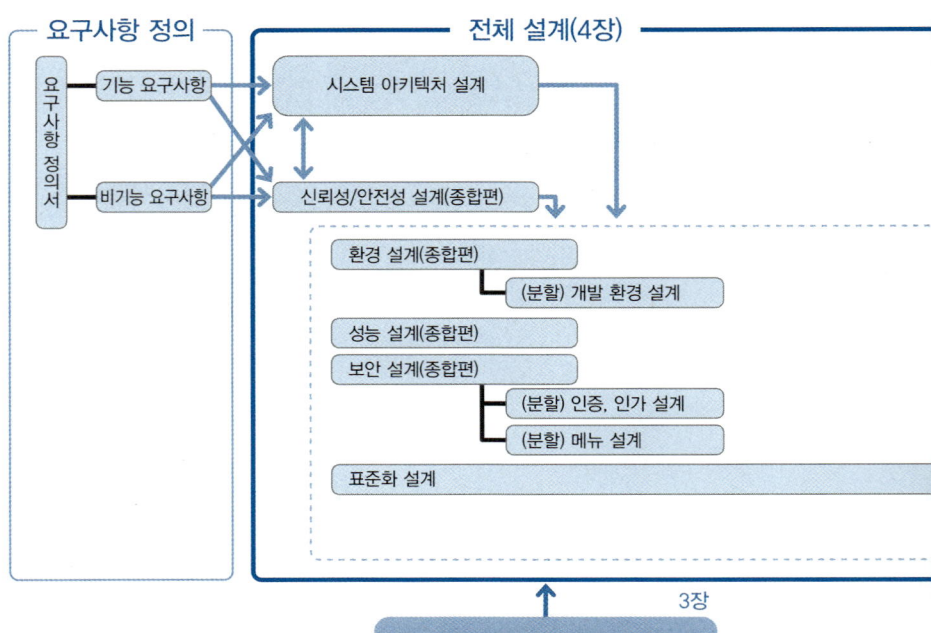

전체 설계 내용

어떤 단위로 정리해야 한다고 정해진 규칙은 없으므로 설계 및 관리하기 좋은 단위로 설계서를 작성하면 됩니다. 이 책에서는 일반적으로 설계가 필요한 요소를 그림 4-1과 같이 정리했습니다.

설계서는 일반적으로 말하는 시스템 설계서와 조금 다를 수 있습니다. **완성된 설계서는 누군가가 보기 위한 것**이지만 여기에서 다루는 내용은 설계 방침, 그렇게 설계하는 이유, 설계 규칙이나 지침(가이드라인)처럼 만드는 과정에 필요한 내용이기 때문입니다(자세한 내용은 Section 23 이후를 참조).

새롭게 시스템 개발 프로젝트에 참가한 구성원은 전체 설계를 보면서 시스템의 전체 모습과 규칙을 파악하고, 개별 설계에 원활하게 참여할 수 있습니다. 특히 왜 이렇게 설계되었는지 이유를 파악하는 것은 설계 품질 유지에 무척 중요합니다.

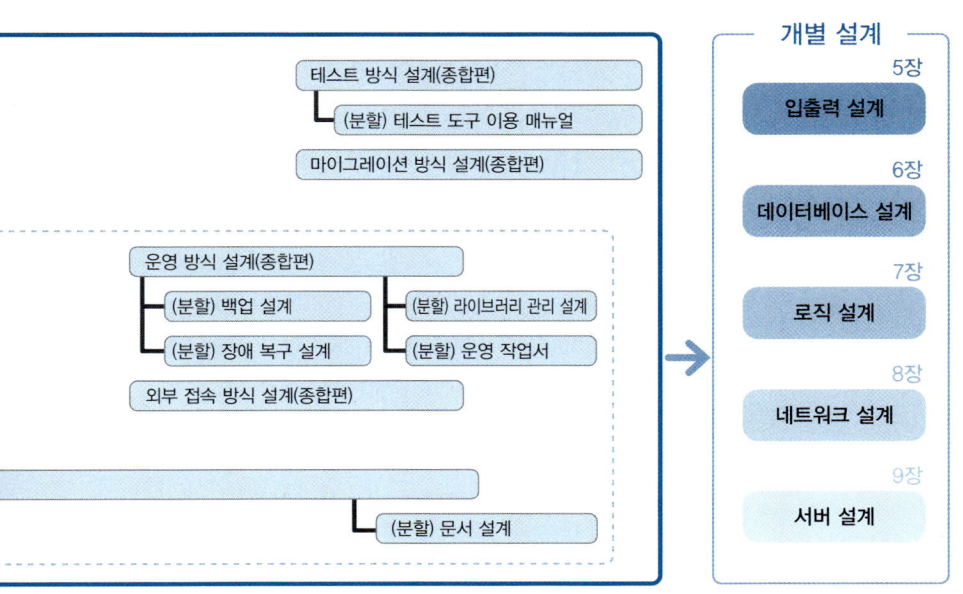

전체 설계의 작성 순서

사실 설계 순서는 명확히 정해져 있지 않습니다. 전체 설계가 서로 영향을 주고받는 경우가 많고, 조금씩 겹치기도 합니다. 그런 경우 해당 설계서의 어디를 참조하라고 쓰기도 합니다.

그렇지만 어느 정도 정해진 순서는 있습니다. 전체 설계의 핵심은 '시스템 아키텍처 설계'입니다. 하지만 아키텍처 설계를 하려면 신뢰성/안전성 설계가 필요합니다. 이 설계에 따라 인프라 구성과 사용할 프레임워크가 변하기 때문입니다. 시스템 아키텍처 설계가 어느 정도 진행되면 각각의 전체 설계를 합니다. 이때 설계별로 정해진 순서는 없습니다. 앞에서 소개한 그림 4-1을 참조하기 바랍니다.

또한 설계 하나의 내용이 너무 길어지면 설계서를 분할하여 작성하는 방법도 있습니다. 보안 설계(종합편) 내용 중 일부인 인증/인가 설계를 따로 작성하는 것처럼 말이죠.

이후의 설명 내용

다음 절부터는 전체 설계서 내용에 대해 설명하고, 그중 일부를 조금 더 깊이 있게 설명하겠습니다. 전체 설계는 수십, 수백 장이 넘는 엄청난 양의 문서라서 여기에 전부 설명할 수는 없습니다. 필요한 지식과 노하우도 다양하므로 더 깊은 지식이 필요하다면 해당 내용을 다룬 전문 서적을 참조하기 바랍니다.

▼ 표 4-1 전체 설계 목록과 개요

설계서 이름	설계서 개요	상세 설명 Section
시스템 아키텍처 설계	시스템 구성 요소와 상호 관계를 명확히 밝히고 시스템 전체의 설계 방침을 설계합니다.	23
신뢰성/안전성 설계(종합편)	시스템이 안정적으로 동작하고, 높은 신뢰성으로 안전하게 이용할 수 있는 방식을 설계합니다.	24

○ 계속

설계서 이름	설계서 개요	상세 설명 Section
환경 설계(종합편)	시스템 전체에서 통일해야 할 공통 내용을 설계합니다. 제품, 버전, 문자 코드 등입니다.	25
ㄴ (분할) 개발 환경 설계	프로덕션 환경 이외의 고유 환경을 설계합니다. 개발 환경뿐만 아니라 성능 확인 환경이나 업무 훈련 환경 등 다양한 종류의 환경이 있습니다. 환경 관련 내용은 Section 15를 참조합니다.	-
성능 설계(종합편)	성능에 대해 설계합니다. 요구사항 정리, 규모 결정, 어떤 아키텍처로 성능을 충족할지 설계합니다.	26
보안 설계(종합편)	보안에 대해 설계합니다. 요구사항 정리, 무엇을 위협으로 상정하고, 어떤 아키텍처로 대응할지 설계합니다.	27
├ (분할) 인증, 인가 설계	로그인, 권한에 대해 설계합니다. 인증, 인가는 애플리케이션 설계에도 큰 영향을 미칩니다. 향후 필요한 요구사항과 성능도 고려해서 설계합니다.	-
ㄴ (분할) 메뉴 설계	메뉴 관련 설계를 합니다. 제어가 복잡해지면 애플리케이션 설계 버그나 설정 실수가 발생하기 쉬우므로 주의합니다.	-
운영 방식 설계(종합편)	시스템을 효율적이고 효과적으로 운영할 수 있게 설계합니다. 시스템뿐만 아니라 담당자의 역할, 체계도 설계합니다.	28
├ (분할) 백업 설계	백업에 대한 전체 방침을 설계합니다.	-
├ (분할) 장애 복구 설계	어떤 장애가 발생할지 예상하고, 각 상황에 어떻게 대응할지 설계합니다.	-
├ (분할) 라이브러리 관리 설계	애플리케이션 프로그램, 설정 파일 등 관리 방법과 구조에 대해 설계합니다.	-
ㄴ (분할) 운영 작업서	구체적인 운영 작업 절차를 설계합니다.	-

○ 계속

설계서 이름	설계서 개요	상세 설명 Section
외부 접속 방식 설계(종합편)	외부 시스템과 접속 방식을 설계합니다. 이용자 입장과 서비스 제공자 입장에서 모두 설계해야 합니다.	29
표준화 설계	설계를 위한 기본 규칙을 설계합니다. 시스템 전체의 품질 향상, 장기적인 생산성 향상에 기여하는 중요한 설계입니다.	30
ㄴ (분할) 문서 설계	작성할 문서를 체계적으로 정리합니다. 각종 설계서의 목적을 명확히 할 수 있습니다.	-
테스트 방식 설계(종합편)	어떤 테스트를 통해 품질을 향상시킬지 설계합니다.	31
ㄴ (분할) 테스트 도구 이용 매뉴얼	사용할 수 있는 테스트 도구와 이용 방법 및 주의점을 설명합니다.	-
마이그레이션 방식 설계(종합편)	새로운 시스템을 사용하기 위한 방식을 설계합니다. 이 책에서는 기존 시스템에서 새로운 시스템으로 옮겨가는 대규모 대응을 예로 듭니다.	32

23 시스템 아키텍처 설계

SYSTEM DESIGN

시스템 아키텍처는 시스템의 기반을 만듭니다. 여기서 설계 품질에 따라 시스템의 운명이 정해진다고 해도 과언이 아닙니다. 지식과 경험이 필요하고 어려운 설계입니다.

설계 목적

시스템의 전체 구성을 그리면서 동시에 어떤 생각으로 이런 설계를 했는지 정리하여 시스템 전체의 설계 방침을 명확하게 합니다. 이를 통해 관계자의 인식 통일, 각 설계의 품질 및 작업 속도 향상을 기대할 수 있습니다.

설계서 작성 단계

요구사항 정의를 바탕으로 설계하겠지만, 시스템 아키텍처 설계와 병행하면서 신뢰성/안전성 설계(종합편)도 함께 설계하면 좋습니다(다음 절에서 설명합니다). 또한, '3장 시스템 설계에 영향을 주는 개념'에서 설명한 관점도 고려하면서 내용을 작성해 나갑니다.

기본은 요구사항 확인 → 요구사항을 만족하는 패턴 선택 → 전체를 고려해서 선택, 이 과정을 반복해서 결정합니다. 패턴을 선택할 때는 미래에 어떻게 될지 예측해서 장점과 단점을 따져 가며 판단할 수밖에 없습니다.

조언

'왜 이렇게 설계했는지'에 대한 검토 내용(장점, 단점 등)과 선택 이유도 설계서에 같이 기록합니다. 시스템 아키텍처 설계는 시스템 설계 초기 단계에 하는 작업이므로 반드시 최적의 결과를 보장하지는 않습니다. 재검토할 때 위 정보는 무척 중요합니다. 왜 이런 설계를 했는지 설명할 수 없다면 아키텍처 설계를 제대로 하지 못했다는 말입니다.[1]

▼ 표 4-2 시스템 아키텍처 설계 목차 구성과 개요(예)

목차	개요	상세 설명
이 문서의 목적, 포지셔닝, 배경	시스템 아키텍처 설계서를 작성하는 목적과 다른 설계서와의 관계(포지셔닝)를 밝힙니다. 또한 배경 정보로 시스템 개요와 비즈니스 요구사항, 기술 요구사항을 간단히 설명합니다. 주로 요구사항 정의에서 정리한 내용을 담습니다. 배경을 설명함으로써 왜 이런 설계가 되었는지 문서 내용을 이해하는 데 도움이 됩니다.	-
시스템 개요 (전체 모습)	시스템 전체 개요를 설명합니다. 주요 기능이나 서비스, 외부 시스템 접속 등 전체적인 모습을 알 수 있는 그림(시스템 전체 조감도, 시스템 전체 구성도) 등도 함께 작성하면서 설명합니다. 시스템을 처음 보는 사람이 이 부분을 보고 개요를 파악할 수 있는 수준이 이상적입니다.	-
시스템 구성 요소	시스템 전체 구성 요소를 정리합니다. 애플리케이션, 데이터베이스, 네트워크, 가상화처럼 시스템 성립에 필요한 요소와 어떤 단위로 서브 시스템(서비스, API)을 분할하는지 정리합니다.	-
애플리케이션 아키텍처	주로 애플리케이션을 어떤 아키텍처로 구성할지 설명합니다. 아키텍처 스타일(모놀리스, 마이크로서비스, 이벤트 방식 등)이나 설계 패턴(MVC, DDD, CQRS 등)에 대해 어떤 이유로 무엇을 선택했는지 설명합니다. 시스템 내부의 상호 작용 방식도 언급합니다(통신 프로토콜, API 방식, 데이터 형식 등).	-
데이터 아키텍처	데이터베이스나 스토리지 선택, 데이터 모델, 데이터 흐름, 데이터 저장 정책 같은 데이터에 관련된 내용을 설명합니다.	●
네트워크 아키텍처	시스템 내부와 외부의 네트워크 접속 및 구성, 보안 대책 지침, 네트워크 관리 방법 등을 설명합니다. 이는 보안 설계(종합편)나 운영 방식 설계(종합편) 등과 밀접한 관련이 있습니다.	-

○ 계속

---

[1] 대충 돌아가는 시스템은 어떻게든 만들 수는 있습니다. 하지만 아키텍처 없이 구현하면 유지보수와 운영을 감당할 수 없는 시스템이 됩니다.

목차	개요	상세 설명
인프라 아키텍처	신뢰성/안전성 설계(종합편)를 바탕으로 설계합니다. 확장성, 성능, 가용성, 다중화를 고려해서 어떤 하드웨어, OS, 미들웨어를 선택할지 정리합니다. 선택한 이유와 고려한 점에 대해서도 설명합니다.	●
운영	시스템을 지속적으로 사용하기 위한 운영 기능을 설명합니다. 시스템 모니터링(모니터링 대상과 방법), 시스템 운영(프로그램 릴리스 방법, 백업, 복구 방법 등), 시스템 유지보수(패치 관리, 업데이트 방법)에 대해 설계합니다. 이는 운영 방식 설계(종합편)의 바탕이 됩니다.	-
설계 평가와 개선	설계서를 작성한 시점의 평가를 실시합니다. 설계상의 핵심과 위험성이 큰 부분 등 설계의 중요 부분을 설명하면 좋습니다. 또한 설계 개선 방법과 규칙을 정합니다. 이렇게 함으로써 더욱 합리적인 시스템 아키텍처 설계를 만들 수 있습니다. 재검토할 때는 문서 버전을 올려서 관리합니다.	-

데이터 아키텍처 예시

서브 시스템[2]과 데이터 업데이트 규칙을 예로 들어 설명합니다.

데이터(각 테이블)를 소유한 시스템이 책임지고 해당 테이블을 관리하도록 설계합니다. 그리고 그 테이블을 수정할 수 있는 것은 관리자의 서브 시스템뿐입니다. 참조도 허가제라서 명시적으로 테이블에 참조 권한을 부여해야 참조할 수 있습니다. 이렇게 하면 테이블을 변경할 때 이용 중인 시스템이 명확해서 영향 범위 파악이 쉽고, 다른 시스템이 마음대로 설계하는 것을 방지할 수 있습니다.

또한 업무 관련성이 낮고 여러 서브 시스템이 이용하는 테이블은 공통계 서브 시스템으로 준비합니다. 예를 들어 국가 코드, 은행 코드, 우편 번호와 같은 일반적인 정보를 관리합니다.

---

2 시스템은 여러 기능으로 구성되므로 구축, 유지보수, 운영하기 좋게 서브 시스템 단위로 분할하는 경우가 있습니다.

인프라 예시

서버나 네트워크 같은 하드웨어의 배치 방법과 용도, 외부와의 접속 방법, 대용량 처리, (주로 하드웨어에 관련된) 장애 발생 시에도 계속 작동할 수 있는 구조 등 여러 가지를 고려해서 인프라를 설계합니다. 어떤 구성이 필요한지는 비기능 요구사항에 크게 좌우됩니다. 이 내용은 다음 절인 신뢰성/안전성 설계(종합편)와 밀접한 관련이 있습니다.

요즘은 가상화를 당연하게 사용합니다. 물리적인 하드웨어 구성과 논리적인 시스템 구성을 그림 하나로 표현하기는 어려우므로 계층을 나눠서 작성하면 좋습니다. 보는 사람이 이해할 수 있는 형태로 정리하는 것이 중요합니다.

가장 주의해야 할 점은 인프라의 큰 변경은 모든 부분에 큰 영향을 미친다는 것입니다. 특히 온프레미스 환경이라면 하드웨어 구입에 영향이 있고, 클라우드 환경이라도 설계 재검토가 필요합니다. 변경하기 어려운 부분은 세심한 주의를 기울이고 유연하게 변경할 수 있는 여지를 남기는 설계가 무척 중요합니다.

▼ 그림 4-2 데이터 아키텍처 예

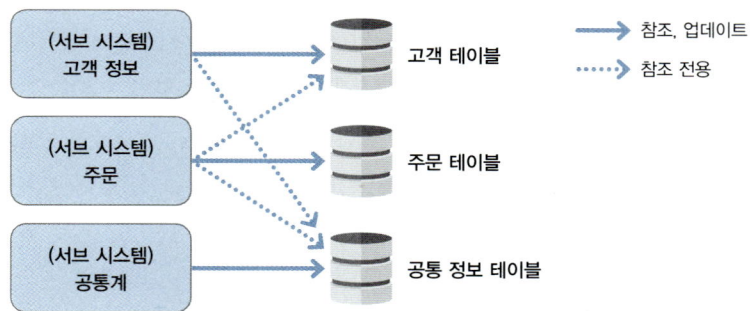

▼ 그림 4-3 인프라 예

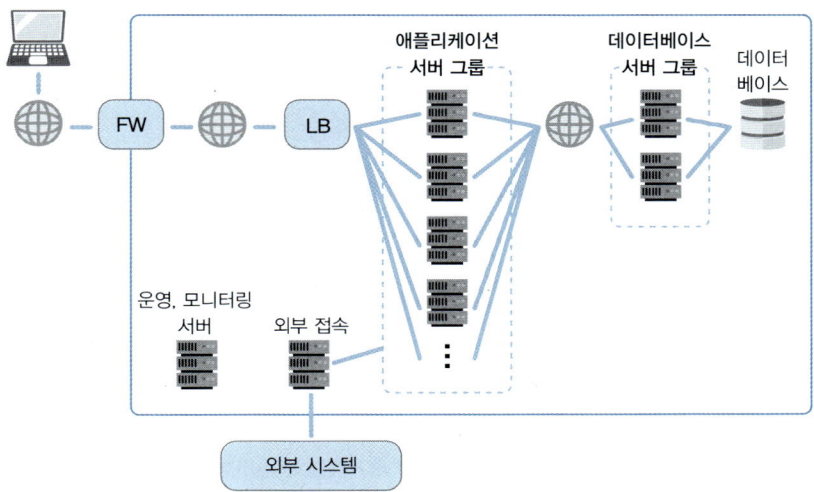

24 신뢰성/안전성 설계(종합편)

SYSTEM DESIGN

시스템을 언제나 변함없이 사용할 수 있다는 게 당연하다고 생각하나요? 그러나 그 당연함을 실현하려면 많은 생각과 구조화가 필요합니다. 이를 실현하기 위한 기반을 설계하는 것이 신뢰성/안전성 설계입니다.

설계 목적

목적은 시스템을 신뢰할 수 있고 안전하게 사용하기 위한 구조 방식을 설계하는 것입니다. 그리고 이를 바탕으로 시스템 아키텍처와 보안 설계(종합편)를 실시합니다. **신뢰성이란 특정 조건 하에서 지속적으로 정확하고 적절하게 실행할 수 있는 것**을 말합니다. 입력한 데이터가 사라지는 시스템이라면 아무도 쓰고 싶지 않을 것입니다. **안전성은 악의적인 공격이나 조작 실수, 시스템 장애 등으로부터 시스템을 보호하는 능력**입니다.

설계서 작성 단계

먼저 요구사항, 특히 비기능 요구사항의 내용을 정리합니다. 신뢰성/안전성 설계에서 중요한 비기능 요구사항은 가용성, 성능/확장성, 운영/유지보수성, 보안입니다(비기능 요구사항은 Section 02 참조).

다음으로 요구사항에 대해 어느 정도의 위험성이 있고 어떤 수준까지 대책을 세워야 하는지 지침을 정합니다. 보안 측면에 '외부에서 변조 방지'라는 요구사항이 있을 때 인터넷 접속이 불가능한 시스템이라면 엄격한 대응 방법을 도입하지 않아도 된다고 생각할 수 있습니다.[3] 요구사항을 구현할수록 당연히 비용이 늘어나고 시스템 구축 기간도 길어집니다.

---

[3] 이런 방침의 근간에는 시스템을 만들고 사용하는 기업의 사고방식이 깔려 있습니다. 또한 미래를 고려하는 것도 중요합니다. 만약 인터넷 연결을 요청하는 요구사항이 추가된다면 상당히 대대적인 수정이 필요할 것입니다.

지침을 정했으면 이제 어떤 기술과 대책으로 실현할지를 정합니다. 일반적인 요구사항의 실현 방법은 모범 사례가 이미 존재합니다. 이와 비교 검토하여 어떤 방식을 선택할지 정합니다.

▼ 표 4-3 신뢰성/안전성 설계(종합편) 목차 구성과 개요(예)

목차	개요	상세 설명
이 문서의 목적, 포지셔닝	신뢰성/안전성 설계 목적과 다른 설계서와의 관계(포지셔닝)를 밝힙니다. 신뢰성/안전성 설계는 특히 비기능 요구사항을 실현하는 설계입니다. 따라서 참조할 자료에는 비기능 요구사항 내용이 많습니다.	–
신뢰성/안전성 요구사항	해결해야 할 요구사항을 명확하게 정리합니다. 또한, 위험성과 영향력을 고려해서 중요성과 우선순위를 정하고, 어디까지 어떻게 구현할지 지침을 정합니다. 이를 바탕으로 이후 내용을 설계합니다.	●
가용성과 이중화	시스템을 지속적으로 이용할 수 있는 구조 방식을 설계합니다. 어떤 생각으로 어떤 부분을 이중화(다중화)하고, 페일오버(failover, 고장이나 장애 발생 시 정상 가동 중인 장비로 처리를 전환하는 것)에 필요한 시간과 준비에 관련된 내용을 정리합니다. 이 내용은 하드웨어 구성을 결정하는 큰 요소입니다. 방식에 따라 비용도 크게 달라집니다.	–
백업과 DR	시스템 백업 지침(정기 백업, 백업 대상, 백업 세대 관리 등)을 설계합니다. DR(Disaster Recovery, 재난 복구 계획) 관련 내용도 정리합니다.	–
보안 대책	보안 대책을 정하는 지침을 설계합니다. 보안과 관련하여 고려해야 할 범위가 넓기 때문에 지침을 바탕으로 '보안 설계(종합편)'처럼 분할해서 정리하는 경우가 많습니다(이 책도 마찬가지입니다). 무엇을 위협으로 간주하고 그 위협에 대해 어떤 대책을 세울 것인지에 대한 지침을 정리합니다.	–
시스템 모니터링	시스템 모니터링 지침을 설계합니다. 하드웨어 고장 감지, 리소스(CPU, 메모리 등) 모니터링, 애플리케이션 비정상 감지 등 각종 알림(연락) 방법을 설계합니다.	–
설계 평가와 개선	설계서를 작성한 시점의 평가를 실시합니다. 핵심 부분과 위험성이 큰 부분 등 설계의 중요 부분을 설명하면 좋습니다. 또한, 설계 개선 방법과 규칙을 정합니다. 신뢰성/안전성 설계는 시스템 사용 가능 여부의 최저 수준을 결정하는 중요한 설계입니다. 설계를 변경하면 특히 인프라 설계에 큰 영향을 줍니다. 신뢰성/안전성 설계는 가급적 상세한 부분까지 설계한 후에 다음 단계로 진행하는 것이 좋습니다.	–

조언

신뢰성, 안전성의 실현에는 인프라 설계에 큰 영향을 주는 요소가 많습니다. 예를 들어 신뢰성을 실현하는 방법으로 장비 이중화를 들 수 있습니다. 장비는 언젠가 반드시 고장이 나기 때문에 고장이 발생해도 시스템이 멈추지 않도록 다른 장비로 가동할 수 있게 준비하는 것이 이중화입니다. 이중화를 실현하려면 당연히 장비가 두 개 필요합니다. 이중화는 장비 구입 비용은 물론, 장비 납기 문제로 구축 일정에도 큰 영향을 줍니다.

요즘은 클라우드로 인프라를 구축하기 때문에 예전보다는 엄격하게 관리하지 않는 편입니다. 하지만 나중에 수정하면 역시 후속 설계에 영향을 주고, 클라우드 이용료에도 영향을 미칩니다.

이런 설계는 균형이 중요합니다. 너무 지나치지 않게, 즉 과잉 스펙이 되지 않고 적절한 수준을 찾는 것이 중요합니다.[4] 나중에 문제가 발생하면 상당한 대가를 치러야 하므로 시스템 투자를 결정하는 사람을 찾아서 확실하게 설득하는 것이 포인트입니다.

신뢰성/안전성 요구사항 예시

신뢰성/안전성 요구사항을 확인하는 시스템 평가 지표로 RASIS(레이시스, 라시스)가 있습니다.

상당히 엄격한 시스템 요구사항을 예로 들어 보겠습니다. 표 4-5의 요구사항을 간단히 정리하면 '24시간 365일 멈추지 않는 시스템'입니다. 장애가 발생해도 기본적으로 멈추면 안 되고, 유지보수 시간을 확보하는 방법도 필요합니다.

이후 각종 전체 설계에서 상세한 내용을 설계하지만 지금 단계에서도 조금 더 상세히 구체적으로 설계해도 문제는 없습니다. 이중화라고 해도 네트워크, 스토리지, 서버(애플리케이션, 데이터베이스) 단위로 서로 다른 방침을 세우는 방

---

[4] 신뢰성과 안전성은 기본적으로 비용과 반비례 관계입니다. 비용은 장비 구입 비용뿐만 아니라 구축, 유지보수, 운영 측면에서도 고려해야 합니다.

법도 있습니다. 시스템 전체를 봤을 때 절대로 양보할 수 없는 요구사항이 무엇인지 파악해서 그에 따라 대책 방침을 제시하는 것이 중요합니다.

▼ 표 4-4 RASIS 소개

첫 글자	단어	개요
R	Reliability	**신뢰성**. 쉽게 말해서 고장이 잘 나지 않는 것을 뜻합니다. 가동 시간을 장애 횟수로 나눈 평균 무장애 시간(Mean Time Between Failures, MTBF) 같은 지표가 있습니다.
A	Availability	**가용성**. 계속 가동할 수 있는 것을 말합니다. 가동이 필요한 시간과 실제로 가동한 시간 비율을 뜻하는 가동률 같은 지표가 있습니다.
S	Serviceability	**유지보수성**. 장애 발생으로부터 복구에 걸린 시간이나 유지보수 용이성을 뜻합니다. 장애 발생으로부터 복구할 때까지 걸린 평균 복구 시간(Mean Time To Repair, MTTR) 같은 지표가 있습니다.
I	Integrity	**보존성**. 데이터가 문제없이 일관성을 유지하는 것을 말합니다. 하드웨어 고장뿐만 아니라 소프트웨어 과부하, 오작동도 포함됩니다.
S	Security	**안전성**. 기밀성이 높고 부정한 접근이 어려운 것을 말합니다. 보안에도 심오한 내용이 많은데 정보 보안 3요소(CIA) 등을 활용합니다 (Section 27 참조).

▼ 표 4-5 신뢰성/안전성 요구사항과 대책 방침 예

〈요구사항 개요〉
- 24시간 365일 계속 가동하는 시스템
- 장애 발생 시에도 10분 이내로 시스템을 재가동할 수 있을 것
- 서비스 축소 시(하드웨어 장애 등으로 성능이 낮아지는 것)에도 규모 요구사항을 만족할 수 있어야 함

분류	목표	대책 방침
R(신뢰성)	- 각 장비의 MTBF는 설정하지 않음 - 시스템 전체의 MTBF는 최대한 높은 수준을 유지할 것	- 장비 단독의 MTBF 수준보다 비용 대비 성능을 우선해서 장비를 선정합니다. - 이중화, 다중화로 가급적 시스템 전체 정지가 발생하지 않도록 합니다.

◐ 계속

분류	목표	대책 방침
A(가용성)	- 가동률은 99.999%(연간 총 5분 정도의 정지는 허용)	- 기본은 핫 스탠바이(Hot Stand-by) 형식 - 스케일아웃(서버 대수를 늘려서 합계 처리 성능을 높이는 것)을 채용한 서버 그룹은 핫 스탠바이가 아니라 목표 가동률에 따라 적절한 대수를 설계합니다.
S(유지보수성)	- 하드웨어 장애 발생 시점부터 30초 이내 복구할 수 있을 것 - 유지보수를 위해 최소한 24시간은 확보할 수 있을 것	- 모든 장비를 이중화하고 일부는 다중화합니다. - 운영 환경에서 분리해서 별도로 유지보수하는 방법을 준비합니다.
I(보존성)	- 장비 장애(고장)에 따른 데이터 불일치가 발생하지 않을 것 - 특히 중요한 데이터는 불일치를 감지할 수 있을 것	- 신뢰성 높은 오라클 데이터베이스를 사용합니다. - 등록 데이터의 불일치를 감지하기 위해 1시간마다 정합성 확인 처리를 실시합니다.
S(안전성)	- 외부에서 침입 방지 - 내부의 부정 접근 감지하기 - 감사 기준에 따른 시스템일 것	- 인터넷과 내부 네트워크 경계에 방화벽을 설치합니다. - WAF를 이용해서 애플리케이션 취약성에 대응합니다. - 적절한 권한 부여, 시스템 구현, 운영을 합니다. - 정기적으로 로그 조사를 실시합니다.

25 환경 설계(종합편)

환경 설계(종합편)는 시스템 전체에서 통일되어야 할 공통 내용을 설계합니다. 이제 제품의 버전을 설계하는 등 드디어 구체적인 설계에 들어갑니다.

설계 목적

목적은 시스템 전체의 기반을 통일해서 효과적으로 안정적인 기능을 제공하는 것입니다.[5] 통일성을 갖추면 호환성 문제를 피할 수 있고 유지보수와 운영의 효율도 높일 수 있습니다.

설계서 작성 단계

시스템 요구사항과 시스템 아키텍처 설계를 바탕으로 설계해야 할 환경 요소를 파악합니다. 그 요소를 대상으로 적절한 버전과 설정 등을 설계합니다.

환경 설계(종합편)를 완료하면 하드웨어와 소프트웨어를 발주할 수 있습니다. 제품을 구입할 때 무엇을 정해야 하는지를 생각해 보면 필요한 요소도 떠올리기 쉽습니다. 물론 전부 상용 소프트웨어만 고집할 필요는 없으며 오픈소스 소프트웨어도 활용할 수 있습니다.

조언

적합한 제품을 선택하려면 경험과 노하우가 필요합니다. 언뜻 보기에 좋아 보이는 제품이라도 실제로 사용해 보면 자주 다운되어서 도저히 쓸 수 없는 경우도 있습니다. 타사 도입 실적, 사례, 안정된 버전 여부, 지원 여부, 제품 수명

---

[5] 무조건 전부 통일하는 것이 아니라 요구사항에 따라 각자 최적화된 방법이 좋은 경우도 있습니다. 예를 들어 윈도우에 간단히 요구사항을 만족하는 기능이 있는데, 리눅스 사용을 고집하는 것은 비효율적일 수 있습니다.

(지원 종료(End Of Service, EOS)), 비용 등 다양한 부분을 고려해서 선정하는 것이 중요합니다.

▼ 표 4-6 환경 설계(종합편) 목차 구성과 개요(예)

목차	개요	상세 설명
이 문서의 목적, 포지셔닝	환경 설계의 목적과 다른 설계서와의 관계(포지셔닝)를 밝힙니다.	●
운영 시스템 설계	OS의 구체적인 버전과 선정 이유를 정리합니다. 애플리케이션이 요구하는 요구사항에 따라 OS가 변경되기도 하므로 각각에 대해 설계합니다. OS를 먼저 정하기보다는 요구사항에서 도출한 미들웨어에 따라 OS가 정해지는 경우가 더 많습니다.	–
미들웨어 설계	데이터베이스 제품, 웹 서버 제품, 외부 접속 제품 등 미들웨어의 구체적인 버전과 선정 이유를 정리합니다. 이용하는 OS에 따라 사용할 수 있는 미들웨어에 제약이 있을 수 있습니다. 해당 OS에 대응하지 않거나 기능 제약이 있는 경우도 있습니다. 단순히 제품명만 보고 결정하지 말고, 세부 기능까지 확인해서 선정합니다.	–
프레임워크, 개발 언어 설계	개발 언어, 사용할 개발 프레임워크를 선정합니다. 선정 이유도 명확히 밝힙니다. 애플리케이션 설계, 유지보수, 운영에 큰 영향을 주는 선택입니다. 해당 언어를 사용하는 개발자 수와 단가 등도 고려해서 선정합니다.	–
하드웨어 설계	구체적인 서버, 네트워크 제품을 선정합니다. 클라우드를 이용한다면 필요한 사양과 서비스를 설계합니다.	–
표준 환경 설계	문자 코드, 시간대 등 시스템 전체에서 통일하면 좋은 부분을 설계합니다.	●
설계 평가와 개선	설계서를 작성한 시점의 평가를 실시합니다. 특히 판단 이유와 그 내용에 타당성이 있는지 확인합니다. 또한 설계의 개선 방법이나 규칙을 정합니다.	–
(분할) 개발 환경 설계	개발 환경에 특화된 환경에 대해 설계합니다. 일반적으로 비용 때문에 프로덕션 환경과 동일한 환경을 구축하기는 어렵습니다. 사양을 낮추거나 대수를 줄이고 여러 개발자가 동시에 개발할 수 있는 가상 환경 준비, 개발 환경에서만 필요한 도구, 이에 따른 설정 변경 등 프로덕션 환경과의 차이점을 중심으로 설계합니다. 개발 환경이라고 했지만 성능 측정 환경처럼 목적에 따라 다양한 환경이 필요할 수 있습니다. 프로덕션 환경 이외의 환경을 설계한다고 생각하면 됩니다.	–

이 문서의 목적, 포지셔닝 예시

각 설계서 처음에 있는 '이 문서의 목적, 포지셔닝'은 해당 설계서가 구체적으로 어떤 내용을 작성하는지를 설명합니다. 환경 설계(종합편)뿐만 아니라 다양한 설계서에서 이 문서의 목적을 밝힙니다. 목적과 용도를 명확하게 정의함으로써 문서를 보는 사람의 이해를 돕고 전체적인 일관성 유지와 누락을 방지할 수 있습니다. 환경 설계(종합편)의 목적은 주로 채택 제품의 버전 등을 구체적으로 확정하고, 시스템 전체에서 통일할 설정을 확정하는 것입니다. 문서의 포지셔닝은 해당 설계서의 앞뒤에 어떤 설계서(문서)가 있고 그 설계서와 어떤 관련성이 있는지 명확하게 정리함으로써 무엇을 기반으로 작성했고 어떤 결과물인지(인풋과 아웃풋)를 알기 쉽게 정리하는 것입니다. 다음 설계서가 무엇인지 의식하면서 작업할 수 있고, 설계서를 읽는 사람은 다음에 봐야 할 문서가 무엇인지도 알 수 있습니다.

표준 환경 설계 예시

시스템은 전 세계 어디에서나 사용할 수 있도록 설계해서 각 나라에서 작동하도록 만듭니다. 대표적인 예가 언어와 시간대 설정입니다. 환경마다 설정 방법은 달라도 무엇을 설정해야 할지를 통일하면 시스템 연동에 발생하는 불필요한 문제를 방지할 수 있습니다. 이런 설계는 미래를 내다보고 설계하는 것이 중요합니다. 한국 외에도 서비스할 예정이라면 단순히 한국어를 전제로 시스템을 구축하는 것이 아니라 국제화(i18n)와 지역화(l10n)를 고려해서 설계해야 합니다.[6]

그 외에도 시스템마다 통일된 문자 코드를 사용하면 불필요한 버그의 발생 가능성을 낮출 수 있습니다. 이런 설정은 미리 정의해 두지 않으면 시스템마다 멋대로 설정해서 나중에 큰 문제가 생길 수 있습니다. 문제가 생겨서 수정할 때도 만약 테스트 단계였다면 관련 테스트를 모두 다시 실행해야 합니다. 환경은 모든 작업의 기반입니다. 나중에 변경할수록, 즉 뒤로 갈수록 영향이 더 커진다는 점을 잘 이해하기 바랍니다.

---

[6] 미리 이런 대응을 준비하면 좋겠지만 설계나 고려사항이 늘어서 비용이 증가합니다. 불필요한 요구사항을 포함하지 않도록 주의합시다.

▼ 그림 4-4 문서의 목적, 포지셔닝, 순서 예

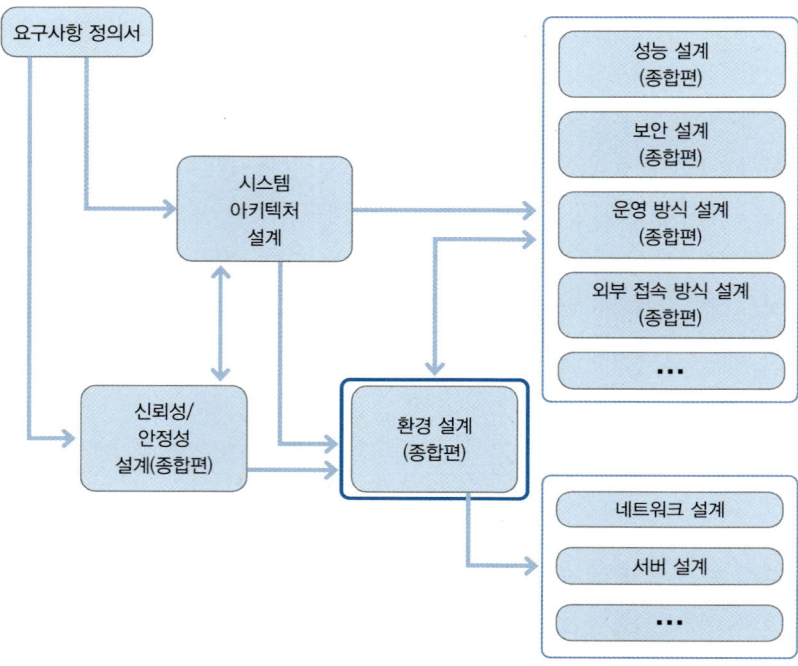

▼ 표 4-7 표준 환경 설계 예

항목	설정값	보충 설명
문자 코드	UTF-8	–
사용 가능한 문자 범위	이모티콘 사용 금지 영문자, 숫자, 일부 기호만 가능	구체적인 범위는 이용 가능 문자 목록[7] 참조
텍스트 인코딩 방식	Base64	용도에 따라 개별적으로 변경 가능
줄바꿈 코드	기본값은 CR+LF	환경에 따라 문제가 생길 경우 OS 표준의 줄바꿈 코드 사용
시간대	UTC(세계 표준시)	애플리케이션 처리는 지역 시각을 의식하여 사용. 데이터베이스에 저장할 때는 UTC 사용

---

7 역주 이 부분은 저자가 실제 문서 작업할 때 이런 식으로 따로 문서를 하나 만들 거라고 예시를 든 부분이라고 보면 됩니다. 실제 문서라면 부록이나 첨부로 저런 목록이 붙겠지요.

26 성능 설계(종합편)

시스템에 필요한 성능에 대해 설계합니다. 사용자 만족도를 확보하고, 효율적으로 시스템을 운영하고, 비용 대비 높은 효과를 내려면 최적의 성능 설계가 필요합니다.

설계 목적

목적은 시스템이 쾌적하고 효율적으로 작동하기 위해 필요한 대책과 대응할 위치를 설계하는 것입니다. 성능과 관련해 고려해야 할 사항이 명확해지므로 그 다음에 이어지는 설계가 원활하게 진행됩니다. 시스템의 비용 효율성도 높아집니다.[8]

설계서 작성 단계

먼저 성능과 관련된 비기능 요구사항을 명확히 정리합니다. 해당 요구사항이 시스템 리소스상에서 구체적으로 어떤 수치인지 규모를 정합니다.

그리고 전체 시스템 아키텍처와 비교하면서 어떤 부분에 어떤 대책을 세워서 성능 요구사항을 만족시킬지 설계합니다.

또한 요구사항 만족 여부를 확인하는 성능 테스트 계획과 성능 모니터링 방법을 설계합니다.

---

8 불필요한 하드웨어를 구입하지 않아도 된다는 뜻입니다. 클라우드를 이용할 때도 리소스는 이용 요금에 직접적인 영향을 줍니다. 어떤 의미로 성능 설계는 비용에 매우 큰 영향을 미치는 설계입니다.

조언

실제 성능은 실제 장비에서 관측하기 전에는 알 수 없습니다. 지금은 아직 작동하는 애플리케이션이 없는 상태이므로 성능을 정확하게 예측할 수 없습니다. 막바지에 가서 아무런 대책도 없는 상황이 발생하지 않도록 유연하게 설계하는 것이 좋습니다. 서버 수를 늘려서 해결하는 식의 설계도 한 예입니다. 가능한 한 빨리 문제를 알아차릴 수 있도록 테스트 계획을 수립하는 것도 중요합니다.

▼ 표 4-8 성능 설계(종합편) 목차 구성과 개요(예)

목차	개요	상세 설명
이 문서의 목적, 포지셔닝	성능 설계의 목적과 다른 설계서와의 관계(포지셔닝)를 명시합니다.	–
성능 요구사항	성능 관련 요구사항을 명확하게 정리합니다. 다만 전부 완벽하게 명시하는 것은 어렵습니다. 시스템이 가동되어야 알 수 있는 요구사항도 있습니다. 시스템을 사용하는 데 빠질 수 없는, 빠져서는 안 되는 중요 요점 위주로 미리 처리할 수 있도록 정리합니다.	–
규모	성능 요구사항에 시스템 리소스가 구체적으로 얼마나 필요한지 추정합니다. 자세한 내용은 바로 뒤에서 설명합니다.	●
성능 아키텍처 설계	성능 요구사항을 만족하기 위해 어떤 아키텍처로 대응할지 전체적인 모습을 그립니다. 하드웨어와 소프트웨어를 조합해서 설계합니다. 선택한 소프트웨어 설계 모델(Section 16 참조)에 따라 달라집니다.	●
하드웨어 성능 설계	성능 아키텍처 설계에 따라 어떤 하드웨어 성능이 필요한지 설계합니다. 환경 설계(종합편)와도 관련이 있습니다.	–
소프트웨어 성능 설계	성능 아키텍처 설계에 따라 필요한 소프트웨어 관련 내용을 설계합니다. 특히 데이터베이스와 관련된 내용이 중요합니다. 캐시, 인덱스 등 성능 향상 지침과 구현 방법을 설계합니다.	–
성능 테스트 계획	이론적인 설계만으로는 정말로 요구사항을 만족하는지 알 수 없습니다. 테스트 시기와 테스트 실시 방침을 정합니다. 테스트라고 했지만 성능은 설계 단계부터 고려해야 합니다. 어떤 지점에서 무엇을 확인해야 하는지 정의합시다.	–

○ 계속

목차	개요	상세 설명
성능 모니터링	성능을 판단하기 위해 무엇을 어떻게 모니터링할 것인지 모니터링 대상과 방법을 설계합니다. 특수한 방법보다 리소스 사용률과 응답 시간처럼 표준적인 방법을 사용합니다. 시스템에서 정보를 수집하기 위해 애플리케이션을 개발해야 할 수도 있습니다. 이 경우에도 필요한 기능을 정의하고, 개발하도록 합니다.	–
설계 평가와 개선	설계서를 작성한 시점의 평가를 실시합니다. 성능을 향상시키는 방법은 많지만 비용 문제 때문에 불가능한 경우도 많으므로, 그 균형을 잡는 과정입니다. 성능의 걸림돌이 될 수 있는 부분을 찾아 둡니다. 또한 설계 개선 방법과 규칙을 정합니다.	–

규모 예시

규모는 성능 요구사항뿐만 아니라 시스템을 가동하는 데 필요한 리소스를 추정하는 것입니다. 이 책에서는 성능 설계(종합편)의 일부로 다루지만, 시스템 아키텍처 설계나 환경 설계(종합편)와도 밀접한 관련이 있습니다.

처음부터 성능 요구사항, 규모 요구사항을 정확히 정하기는 어렵지만, 그래도 필요한 리소스를 대략적으로 추정한 값은 필요합니다. 실제와 차이가 생기기 마련이므로 1.5배 정도 여유를 두고 계산하는 것도 방법입니다.

표 4-9의 예시에서 다룬 시스템도 어느 정도 규모가 있는 편이지만 세상에는 훨씬 더 큰 시스템도 많습니다. 과연 저런 시스템을 만들려면 서버 몇 대가 필요할까 상상해 보면 재미있습니다.[9]

성능 아키텍처 설계 예시

성능이란 '많은 요청에 대응하는 문제(요청량)'와 '처리에 걸리는 시간에 대응하는 문제(처리 시간)'로 나눌 수 있습니다.

---

[9] IPA 비기능 요구사항 등급 2018에는 시스템 환경/생태 항목이 있습니다. 소비전력 등급도 신경 써야 하는데, 요즘에는 불필요한 낭비를 줄이는 것이 중요해지는 추세입니다.

많은 요청에 대응하는 방법에서는 아키텍처가 관건입니다. 요청 처리 경로 중에서 병목 현상이 생길 수 있는 곳이 어디인지 예상해서 문제없이 처리할 수 있도록 작동 구조 방식을 설계합니다. 다음 그림 4-5의 예시는 요청이 일정 수준 이상으로 들어오면 시스템 내부로 요청이 들어오는 것을 막아서 정해진 양만큼은 반드시 처리할 수 있도록 구성한 방식입니다.

처리에 걸리는 시간은 일반적으로 애플리케이션에서 해결하는 경우가 많습니다. 데이터베이스에 더 효율적으로 접속하는 방법을 사용하거나, 로직 자체를 수정하여 동작 속도를 향상시키는 등의 방법(성능 튜닝이라고 부르기도 합니다)으로 대응합니다. 하지만 이런 방법에도 한계가 있으므로 결국에는 하드웨어 강화로 해결할 수밖에 없는 경우도 있습니다.

❤ 표 4-9 규모 예

요구사항	계산식	필요 리소스 예상치
피크 시 1초당 10만 건 요청 처리	3KB/건×10만×1.5(여유분)÷0.75(네트워크 전송 효율)×8(bps 단위)	4.8Gbps 대역폭 필요
	서버 1대당 최대 접속 수 1024	최저 약 100대 이상의 서버 필요
제품 A, B 가동	A: 메모리 5GB 사용 B: 메모리 10GB 사용 기타: 애플리케이션 가동 메모리 영역으로 16GB 필요	최저 31GB 확보 필요
1000만 건의 계정 정보	관련 정보 포함 50KB/계정×1000만×1.5(여유분)	750GB 디스크 용량 필요(단일 영역당)

❤ 그림 4-5 성능 아키텍처 설계 예

요청량 증가에 대한 대응 기본 방침

기본적으로 허용량을 넘으면 시스템 내부로 보내지 않습니다.

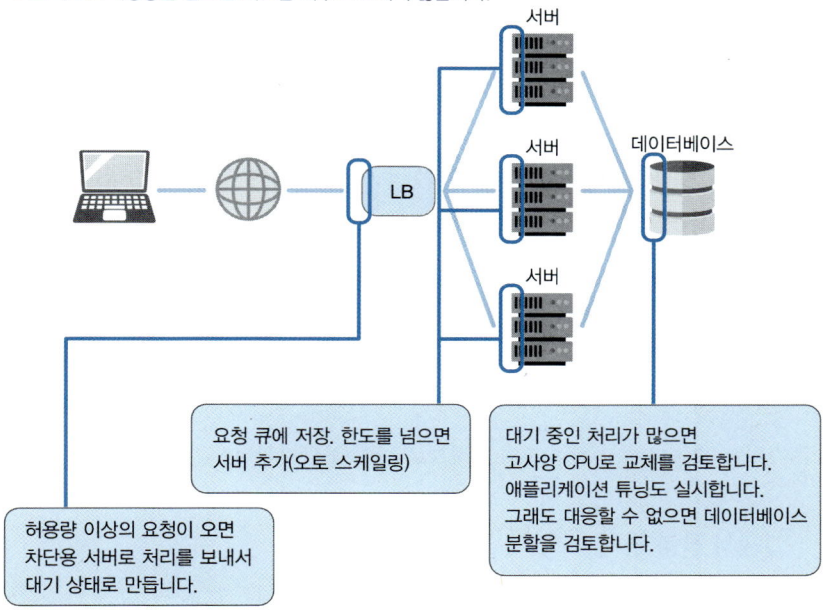

요청 큐에 저장. 한도를 넘으면
서버 추가(오토 스케일링)

대기 중인 처리가 많으면
고사양 CPU로 교체를 검토합니다.
애플리케이션 튜닝도 실시합니다.
그래도 대응할 수 없으면 데이터베이스
분할을 검토합니다.

허용량 이상의 요청이 오면
차단용 서버로 처리를 보내서
대기 상태로 만듭니다.

LB: 로드 밸런서

4장 전체 설계 **109**

SECTION 27 보안 설계(종합편)

보안 설계는 시스템 전체의 안전성을 확보하고 기밀성, 무결성, 가용성을 유지하는 데 꼭 필요합니다. 하지만 완벽한 보안 대책은 존재하지 않습니다. 위험과 비용의 균형을 맞추는 것도 중요합니다.

설계 목적

목적은 시스템 전체에 대한 보안 요구사항을 명확히 하고 이에 따라 보안 대책을 세우는 것입니다. 시작부터 보안을 염두에 두고 설계하면 나중에 대책을 추가하는 것보다 효과적이고 효율적으로 보안을 확보할 수 있습니다.

설계서 작성 단계

보안에 관련된 비기능 요구사항을 명확히 정리합니다. 그 요구사항을 만족하도록 어떤 위협이 있을지 가정하고 어떤 대응이 필요한지 설계합니다. 이를 바탕으로 보안 아키텍처와 구체적인 보안 내용을 설계합니다.[10] 보안도 성능 설계와 마찬가지로 테스트 계획과 모니터링 방법을 설계해야 합니다. 시스템 설계에 직접적인 관계가 있는 것은 아니지만 **중대한 사건/사고가 될 우려가 있는 보안 사건이 발생하면 어떻게 대응할 것인지에 대한 계획도 필요합니다.** 보안 사고 대응에 필요한 시스템 기능을 여기에서 설계해야 합니다.

조언

보안 대책은 시스템 구조의 근간을 이해하지 않으면 올바른 대책인지 판단할 수 없습니다. 외부 전문가를 활용하거나 해서 제대로 된 대책인지 확인하는 것이 중요합니다.

---

[10] 보안 설계는 하다 보면 '보안을 신경 안 쓰면 정말 쉽게 만들 수 있을 텐데'라는 생각이 들 만큼 부담이 큰 설계입니다.

▼ 표 4-10 보안 설계(종합편) 목차 구성과 개요(예))

목차	개요	상세 설명
이 문서의 목적, 포지셔닝	보안 설계의 목적과 다른 설계서와의 관계(포지셔닝)를 밝힙니다. 보안은 하드웨어, 미들웨어, 애플리케이션 모두에 영향을 미칩니다.	-
보안 요구사항	보안 관련 요구사항을 명확히 정리합니다. 주로 비기능 요구사항을 바탕으로 합니다.	-
예상되는 위협과 대응	예상된 위협을 상정하고 이에 어떻게 대응할지 설계합니다. 시스템뿐만 아니라 사람이 대응하는 것도 포함합니다.	●
보안 아키텍처	대책의 전체 그림을 그립니다. 하드웨어, 소프트웨어의 어떤 부분에서 어떻게 대처할지 대응 방법을 정리합니다.	-
네트워크 보안	네트워크의 보안 대책을 설계합니다. 방화벽, IDS/IPS, VPN 등 도입할 기능과 구성을 설계합니다.	-
서버 보안	OS, 미들웨어 등의 보안 설정 방침을 설계합니다. 네트워크 배치 장소에 따라 위협 수준이 변하므로 이를 고려하여 설계합니다.	-
애플리케이션 보안	안전한 소스 코드 작성을 위한 코딩 규약과 취약성(SQL 주입, 사이트 간 스크립팅 등) 대응 규범을 정비합니다. 암호 같은 기밀 정보가 로그에 출력되지 않도록 처리하는 방법도 필요합니다.	-
패치, 업데이트 방침	패치, 업데이트 등에 대응하는 기본 방침을 정합니다.	-
보안 테스트 계획	설계 시 확인할 부분과 테스트 방법, 시기 등을 계획합니다. 성능 설계와 마찬가지로 보안도 실제로 테스트해 보지 않으면 제대로 작동하는지 알 수 없습니다. 외부 기관의 취약점 진단을 활용하는 것도 방법입니다.	-
보안 모니터링	무엇을 어떻게 모니터링할지 설계합니다. 부자연스러운 네트워크 움직임이 없는가, 시스템 로그에 의심스러운 내용이 없는가 등 시스템 구현이 필요한 처리를 파악해야 합니다.	-
보안 사고 대응 계획	100% 완벽한 보안 대책은 없습니다. 문제가 발생했을 때 곧바로 대응할 수 있는 계획이 필요합니다.	●
설계 평가와 개선	설계서를 작성한 시점의 평가를 실시합니다. 또한 설계 개선 방법과 규칙을 정합니다. 계속해서 새로운 보안 위협 수법이 등장하므로 시스템을 구축하는 중에도 정기적으로 점검할 수 있도록 운영합니다.	-

○ 계속

목차	개요	상세 설명
(분할) 인증, 인가 설계	로그인, 권한 방식을 설계합니다. 필요한 서비스나 기능, 인증/인가 이후의 애플리케이션 처리 설계 등 무척 중요한 설계입니다. 나중에 변경하면 영향이 큽니다.	-
(분할) 메뉴 설계	메뉴 설계입니다. 어떤 구조(트리, 카테고리 등)로 만들 것인지, 권한과는 관계를 어떻게 할 것인지, 규칙과 시스템에서 구현하기 위한 구조와 방법을 설계합니다.	-

예상되는 위협과 대응 예시

보안 설계에서 위협을 예상하는 것은 무척 중요한 부분입니다. 위협을 예상하지 않으면 대응 방법도 생각할 수 없기 때문입니다. 또한 빈틈이 있으면 예상한 위협에 아무리 잘 대응하더라도 빈틈을 노린 사이버 공격을 받아서 손쓸 수 방법이 없는 경우가 생길 수 있습니다. 최근 랜섬웨어[11] 피해가 큰 위협이 되고 있는데 피해가 커진 것은 비교적 최근이기 때문에 2000년대에 구축한 시스템이라면 랜섬웨어가 고려 대상에서 빠졌을 것입니다. 랜섬웨어의 대책 중 하나로 백업이 있습니다. 보통은 시스템을 백업해 두면 랜섬웨어에 감염되더라도 큰 문제없이 대응할 수 있지만, 백업 방법에 따라 복구할 수 없는 경우가 있습니다. 랜섬웨어를 위협으로 예상하면 적절한 백업 설계를 할 수 있습니다.

하지만 어떤 위협이 있을지 예상하기는 쉽지 않습니다. 이때 **정보 보안 3요소 (CIA)가 힌트가 될 수 있습니다.** 기밀성(Confidentiality), 무결성(Integrity), 가용성(Availability)의 정보 보안 3요소 관점을 바탕으로 위협을 예상하는 방법도 효과적입니다. 공개되어 있는 보안 사건 정보 등을 수집해서 예상 위협과 대응을 설계하는 것도 좋습니다.

---

[11] 랜섬(ransom)이란 몸값, 보석금을 뜻하는 말입니다. 컴퓨터를 암호화한 다음에 복구 키를 원한다면 돈을 내라고 위협하는 바이러스입니다. 2016년 이후 감염이 급격히 늘었습니다.

보안 사고 대응 계획 예시

보안 사고는 회사 생존 자체를 위협할 수도 있습니다. 고객과 언론에 사죄 기자 회견 중 저지른 실수 하나가 큰 문제로 번지기도 합니다. 시스템 원인으로 생긴 문제라도 회사 차원에서 제대로 대응해야 합니다.

이런 필요성에 따라 CSIRT(Computer Security Incident Response Team)(시서트) 조직을 두는 곳도 있습니다. 보안 사고를 중앙에서 관리하고, 보안 취약성 정보 수집 및 실행을 지원하고, 외부 창구 등을 담당해서 회사 차원에서 대응합니다. CSIRT는 회사 내부에서 조정이 필요한 사항이 많기 때문에 모든 것을 외부에 맡기기는 어렵습니다.

❤ 표 4-11 예상되는 위협과 대응 예(CIA 활용)

CIA	개요	위협 예	대응 예
기밀성 (Confidentiality)	정당한 권리를 지닌 사람만 사용할 수 있어야 합니다.	통신을 가로채서 내용을 해독합니다(정보 누출).	클라이언트와 서버 간의 통신을 SSL화(암호화)합니다.
		권리가 없는 사용자가 정보를 취득합니다.	적절한 접근 제어 방법을 애플리케이션에 구현합니다.
			SQL 주입을 방지하기 위해 애플리케이션 취약점이 없는지 테스트해서 확인합니다.
			SQL 주입을 방지하기 위해 WAF를 도입합니다.
		부정 로그인으로 정보가 누출됩니다.	다중 인증 시스템을 도입합니다.
			연속된 로그인 시도를 감지합니다. 이런 시도가 감지되면 일정 기간 동안 로그인할 수 없도록 합니다.

○ 계속

CIA	개요	위협 예	대응 예
무결성(Integrity)	변조되지 않은 것이 확실해야 합니다.	애플리케이션 프로그램이 변조되어 피싱 사이트로 이동하는 처리가 들어갑니다.	라이브러리를 변경할 수 있는 권한을 관리합니다.
			라이브러리 변조를 감지할 수 있도록 주기적으로 확인합니다.
		부정하게 취득한 계정을 이용해서 잘못된 데이터로 수정됩니다.	데이터 변경 이력을 남기고 내용을 확인합니다.
가용성 (Availability)	필요할 때 사용할 수 있어야 합니다.	랜섬웨어 공격을 받아서 사용할 수 없게 됩니다.	서버에서 바이러스 스캔을 주기적으로 실시합니다.
			데이터가 암호화될 때를 대비해서 매일 백업을 작성하고 오프라인에서 보관합니다.
		DDoS 공격 때문에 서비스를 사용할 수 없는 상태가 됩니다.	CDN을 도입해서 공격 영향을 줄입니다.

✔ 그림 4-6 CSIRT 체제

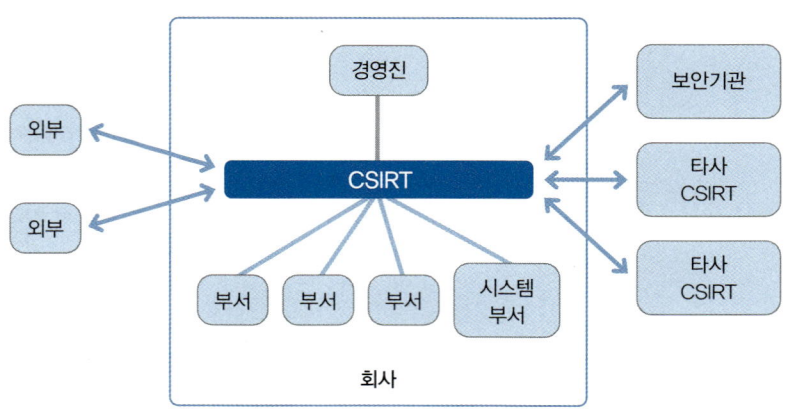

28 운영 방식 설계(종합편)

운영 방식 설계는 시스템을 효율적이고 효과적으로 시스템을 운영할 수 있도록 설계하는 것입니다. 시스템만으로는 완전 자동화가 아직 어려우므로 사람의 역할과 체계도 함께 설계해야 합니다.

설계 목적

목적은 시스템 운영에 관련된 요구사항과 책임 범위를 명확히 하고 필요한 구조 방식을 파악해서 다음 설계로 전달하는 것입니다. 운영을 잘하면 시스템 안정성, 성능, 보안을 유지하고 시스템 장애 발생과 영향을 최소한으로 줄일 수 있습니다.

설계서 작성 단계

먼저 운영 요구사항을 명확히 정리합니다. 정의한 요구사항도 설계의 바탕이 되지만 **실제로 운영하는 데 필요한 체계와 기술처럼 사람에 대한 요구사항(인적 요구사항)도 고려해야 합니다.** 그리고 이를 실현하는 데 필요한 체계, 도구, 모니터링 방법, 구체적인 시스템 처리 방식을 설계합니다.

조언

운영 방식은 시스템 수명주기를 의식하면서 지속적으로 강화할 수 있게 설계합니다. 시스템은 생물처럼 계속 변화합니다. 조직의 요구나 시대가 요구하는 것도 변합니다. 이에 맞춰 유연하게 변경할 수 있는 규칙을 세워야 합니다. 시스템이 완성될 때쯤 운영 준비를 완벽하게 갖추면 좋겠지만 실제로는 시스템 구축만으로도 너무 바빠서 운영 구축은 나중으로 미루기 쉽습니다. 초반에는

어느 정도 안정화될 때까지 인력으로 대응하다가 점점 시스템으로 자동화하는 것이 현실적입니다.[12]

▼ 표 4-12 운영 방식 설계(종합편) 목차 구성과 개요(예)

목차	개요	상세 설명
이 문서의 목적, 포지셔닝	운영 설계의 목적과 다른 설계서와의 관계(포지셔닝)를 밝힙니다.	-
운영 요구사항	운영 관련 요구사항을 명확하게 정리합니다. 시스템 가동률, 장애 복구 시간도 있지만 연락 창구 운영 시간(유지보수 담당자의 근무 시간)과 인력 체계(인원)도 요구사항에 포함됩니다. SLA 등 감사 관련 요구사항도 있습니다.	-
운영 체계 설계	운영 범위(업무)를 정의하고 체계를 계획합니다. 역할 분담, 책임 범위를 명확하게 정리합니다. 모니터링, 백업 대응, 시스템 장애 대응 등 무엇을 어디까지 운영 담당 부서에서 하는지 설계합니다.	-
운영 도구 설계	운영에 필요한 도구와 서비스의 종류와 사용법을 설계합니다. 모니터링 도구, 백업 도구, 원격 관리 도구 등이 그 예입니다.	-
운영 모니터링	모니터링할 대상을 정의하고 모니터링 방법을 설계합니다.	●
설계 평가 및 개선	설계서를 작성한 시점의 평가를 실시합니다. 또한 설계 개선 방법과 규칙을 정합니다. 이때 고려되지 않은 운영은 일단 인력으로 해결하는 경우가 많습니다. 효율을 높일 수 있도록 계속해서 개선할 수 있는 규칙이 필요합니다.	-
(분할) 백업 설계	무엇을 어떻게 백업할 것인지, 백업 대상과 백업 형식을 설계합니다. 대상에 따라 요구사항이 다르므로 그에 맞게 적절히 설계합니다. 모든 백업에 전체 백업만 사용하면 백업 시간이 오래 걸리고 데이터양도 엄청나게 늘어나기 때문에 피해야 합니다.	-
(분할) 장애 복구 설계	장애 발생 패턴을 정리하고 해당 패턴을 어떤 절차로 복구할지 설계합니다. 대상에 따라 요구사항이 다릅니다. 특히 중요한 부분은 동시에 여러 곳에서 장애가 발생하는 경우를 고려해서 설계합니다.	-

◎ 계속

---

12 실제로 시스템 수명주기 중에서 가장 비용이 많이 드는 것이 운영 과정입니다. 기능 강화 등의 유지보수도 포함한 결과이지만 기업 IT 예산에서 운영이 차지하는 비율은 약 75% 정도라고 합니다(출처: 기업 IT 동향 조사 보고서 2022, 일반사단법인 일본정보시스템 사용자협회, https://juas.or.jp/cms/media/2022/04/JUAS_IT2022.pdf).

목차	개요	상세 설명
(분할) 라이브러리 관리 설계	애플리케이션 프로그램과 설정 파일 등 개발 환경과 프로덕션 환경을 어떻게 관리할지 설계합니다. 사용자용 설명서도 작성합니다.	●
(분할) 운영 절차서	각각의 구체적인 운영 절차서가 필요하지만 이 책에서는 운영자가 스스로 필요한 작업 절차서를 작성하는 내용을 소개할 곳이 없으므로 여기에 따로 정리했습니다. 시스템 개발이 끝나기 전에는 절차서를 만들 수 없으므로 구체적인 운영 절차서는 시스템 구축 마무리 단계에 작성합니다.	-

SLA(Service Level Agreement)란 서비스 제공자와 사용자 사이에 맺은 서비스 수준(정의, 범위, 내용, 목표 등)을 말합니다. 평가를 하려면 시스템 가동 실적이 필요하므로 운영에 포함합니다.

운영 모니터링 예시

운영에 필요한 모니터링 내용을 정의하고 구현하는 방법을 설계합니다. 운영 모니터링에 필요한 요소는 크게 세 가지로 시스템 실행, 시스템 처리 결과 모니터링, 시스템 가동 상황 모니터링입니다.

시스템 실행은 서버의 시작이나 애플리케이션 실행(배치 프로그램 시작) 등이 있습니다. 시스템 규모가 어느 정도 되면 운영 도구를 사용해서 서버에 지시하는 형태로 관리합니다.

시스템 처리 결과 모니터링은 프로그램이 출력하는 응답과 로그를 사용해서 모니터링합니다. 로그 모니터링 구현 방법은 다음 그림을 참조하기 바랍니다.

시스템 가동 상황 모니터링은 서비스 정지, CPU나 메모리 사용률 이상 발생, 네트워크 트래픽 폭증 등이 없는지 모니터링합니다.

▼ 그림 4-7 운영 모니터링의 로그 확인 방식 예

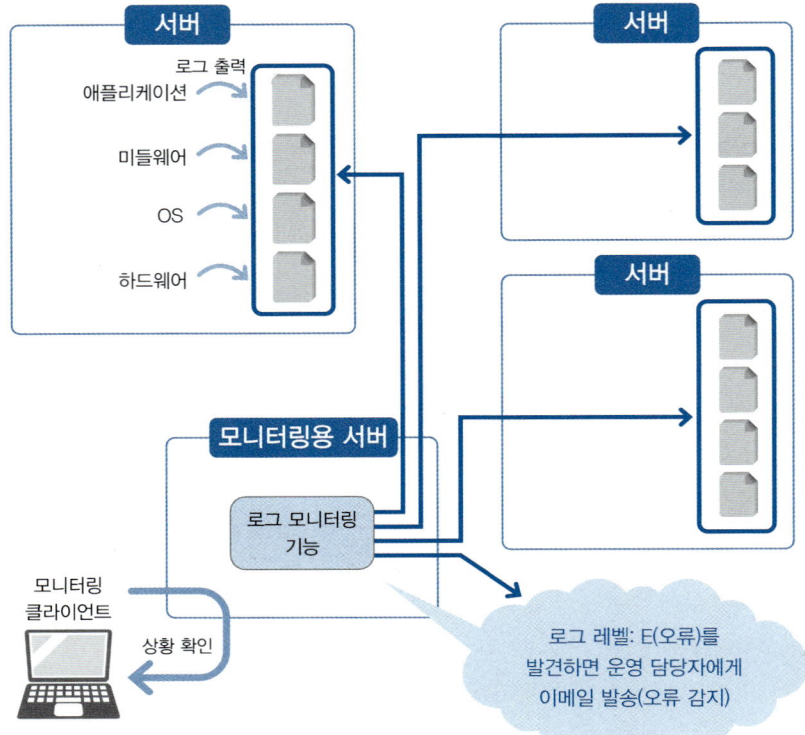

하드웨어나 네트워크 장애로 로그를 확인할 수 없는 경우도 있으므로 주의한다.

(분할) 라이브러리 관리 설계 예시

운영 방식 설계와 연계해서 설계할지 여부는 프로젝트에 따라 다르지만, 애플리케이션과 설정 파일 관리 방법은 설계해야 합니다. 개발 환경에서 프로그래밍해서 테스트하고 테스트를 통과하면 프로덕션 환경에 반영하는데, 이때 잘못된 내용을 배포하면 시스템 장애가 발생합니다. 열심히 테스트한 의미가 없습니다.

어떤 프로그램에 대한 수정 안건이 하나가 아니라, 여러 프로젝트를 병행해서 개발하는 경우도 있습니다. 이런 수정 내용 관리를 버전 관리라고 하는데 버전을 잘못 선택하면 기존에 수정한 내용이 사라져서 시스템 장애의 원인이 될 수 있습니다(소프트웨어 회귀(Software Regression)라고 부릅니다). 새로운 시스템 구축 중에도 테스트하면서 버그를 수정하기 때문에 버전 관리는 무척 중요한 작업입니다.[13]

라이브러리 관리 설계는 운영하고 관리하는 방식을 설계하는 것입니다. 이 관리 방식을 제공하는 유명한 서비스로 깃허브(GitHub)가 있습니다.

▼ 그림 4-8 라이브러리 관리 실수로 발생하는 장애(성능 저하)

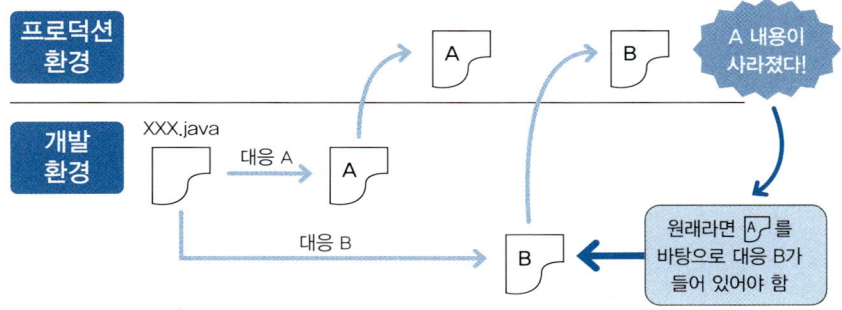

---

[13] 라이브러리 관리의 중요성을 잘 이해하기 어려울 수 있지만, 하나라도 잘못 관리하면 모든 노력이 물거품이 될 만큼 큰 일이므로 꼭 명심하기 바랍니다.

29 외부 접속 방식 설계(종합편)

외부 접속 방식 설계는 시스템이 외부의 서비스나 시스템과 적절하게 연동, 통신하도록 설계하는 것입니다. 서비스 사용자와 서비스 제공자 입장을 모두 설계합니다.

설계 목적

외부 접속 방식을 올바르게 설계하여 안정적으로 운영하고 안전하게 시스템을 연동하는 것입니다.

설계서 작성 단계

외부 접속이 필요한 시스템과 서비스를 파악하고, 어떤 프로토콜로 접속할지 정리합니다. 기존의 외부 시스템이라면 접속 방식이 이미 정해져 있을 것입니다. 기본적으로는 기존 방식을 따르지만 자사 시스템 보안 정책 때문에 기존과 다른 방식이 필요하면 서로 조정합니다.

또한 자사 시스템이 외부 접속을 제공한다면 그 인터페이스 내용의 설계 방침 등을 정해야 합니다. 그 외에도 오류 발생 시 대응 방침, 외부와의 테스트 계획, 모니터링 방법 등을 설계합니다.

조언

외부 접속 방식 설계는 외부와 확실하게 서로 내용을 공유하고 인식을 맞춰야 합니다.[14] 외부 접속에 문제가 발생하면 회사 내부의 장애로 끝나지 않습니다. 외부 서비스가 처리 지연을 일으키거나 데이터 오류 때문에 수정 요청이 필요한 경우도 생깁니다. 최악의 경우, 손해 배상 소송까지 이어질 수 있습니다. 적당히 넘어갈 수 있는 설계가 아닙니다.

▼ 표 4-13 외부 접속 방식 설계(종합편) 목차 구성과 개요(예)

목차	개요	상세 설명
이 문서의 목적, 포지셔닝	외부 접속 방식을 설계하는 목적과 다른 설계서와의 관계(포지셔닝)를 밝힙니다.	-
외부 접속 요구사항	연동할 외부 시스템과 서비스를 파악하고, 사용할 프로토콜(HTTP, FTP, MQTT 등), 전용 소프트웨어 사용 여부(HULFT 등) 등을 정리합니다. 양쪽 모두 준비가 필요하므로 가능한 한 일반적인 방식을 이용하면 좋습니다.	-
외부 접속 정책	외부와의 접속에 대한 기본 정책을 설계합니다. 접속 규칙과 보안을 의식하면서 설계합니다. 접속 대상과 정책이 서로 다른 경우가 많으므로 대처 방법에 대해서도 검토해야 합니다.	●
IF 설계 방침	자사 시스템이 외부에 인터페이스를 제공할 경우의 방침을 설계합니다.	●
IF 변경 운영 설계	외부 접속 대상에 인터페이스 사양을 공개하거나 사양이 변경되었을 때 연락할 방법에 대해 설계합니다. 자사 시스템 내부에서 발생한 변경 사항을 어떻게 포착해서 관리할지 정하고, 그 체계에 대해서도 설계합니다.	-
외부 접속 오류 대응 방침	외부 접속 시 오류가 발생했을 때의 대응 방침을 설계합니다. 접속 대상의 사양에 따라 달라지므로 자사 시스템의 기본 방침과 접속 대상이 특수한 경우의 방침을 설계합니다. 재실행(재처리) 방침이 기본이겠지만, 경우에 따라 담당자가 서로 연락을 주고받으며 상황을 확인해야 할 수도 있습니다.	-

◐ 계속

---

14 저는 외부 접속을 담당한 경험이 많은 편인데 이 일에는 자사 시스템을 잘 아는 것은 당연하고, 접속 대상 시스템의 구조와 내부 사정 등(계약 등의 문제로) 흔히 알려지지 않은 부분까지 잘 파악하는 능력이 필요하다고 느꼈습니다.

목차	개요	상세 설명
외부 테스트 계획	접속 대상과 연결해서 테스트하므로 실시 환경, 테스트 수준 등과 같은 기본적인 고려 사항을 설계합니다. 접속 대상의 규칙을 따라야 하므로 자사 시스템의 편의만 생각해서 테스트할 수는 없습니다. 접속 대상별로 어떻게 품질을 보장할 것인지, 품질 보증 방법이 필요합니다.	–
외부 접속 모니터링	외부 시스템과의 통신 상황과 의심스러운 접속은 없는지 모니터링해야 합니다. 무엇을 어떻게 확인할 것인지, 대상과 방법을 설계합니다. 추가 시스템 개발이 필요할 가능성이 있으므로 잘 정리해 둡시다.	–
설계 평가와 개선	설계서를 작성한 시점의 평가를 실시합니다. 또한 설계 개선 방법과 규칙을 정합니다. 외부 접속은 외부의 상대와 접속하기 때문에 접속 대상이 사양을 변경하면 자사 시스템도 바꿔야 할 가능성이 있습니다. 유연하게 대응할 수 있는 규칙을 만듭시다.	–

외부 접속 정책 예시

외부 접속 정책 설계에는 크게 두 가지 요소가 있습니다. **'접속 지점을 어디에 둘 것인가'**와 **'보안을 보장하는 방식 설계'**입니다.

접속 지점 관련 설계는 예를 들어 자사 시스템 내부에 여러 서브 시스템이 있을 때 해당 기능을 한곳에 모아서 이를 통해서만 외부와 접속하도록 설계하는 방식입니다. 프로토콜에 따른 접속 기반의 통합, 분할도 고려해야 합니다. 이러한 설계는 운영도 포함한 관리 효율성과 대응 비용을 종합적으로 판단해서 정해야 합니다.[15] 외부와 접속하는 경로가 늘어나면 외부 시스템에도 부하가 걸릴 수 있으므로(때에 따라서 요금 증가도 발생) 전체를 잘 파악해서 설계해야 합니다.

보안 보장 방식 설계는 외부 시스템과의 인증, 인가 방식을 설계하는 것입니다. 기본적으로 최소한의 접속만 허용하도록 설계하는데 이때 네트워크도 포함합니다. 예를 들어 외부 시스템이 FTP로 접속하여 자사 시스템 내부까지 접근할

---

[15] 보안을 고려해서 일반적으로 통합해 접속하는 설계 방식을 많이 선택합니다. 네트워크와 연결되는 통로는 적은 편이 좋습니다.

수 있다면 매우 위험합니다. 섹션, 토큰 길이(유효 기간), 암호 정책 등도 함께 설계합니다.

IF 설계 방침 예시

각 IF(인터페이스) 레이아웃의 내용 자체는 애플리케이션 설계에서 다루지만 설계 방침은 미리 정합니다. 레이아웃 항목 위치나 의미를 멋대로 계속 바꾸면 이용하는 시스템 입장은 어떨까요? 그때마다 시스템 대응이 필요하니 매우 불편할 것입니다. 계약에 따라서는 외부 시스템이 시스템 수정 비용을 청구하는 경우도 있습니다. 기본적으로 상대방에 영향을 주지 않도록 설계 방침을 정합니다.

그 외에도 API는 동시에 여러 버전을 지원할 수 있는데 이때 버전 관리 방식이나 과거 버전을 언제까지 지원할 것인지 지원 계획 등도 설계해야 합니다.

▼ 그림 4-9 외부 접속 대상 정책의 시스템 구성 예

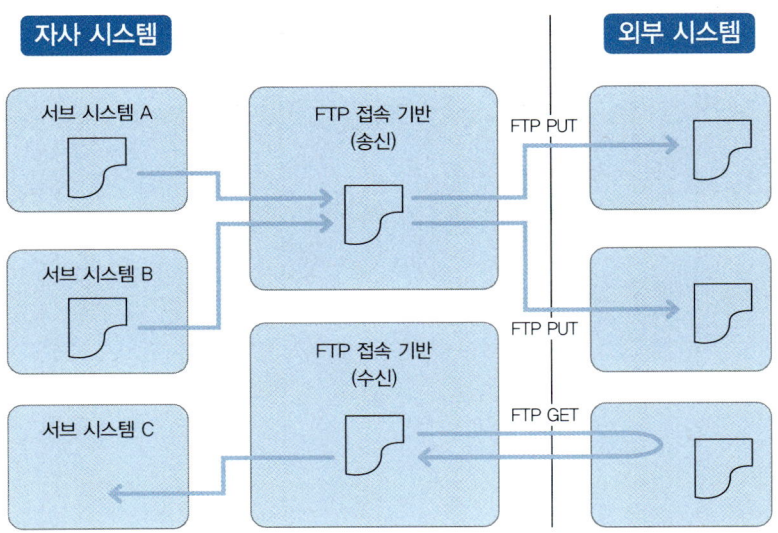

기본적으로 외부 시스템에서 자사 시스템에 접근은 허용하지 않는다.
송신은 PUT, 수신은 GET을 사용한다.

▼ 표 4-14 IF 설계 방침의 텍스트 파일 설계 예

분류	내용	설명
파일 레코드 길이	고정 길이	필요한 항목 위치가 변하지 않도록 고정 길이를 사용합니다. 항목이 추가될 때를 대비해서 여유분을 포함한 길이를 지정합니다.
문자 코드	UTF-8	표준인 UTF-8을 채용합니다.
줄바꿈 코드	CR+LF	윈도우 시스템의 기본 줄바꿈 코드를 채용합니다.
초기값 설정 규칙	문자는 스페이스, 숫자는 0으로 채우기	항목 정의에 따라 초기값 설정을 바꾸면 이용 시스템의 항목 정의 설계가 명확합니다.
항목 길이 확대 규칙	새로운 항목으로 추가	항목 길이를 늘릴 때 기존 항목은 그대로 두고 새로운 항목으로 추가합니다.

30 표준화 설계

SYSTEM DESIGN

표준화는 많은 사람이 효율적으로 일정 수준 이상의 품질을 낼 수 있도록 하는 기본 규칙입니다. 각종 지침을 정비하고 활용해서 장기적인 생산성 향상을 기대할 수 있습니다.

설계 목적

각종 기본 규칙을 정비하여 개발자 간의 인식 차이를 줄이고 효율적으로 개발을 진행하도록 합니다.[16] 또 새로운 개발자가 합류할 때도 일정 수준 이상의 품질을 보장할 수 있습니다.

설계서 작성 단계

먼저 어떤 표준화와 지침이 필요한지 정리합니다. 그 후 어떤 설계서를 작성해야 하고 공통점이나 설계상 주의점이 무엇인지 기본 지침을 만듭니다. 무엇을 표준화할 것인지는 경험에 따라 많이 달라지지만, 처리를 구현하는 패턴 A, B가 있을 때 어느 쪽을 선택할지처럼 고민스러운 부분은 지침으로 정하면 좋습니다.

조언

표준화가 지켜지고 있는지 여부를 전부 사람이 일일이 확인한다면 누락이 발생하고, 대응 비용도 많이 듭니다. 자동화할 수 있는 부분은 자동화해야 합니다. 코딩 규약을 준수하는지는 전용 도구를 사용해서 확인할 수 있습니다. 한편 표

---

16 개별 최적화보다 전체 최적화를 우선합니다. 시스템은 같은 방식으로 구축해야 결과적으로 관리 부담이 줄어들고 품질도 향상됩니다.

준화를 준수하는 데 필요한 비용에도 주의합니다. 표준화 규칙을 지키다 보면 처리가 복잡해져서 추가 비용이 많이 발생하는 경우도 있습니다. 시스템 규모가 작으면 표준화를 통한 이득을 보기 어려울 수 있습니다. **지나친 표준화에 주의합시다.**

▼ 표 4-15 표준화 설계 목차 구성과 개요(예)

목차	개요	상세 설명
이 문서 목적, 포지셔닝, 순서	표준화 설계의 목적과 다른 설계서와의 관계(포지셔닝)를 명시합니다.	-
개발 프로세스 표준화	설계, 개발, 테스트, 릴리스의 단계와 흐름을 표준화(정의)하고, 개발팀이 공통된 인식을 가지고 대응할 수 있도록 합니다.	-
문서 템플릿	설계서 등의 템플릿(틀)을 만듭니다. 같은 틀을 사용해서 설계하면 설계 품질을 높일 수 있습니다.	-
공통화 설계 지침	공통 처리를 부품화하여 여러 처리에서 호출해 사용하면 효율적으로 시스템의 품질을 높일 수 있습니다. 여기에서는 공통화 여부의 판단 기준을 설계합니다.	-
UI 설계 지침	사용자 인터페이스(화면) 디자인, 배치, 배색, 화면 전이 패턴과 같은 설계 지침을 작성합니다. 통일감 있는 UI로 사용자가 쉽게 이해할 수 있는 시스템을 만들 수 있습니다.	-
테이블 설계 지침	테이블(데이터베이스)에 반드시 필요한 항목(레코드 작성 일시 등), 날짜 관련 항목은 DATE형 사용 등 공통적으로 필요한 요소를 정의합니다.	-
메시지 설계 지침	메시지를 표시하는 방법과 메시지 표기 규칙을 설계합니다.	●
로그 설계 지침	어떤 경우에 로그를 출력할 것인지, 로그 레벨(오류, 경고, 정보 등)을 정의하고 그 사용법을 설계합니다. 품질을 일정하게 유지하기 위해 공통 처리에서 로그 형식 등을 준비하는 경우가 많습니다.	-
오류 설계 지침	자주 발생하는 오류 패턴을 찾아서 누락 방지를 위한 오류 발생 패턴을 설명하고, 오류 처리 설계 방법을 정형화합니다.	-
코드 체계 설계	코드값 설계 규칙을 정의합니다. ISO 코드(예를 들어 통화라면 KRW)를 사용, 항목값은 1로 시작(0으로 시작하지 않음) 같은 규칙입니다.	-

○ 계속

목차	개요	상세 설명
코딩 규약	들여쓰기(인덴트), 스페이스 처리 방법, 명명 규칙(변수명 등)을 정의합니다. 명명 규칙은 유지보수와 운영 단계에서 특히 중요합니다. 예를 들어 사원 코드 관련 영향 조사를 할 때 사원 코드의 변수명으로 sawon_cd와 employee_id를 섞어서 쓰고 있다면 한쪽이 누락될 수 있습니다.	-
설계 평가와 개선	이 설계서를 작성한 시점에 대한 평가를 실시합니다. 또한 설계 개선 방법과 규칙을 정합니다. 부담이 너무 크고 비효율적인 표준화 대상을 발견하면 폐지하는 등 유연한 대응이 필요합니다.	-
(분할) 문서 설계	작성해야 하는 문서 체계를 정리합니다.	●

메시지 설계 지침 예시

메시지, 즉 사용자가 보는 글에 관련된 지침을 정리합니다. '수정되었습니다'라는 표기를 예로 들어 봅시다. 먼저 어떤 메시지 출력 방식을 선택할지 설계합니다. 한국어뿐만 아니라 영어도 표기하는 다국어 표기 요구사항이 있다면 상당히 복잡한 구조가 필요할 수 있습니다(다음 그림 4-10 참조).

메시지 출력은 소스 코드에 직접 작성해도 출력할 수 있으므로 지침이 없으면 개발자 마음대로 구현하기 쉽습니다. 소스 코드는 가능하면 변경하지 않는 편이 안전합니다. 메시지를 변경할 때마다 프로그램을 수정한다면 유지보수 측면에서 좋지 않습니다. '수정되었습니다'라는 메시지 문구 자체는 파일이나 테이블처럼 변경하기 쉬운 곳에서 관리하면 편리합니다. 자주 변경한다면 메시지를 직접 변경할 수 있도록 관리 화면을 만드는 것도 방법입니다.

방식을 설계했으면 다음은 표기 규칙입니다. 이것은 어떻게 보일지와 관련된 문제입니다. '~입니다', '~합니다' 같은 문장 어미 통일이나 '이용자', '사용자'처럼 비슷한 의미를 가진 단어를 하나로 통일하는 등 세세한 부분까지 정하는 것이 좋습니다.[17]

(분할) 문서 설계 예시

시스템 구축에서 실제로 설계가 필요한 문서를 정의합니다. 담당자에 따라 채택하는 설계서나 템플릿이 다르면 품질에 큰 차이가 생깁니다.

형태는 다음 그림 4-11과 같이 문서 목록 형태가 됩니다. 실제 설계에 들어가기 전에 정리하면 중복된 설계서 작성을 피할 수 있고, 대응 비용 산정과 타당성 확인에도 사용할 수 있습니다. 물론 설계 품질 향상에도 기여합니다.

❤ 그림 4-10 메시지 설계 지침의 다국어 처리

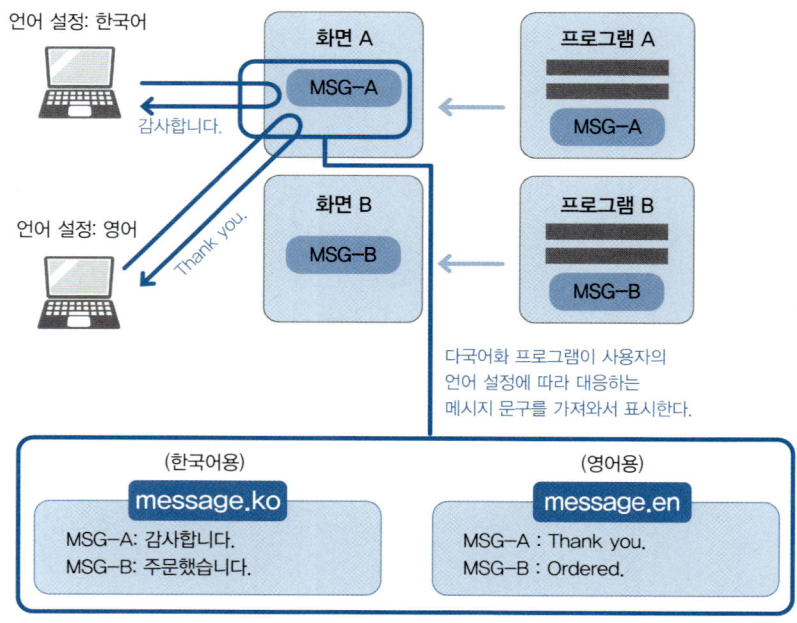

17 표기가 통일성이 없더라도 치명적인 문제는 아니지만, 사용자 입장에서 직접 와 닿는 부분이고 실망스럽기도 합니다. 시스템 품질 자체도 의심스러워집니다. 신은 디테일에 있습니다.

❥ 그림 4-11 (분할) 문서 설계 예

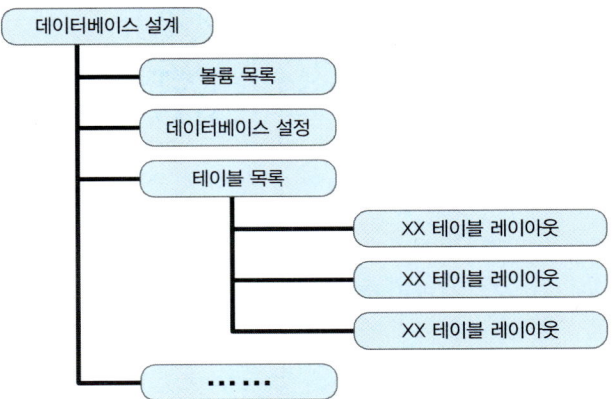

SECTION 31 테스트 방식 설계(종합편)

업무에서 사용하는 환경을 프로덕션 환경이라고 합니다. 제대로 작동하는지 확인되지 않은 프로그램을 프로덕션 환경에 갑자기 실행할 수는 없습니다. 테스트하고 품질을 보장하는 방식을 설계합니다.

설계 목적

테스트 방식을 규정함으로써 모든 애플리케이션과 인프라의 품질을 확보하고 효율적으로 실시하도록 합니다. 그리고 테스트에 필요한 환경을 미리 준비할 수 있습니다.

설계서 작성 단계

먼저 어떤 테스트가 필요한지 정리합니다. 그리고 테스트를 어떻게 실시할지 설계합니다.

그 외에도 효율적으로 테스트하기 위한 도구 구축과 활용, 사용 방법도 설계합니다. 도구에는 테스트용 데이터 작성 프로그램, 다른 환경에서 데이터를 복사하는 프로그램, 테스트 자동 실행, 테스트 결과 증거 수집 자동화 프로그램 등이 있습니다. 이런 도구에 문제가 있으면 실시한 테스트 자체의 품질이 의심스러워집니다. 꼼꼼한 품질 관리가 필요합니다.

테스트 실시에 필요한 테스트 케이스와 데이터 작성 방법, 진척 관리, 테스트 시작/종료 기준, 평가 방법 같은 계획도 설계합니다.[18]

---

[18] 테스트 계획은 프로젝트 계획에서 정의하기도 합니다. 이 책은 경영, 관리 내용은 다루지 않지만 테스트 계획은 무척 중요한 내용이므로 테스트 방식 설계에 포함합니다.

조언

테스트는 얼마나 올바른 환경 준비를 준비해서 제대로 테스트하는지, 그리고 얼마나 효율적으로 실시할 수 있는지가 관건입니다. 전문가 리뷰도 받아 가면서 의미 없는 테스트를 실시하지 않도록 주의합시다.

▼ 표 4-16 테스트 방식 설계(종합편) 목차 구성과 개요(예)

목차	개요	상세 설명
이 문서의 목적, 포지셔닝	테스트 방식 설계의 목적과 다른 설계서와의 관계(포지셔닝)를 밝힙니다.	-
테스트 정의	실시할 테스트를 정의하고 목적을 정리합니다. 실시 환경도 정의합니다.	●
테스트 환경과 특성	준비할 테스트 환경과 특성을 정리합니다. 특성에 따라서 테스트 실시할 때 고려할 점이 달라집니다. 예를 들어 성능 테스트를 실시한다면 프로덕션 환경과 하드웨어 성능 차이를 이해하지 않으면 올바른 평가를 할 수 없습니다.	●
테스트 환경 이용 규칙	여러 개발팀이 마음대로 테스트를 실시하면 서로 테스트에 실패할 가능성이 있습니다(프로그램 버전이 다르거나 데이터에 문제가 있거나, 서로 성능에 영향을 미치는 등). 테스트 환경을 이용하기 위한 규칙을 설계하고 각 테스트가 올바르게 실시될 수 있도록 합니다.	-
테스트 도구 설계	테스트를 효율적으로 실시할 수 있게 돕는 도구를 설계합니다. 공개 또는 유료 소프트웨어를 사용하기도 하고, 자체 개발하는 경우도 있습니다. 자체 개발한다면 그에 따른 설계, 개발, 테스트가 필요합니다.	-
테스트 계획	테스트 케이스, 테스트 데이터 작성 방법, 테스트 평가 방법, 테스트 진척 관리, 테스트 시작과 끝 기준, 테스트 성과물 등을 설계합니다. 이 계획을 바탕으로 각 테스트에 맞는 개별 테스트 계획을 작성합니다.	-
설계 평가 및 개선	설계서를 작성한 시점의 평가를 실시합니다. 또한, 설계 개선 방법과 규칙을 정합니다.	-
(분할) 테스트 도구 이용 설명서	테스트 도구 내용과 이용 방법, 주의점을 설명합니다. 잘못 사용하면 테스트 자체가 실패할 수 있습니다. 테스트를 재실행하면 시간이 걸리므로 작업 진행에 큰 영향을 줍니다. 단순한 설명서라고 생각하지 말고 실수가 없도록 정확하게 전달해야 합니다.	-

테스트 정의 예시

먼저 품질을 확보하는 데 어떤 테스트가 필요한지 정의합니다. 물론 애플리케이션과 인프라 양쪽을 모두 테스트합니다. 다행히 시스템 구축에 필요한 테스트는 거의 대부분 정해져 있습니다. 이를 바탕으로 시스템 특성에 맞게 변경해서 정의하면 효율적입니다.

그리고 테스트의 목적을 정리합니다. 기본적으로 세세한 부분부터 정확한지 확인하고, 점점 확인하는 범위를 넓혀서 마지막에는 전체를 확인하는 흐름으로 진행합니다(Section 04의 'V자 모델' 참조). 이렇게 테스트를 반복하고 결과를 쌓아서 최종적인 품질을 보장합니다. 테스트에서 빠진 곳이 없는지 제대로 확인합시다. 이어서 설명하는 테스트 환경 중 어떤 테스트 환경에서 실시할지도 정리합니다.

테스트 환경과 특성 예시

준비할 테스트 환경과 그 환경의 특성을 정리합니다. 물론 실제로 준비할 테스트 환경을 기준으로 정리합니다.[19] 규모나 체계에 따라 각각 여러 세트를 준비해야 할 수도 있습니다. 예를 들어 일정 문제로 성능 확인 환경을 동시에 여러 시스템에서 사용해야 하는데 환경이 하나뿐이라면 일정이 지연될 우려가 있습니다. 구축과 운영 시 상황을 고려해서 설계해야 합니다. 이때 가장 큰 문제는 비용입니다. 프로덕션 환경이라면 모를까 **일반적으로 테스트 환경은 매출에 기여하지 않습니다. 가급적 최소한의 비용으로 제대로 테스트하는 것이 최우선 과제입니다.**

클라우드를 이용한다면 비교적 낮은 비용으로 환경을 준비할 수 있습니다. 이용할 때만 요금이 발생하는 서비스가 대부분이므로 온프레미스처럼 구축한 환경을 놀리는 경우가 없기 때문입니다. 단, 성능 확인 테스트를 실시할 때는 주의가 필요합니다. 부하가 많이 발생하는 테스트를 허용하지 않거나 사전 신청이 필요한 경우가 있기 때문입니다.

---

[19] 환경마다 인프라 설정이 다르다면 Section 15의 예시를 참조하기 바랍니다.

▼ 표 4-17 테스트 정의 예

테스트 명칭	목적	실시 환경
단위 테스트 (Unit Test)	개별 프로그램과 설정을 독립적으로 테스트해서 설계대로 작동하는지 확인합니다.	개발, 테스트 환경
결합 테스트 (Integration Test)	프로그램과 기반 연계 등이 설계대로 작동하는지 확인합니다.	개발, 테스트 환경
종합 테스트 (System Test)	설계한 업무대로 작동하는지 확인합니다.	개발, 테스트 환경
수락 테스트 (Acceptance Test)	내용은 종합 테스트와 비슷하지만 발주처, 최종 사용자가 검수 확인 목적으로 실시합니다.	업무 훈련 환경
운영 테스트 (Operational Test)	시스템 운영이 설계대로 작동하는지 확인합니다.	개발, 테스트 환경
외부 연결 테스트	외부 연결 대상과 설계대로 접속하는지 확인합니다.	개발, 테스트 환경 프로덕션 환경
보안 테스트	보안 관점에서 설계대로 작동하는지 확인합니다. 취약성 진단 등도 활용합니다.	개발, 테스트 환경 프로덕션 환경
성능 테스트	최종적으로 비기능 요구사항에서 정의한 성능을 만족하는지 확인합니다. 특히 성능이 중요한 기능은 단위 테스트 때부터 성능 관점을 포함하면 좋습니다.	개발, 테스트 환경 성능 확인 환경 프로덕션 환경
장애 테스트	주로 하드웨어 고장이 발생했을 때 설계대로 복구할 수 있는지 확인합니다. 장애 발생 시 애플리케이션 작동 여부도 확인이 필요합니다. 다만 정말로 고장을 낼 수는 없으므로 마치 고장이 발생한 것처럼 간주하고 확인합니다.	개발, 테스트 환경 성능 확인 환경 업무 훈련 환경 프로덕션 환경
마이그레이션 테스트 (Migration Test)	프로덕션 환경에 프로그램 등을 반영(릴리스)할 때 방식과 작업 내용이 타당한지 확인합니다. 도구를 사용해서 릴리스한다면 해당 도구의 품질도 확인해야 합니다.	개발, 테스트 환경 업무 훈련 환경 프로덕션 환경

※ Section 04도 참조

▼ 표 4-18 테스트 환경과 특징 예

환경	특성
개발, 테스트 환경	- 각 개발 팀에 전용 환경을 제공합니다. - 가상 환경이므로 단독 성능은 프로덕션 환경보다 떨어집니다. - 테스트용 데이터를 사용합니다.
성능 확인 환경	- 프로덕션 환경에 가까운 성능 확인이 가능한 환경입니다. - 서버 자체 성능은 프로덕션 환경과 같지만 서버 수가 프로덕션보다 적습니다. - 데이터는 프로덕션과 같은 내용을 사용할 수 있습니다. 단, 개인 정보 취급에 주의가 필요합니다.
업무 훈련 환경	- 서버 자체 성능도 프로덕션 환경에 비해 낮고 최소한의 대수로 구성됩니다. - 테스트용 데이터를 사용합니다.
프로덕션 환경	- 실제 업무에 사용하는 환경입니다. - 엄격하게 접근이 통제됩니다.

32 마이그레이션 방식 설계(종합편)

SYSTEM DESIGN

마이그레이션(Migration)(이행)이라고 하면 의미가 다양하지만 이 책에서는 새로운 시스템을 구축한 뒤, 기존 시스템 등에서 새로운 시스템을 사용하기 위해 시스템 전환이나 데이터 이동을 실시하는 것을 뜻합니다.

설계 목적

현재 시스템에서 새로운 시스템으로 전환하는 방법을 명확히 하여 필요한 작업을 파악합니다. 또한 필요한 개발 작업도 파악해서 실현에 필요한 일정[20]과 비용을 계산할 수 있습니다.

설계서 작업 단계

먼저 마이그레이션의 요구사항(전제)을 정리합니다. 이 요구사항에 따라 마이그레이션 계획 내용이 크게 변합니다. 혹시 빠진 내용이 없는지 잘 확인하기 바랍니다.

마이그레이션 계획을 세운 뒤에는 업무, 시스템, 데이터에 초점을 맞춰 설계를 진행합니다. 대응 방법은 업무(운영)로 처리하는가 또는 시스템으로 처리하는가에 따라 나뉩니다. 시스템으로 처리하는 예로는 시스템 전환 과도기에 필요한 프로그램과 접속 방법 구축, 데이터 마이그레이션 도구 제작 등이 있습니다. 물론 이런 작업도 설계, 개발, 테스트가 필요합니다. 개발 대상 목록으로 정리해서 진행합니다.

---

[20] 새로운 시스템을 도입할 때 구축에만 신경 쓰다가 실제로 사용할 준비는 전혀 되어 있지 않아서 일정 기한을 넘기는 일이 발생하지 않도록 주의합시다. 실제 업무 데이터를 사용한 테스트처럼 마이그레이션만의 어려운 작업도 있습니다.

조언

현재 시스템이 거대하면 거대할수록 마이그레이션에 드는 비용은 비약적으로 커집니다. 정말 마이그레이션 계획을 진행할 것인지 판단이 중요합니다. 전문가뿐만 아니라 결정권자, 업무 책임자도 포함해서 판단해야 합니다. 한번 시작했으면 되돌리기 어려우므로 미리 합의한 뒤에 진행합시다.

▼ 표 4-19 마이그레이션 방식 설계(종합편) 목차 구성과 개요(예)

목차	개요	상세 설명
이 문서의 목적, 포지셔닝	마이그레이션 방식 설계의 목적과 다른 설계서와의 관계(포지셔닝)를 밝힙니다.	–
마이그레이션 요구사항 (전제 조건)	마이그레이션의 전제를 정리합니다. 업무 전제 조건(위험성을 줄이기 위해 단계적으로 전환 등)이나 시스템 전제 조건(어떤 규제가 시작되기 전에 마이그레이션 완료 필수 등)을 정리합니다.	–
마이그레이션 계획	마이그레이션을 위해 실시하는 모든 작업을 계획합니다. 시스템뿐만 아니라 새로운 시스템을 사용하는 데 필요한 업무 훈련 등도 필요한 작업에 포함됩니다.	–
업무 마이그레이션 설계	새로운 시스템을 사용하는 데 필요한 업무 대응을 설계합니다. 업무에서 할 일과 시스템에서 할 일을 명확히 정리하여 누락되는 내용이 없도록 해야 합니다.	–
시스템 마이그레이션 설계	현재 시스템에서 새로운 시스템으로 어떻게 전환할지 설계합니다. 내용에 따라 개발(설계, 프로그램)이 추가로 발생할 수 있습니다.	●
데이터 마이그레이션 설계	현재 시스템에서 새로운 시스템으로 어떻게 데이터를 마이그레이션할지 설계합니다. 내용에 따라 개발 대상(설계, 프로그램)이 추가로 발생할 수 있습니다.	●
개발 대상 목록	시스템 마이그레이션과 데이터 마이그레이션에 필요한 개발 대상(설계, 프로그램) 목록을 작성합니다. 개발 대상에 대해 설계, 개발, 테스트가 필요합니다.	–
설계 평가와 개선	설계서를 작성한 시점의 평가를 실시합니다. 또한 설계 개선 방법과 규칙을 정합니다.	–

※ 시스템 규모에 따라 종합편뿐만 아니라 개별 시스템(서브 시스템)별로 마이그레이션 계획을 작성하기도 합니다. 각 시스템의 특성과 대응 내용이 다른데 무리하게 종합편으로 묶으면 오히려 이해하기 어렵기 때문입니다. 개발 체계 등도 고려해서 작업하기 쉬운 단위로 설계서를 작성합시다.

시스템 마이그레이션 설계 예시

마이그레이션 요구사항(전제 조건)을 만족하면서도 마이그레이션 방식에 따른 위험성과 비용도 고려해서 설계합니다. 예를 들어 현재 시스템에서 새로운 시스템으로 한 번에 전부 전환하면 상당히 편하게 설계할 수 있습니다. 하지만 마이그레이션을 하고 며칠 후에 큰 문제가 발견될 경우, 이 방식이라면 영향이 너무 큽니다. 현재(이전) 시스템을 사용하려고 해도 그 며칠 동안 업데이트된 데이터는 새로운 시스템에만 있으므로, 그냥 그대로 현재(이전) 시스템으로 전환해서 사용할 수 없기 때문입니다.

마이그레이션 방식은 크게 세 가지입니다. 앞에서 설명한 **한 번에 전환하는 방식, 단계적으로 전환하는 방식, 현재 시스템과 신규 시스템을 동시에 이용해서 품질 확인 후에 현재 시스템을 종료하는 방식입니다.**[21] 단계적으로 전환하는 방식은 기능별 전환(다음 그림 4-12 참조) 방식, 사용자 단위 전환 방식으로 나뉩니다. 사용자 단위 방식은 부서 단위로 새로운 시스템을 사용하는 시기를 조정하는 형태입니다.

데이터 마이그레이션 설계 예시

현재 시스템에서 새로운 시스템으로 데이터를 마이그레이션할 때 그대로 복사만 하면 편하겠지만 보통은 그렇지 않습니다. 그대로 그냥 끝난다면 똑같은 시스템이겠지요. 데이터 단위가 다르거나 항목 정의 차이, 새로운 시스템에 해당하는 항목이 없거나 새로운 시스템에만 있는 항목 등 이유는 다양합니다. 그리고 같은 항목처럼 보여도 전혀 다른 의미일 수도 있습니다. 이러한 내용은 하나하나 확인할 수밖에 없습니다. 데이터 매핑(Data Mapping) 형태로 설계하는 것을 추천합니다(그림 4-13 참조).

---

21 선택한 방식에 따라 필요한 개발 대상 목록이 완전히 다릅니다. 즉, 비용 차이도 많이 납니다. 위험성을 감안하여 어떤 방식을 채택할 것인가는 무척 중요한 요소입니다.

이런 복잡한 데이터 매핑을 수작업으로 직접 새로운 시스템에 등록하기란 거의 불가능합니다. 따라서 마이그레이션 도구가 필요합니다. 마이그레이션 도구는 마이그레이션 용도로만 쓰고 버리는 일회용 도구입니다. 품질과 작업량을 고려해서 수작업 또는 도구 제작의 비용 대비 효과를 따져보아야 합니다.

▼ 그림 4-12 시스템 마이그레이션 설계의 기능별 전환 예

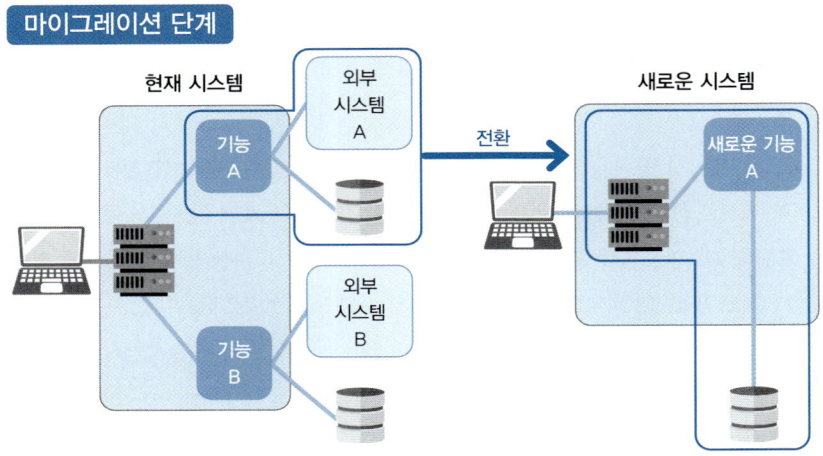

▼ 그림 4-13 데이터 마이그레이션 설계의 항목 매핑 예

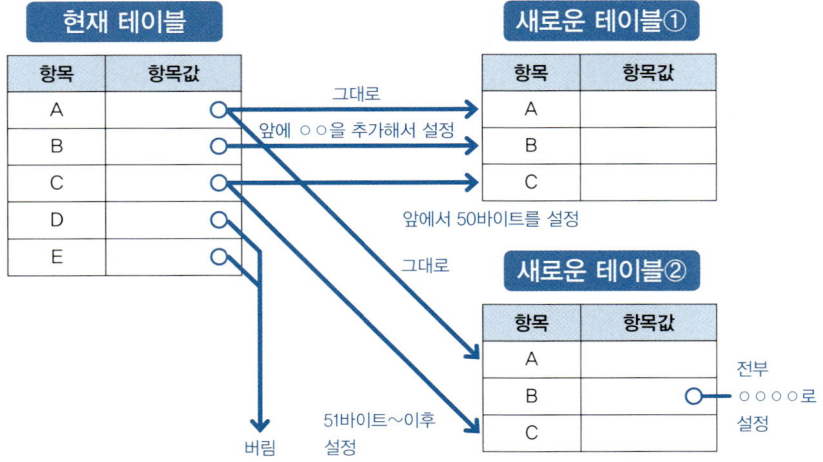

 **이렇게까지 전체적인 설계가 필요한가?**

지금까지 대표적인 전체 설계에 대해 설명했는데 어땠나요? 초보자 관점에서 생각했던 시스템 설계와 다른 점이 많았을지도 모르겠습니다. 하지만 이게 바로 시스템 설계입니다. 화면과 데이터베이스, 로직 설계의 이미지가 강하겠지만, 애초에 이런 방향성을 정하는 설계가 필요한 것입니다.

전체 설계가 항상 필요한지의 여부는 상황에 따라 다릅니다. 시스템은 규모가 커질수록 관계자도 늘어납니다. 즉, 의견 일치가 어려워지고 그만큼 의사소통 비용도 엄청나게 늘어납니다. 그럼에도 전체적인 품질을 확보하고 효율 좋게 가급적 재작업을 피해서 진행하는 경험과 지식이 전체 설계라는 형태로 모이게 됩니다.

솔직히 저도 전체 설계를 정리하는 일을 너무 쉽게 봤습니다. 이 책을 기획할 당시에는 좀 더 가볍게 생각했는데 정리하면 할수록 양이 엄청나게 늘어나, 이 책에서 가장 많은 분량을 차지하는 장이 되었습니다. 전체 설계는 초반에 하는 상위 단계에 속하고, 프로젝트 총비용에서 차지하는 비중은 작은 편입니다. 하지만 설계서 종류를 생각하면 후속 단계는 비슷한 설계를 대량으로 작성합니다. 예를 들어 테이블 레이아웃은 설명 한 번에 끝나지만 설계서는 테이블마다 만들어서 수십, 수백 종류를 작성하므로 비용이 많이 듭니다. 이에 비해 당연한 이야기이지만 상위 단계는 하나의 문서를 만들면 끝이지만 거기에서 다루는 내용은 방대합니다.

어떤 설계가 있는지 설명하는 것이 이 책의 목적이라 가장 애를 먹은 장이기도 합니다. 실제로 절반 정도 쓴 후에 이러면 너무 어렵다고 판단하여 전부 다시 쓴 장입니다. 책을 집필하면서 처음 겪은 일입니다. 어떻게 하면 전체적인 느낌을 파악하고 각각의 내용도 떠올리기 쉬울지 많은 분의 조언과 도움으로 마무리했습니다. 세세한 부분까지 설명하지 못했지만 분위기만이라도 느껴졌다면 좋겠습니다.

memo

5장

입출력 설계

드디어 개별 설계입니다. 먼저 주변에서 보기 쉬운 입출력 설계입니다. 화면, 장표, 다른 시스템과 주고 받는 데이터, 이메일 양식 등과 같이 사람과 시스템이 상호 작용하기 위한 형태와 처리를 설계합니다.

SECTION 33 설계서 목록

SYSTEM DESIGN 1

입출력 형태에 따라 설계서에 작성해야 할 세부 요소도 다릅니다. 화면이 있는 시스템, 장표를 출력하는 시스템, 이메일을 발송하는 시스템처럼 각 시스템에 따라 입출력 사양을 모두 결정합니다.

입출력 설계에서 하는 일

입출력에 관련된 요소를 하나씩 설계합니다. 이러한 개별 설계와 설계 내용을 관리하는 목록표를 작성합니다.

각 설계서에 필요한 요소는 사용하는 제품에 따라 다릅니다. 다음은 대표적인 입출력 설계 목록입니다. 하지만 이 외에도 더 많은 목록이 있습니다. 설계의 핵심 내용을 파악해서 필요한 형태로 설계하기 바랍니다.

입출력 설계를 화면계, 장표계, IF(인터페이스)계, 기타로 분류했습니다. 입출력의 내부 처리(항목 A와 B 합계 처리 등)는 '7장 로직 설계'에서 실시합니다.

❤ 표 5-1 설계서 목록

분류	설계서명	설계 종류	설계서 개요	상세 설명 Section
화면계	화면 목록	관리계	화면 목록을 관리합니다.	34
	화면 전이도	개별계	화면 전이(흐름)를 설계합니다.	35
	화면 공통 부분 목록	관리계	화면 공통 설계에서 찾은 공통 부분을 목록화한 설계서입니다. 어떤 프로그램을 사용하는지도 관리합니다.	–
	화면 공통 설계	개별계	화면 공통 부분에 대한 레이아웃을 설계합니다.	36
	화면 레이아웃	개별계	화면의 모양이나, 버튼을 눌렀을 때 어떤 이벤트를 호출할지 설계합니다.	37

◐ 계속

분류	설계서명	설계 종류	설계서 개요	상세 설명 Section
화면계	화면 생성 설계	개별계	화면을 생성하기 위해 어떤 데이터베이스 정보를 취득해서 정보를 표시할지 등 생성에 필요한 정보를 설계합니다. 화면 레이아웃별로 작성하는 경우가 많습니다.	-
	화면 입력 설계	개별계	입력 항목의 확인(체크) 요령 등을 설계합니다.	38
장표계	장표 목록	관리계	장표 목록을 관리합니다.	-
	장표 레이아웃	개별계	장표 레이아웃을 설계합니다.	39
	장표 작성 설계	개별계	화면 생성 설계의 장표 버전입니다.	-
IF계	외부 접속 대상 목록	관리계	외부 접속 대상 목록을 관리합니다.	40
	외부 IF 목록	관리계	IF 목록을 관리합니다.	-
	외부 접속 방식 설계	개별계	외부 접속 방식을 설계합니다.	41
	접속 사양서(사용 시스템용)	개별계	시스템 사용자를 위한 접속 사양서입니다. 사용자 입장에서 작성하는 설계서입니다. 접속 절차와 주의점을 설명합니다.	-
	IF 레이아웃	개별계	IF 정의를 설계합니다.	42
	API 목록	관리계	외부 IF 목록의 API 버전입니다.	-
	API 접속 방식 설계	개별계	외부 접속 방식 설계의 API 버전입니다.	-
	API 접속 사양서 (사용 시스템용)	개별계	접속 사양서(사용 시스템용)의 API 버전입니다.	-
	API 레이아웃	개별계	IF 레이아웃의 API 버전입니다.	-
기타	발송 이메일 목록	관리계	발송 이메일의 종류 목록을 관리합니다.	-
	발송 이메일 설계	개별계	발송 이메일의 내용을 설계합니다.	43
	메시지 목록	관리계	메시지(화면, 로그 등)에 표시하는 메시지 코드, 내용을 관리합니다.	-

SECTION 34 화면계: 화면 목록

시스템에서 생성하는 화면 목록표입니다. 목록표로 관리할 항목은 정해져 있지 않습니다. 그러면 어떻게 관리 항목을 정할까요? 예시와 함께 살펴봅시다.

설계 목적(관리계)

목록을 만들어 각 화면 구성 패턴(일람, 상세, 업데이트)과 화면 세분화에 문제가 없는지(예를 들어 수정 화면이 여러 개인지) 확인합니다. 필요한 정보에 접근하기도 쉽습니다.

설계서 작성 단계

관리에 필요한 정보(항목)를 정하고, 화면 목록을 만듭니다. 시스템 아키텍처에 따라서는 화면을 나눌 단위가 고민스러울 수 있는데 이 목록을 어디에 사용할지 생각해서 단위를 정합니다.[1]

관리하는 항목도 마찬가지입니다. 항목의 용도를 생각해서 설정합니다. 예를 들어 새롭게 작성한 화면에 화면 ID를 부여하는 경우라면, 이미 할당된 ID나 규칙성이 드러나도록 화면 ID를 관리한다고 정할 수 있습니다.

그 외에도 화면이 파트(여러 화면에서 공통적으로 사용하는 화면의 일부분을 담당하는 화면)로 구성된다면 해당 파트를 사용하는 화면 정보가 있는 편이 시스템 영향을 확인하기 좋습니다.

---

[1] 일반적으로는 URL 단위로 정하지만, 프레임 구성 또는 SPA(Single Page Application, 단일 페이지 애플리케이션) 구조라면 화면을 구성하는 파트 단위가 더 좋을 수도 있습니다.

조언

목록표는 시스템 관점(시스템적인 설정값)뿐만 아니라 **사람이 보았을 때 편리성도 중요합니다**. 시스템은 화면 ID만 있어도 작성할 수 있지만, 사람은 화면 명칭(한글 이름)이 없으면 용도를 바로 알기 어려우므로 불편할 것입니다.

▼ 표 5-2 화면 목록 예

#	대상 서브 시스템	URL	화면 ID	화면 이름	화면 종류	필요 권한(순위)	화면 프로그램	...	목록 수정일
K-001	고객 관리	/customer/index	K001-0001I	고객 정보 목록 화면	참조	20	customer_index.jsp	...	2024/6/1
K-002	고객 관리	/customer/show	K001-0011I	고객 정보 상세 화면	참조	20	customer_show.jsp	...	2024/6/1
K-003	고객 관리	/customer/edit	K001-0021U	고객 정보 수정 화면	수정 입력	40	customer_edit.jsp	...	2024/6/1
K-004	고객 관리	/customer/edit_preview	K001-0022U	고객 정보 수정 확인 화면	수정 확인	40	customer_edit_preview.jsp	...	2024/6/1
K-005	고객 관리	/customer/update	K001-0023U	고객 정보 수정 완료 화면	수정 완료	40	customer_update.jsp	...	2024/6/1
C-001	주문 관리	/order/index	C001-0001I	주문 목록 화면	참조	20	order_index.jsp	...	2024/6/15
C-002	주문 관리	/order/show	C001-0011I	주문 상세 화면	참조	20	order_show.jsp	...	2024/6/15
C-003	주문 관리	/order/new	C001-0020U	주문 신규 화면	신규 입력	40	order_new.jsp	...	2024/6/15
...	...	...	...	...	...	...	...		

화면 목록의 일반적인 요소

- 화면 자체에 대한 정보(화면 ID, 화면 이름, 이용 권한 등)
- 화면과 관련된 프로그램 정보(호출 프로그램명, 이용 대상 테이블명 등)
- 해당 프로그램 관련 설계서 정보
- 해당 화면을 관리하는 시스템과 팀명
- 목록 자체를 수정(업데이트)한 정보(수정일, 수정 이유 등)
- 주의 사항(일반적인 설계 패턴과 다른 정보 등)

35 화면계: 화면 전이도

SYSTEM DESIGN

화면이 하나만 있는 시스템은 아주 드뭅니다. '버튼을 누르면 다른 화면으로 이동한다'와 같은 정보를 정리하면 화면 전이도가 됩니다. 설계서에 각 화면을 보기 좋게 배치하려면 가독성에 대한 감각이 필요합니다.

설계 목적(개별계)

화면 전이를 정리하여 처리 흐름을 쉽게 파악하도록 합니다. 또한 어떤 프로그램을 만들면 좋을지 정리할 수 있습니다.

설계서 작성 단계

화면과 화면을 선으로 연결합니다. 하나의 화면 전이도에서 작성할 범위를 정하고 그 단위로 설계합니다. 화면이 많다면 각 화면 전이도와 어떤 관계가 있는지 알 수 있도록 관계도도 함께 작성합니다. 중요한 점은 전체 구성에서 어느 부분의 화면 전이를 표현하는지 알 수 있게 만드는 것입니다.

각 화면에는 화면 ID와 그 대상을 특정할 수 있는 요소도 기재합니다. 최종적으로 설계서는 프로그램이나 정의 내용과 연결되지 않으면 의미가 없습니다. 조건 분기 패턴과 오류 발생 시 전이하는 경로도 작성합니다.

전이를 표현하는 화살표는 단방향이 기본입니다. 양방향이라면 이중선으로 표시합니다. 그림과 선으로만 그릴 필요는 없으며, 주석 같은 추가 정보도 기재합니다. 화면이 어떻게 전이하는지 알기 쉽도록 가독성에도 주의합니다.[2]

---

[2] 전이가 복잡하거나 숫자가 많으면 여러 선이 겹쳐서 알아보기 힘들 수 있습니다. 그럴 때에는 화살표 끝에 '(1)로 이동'과 같이 표시하면 무리하게 선을 긋지 않아도 됩니다.

▼ 그림 5-1 화면 전이도 예

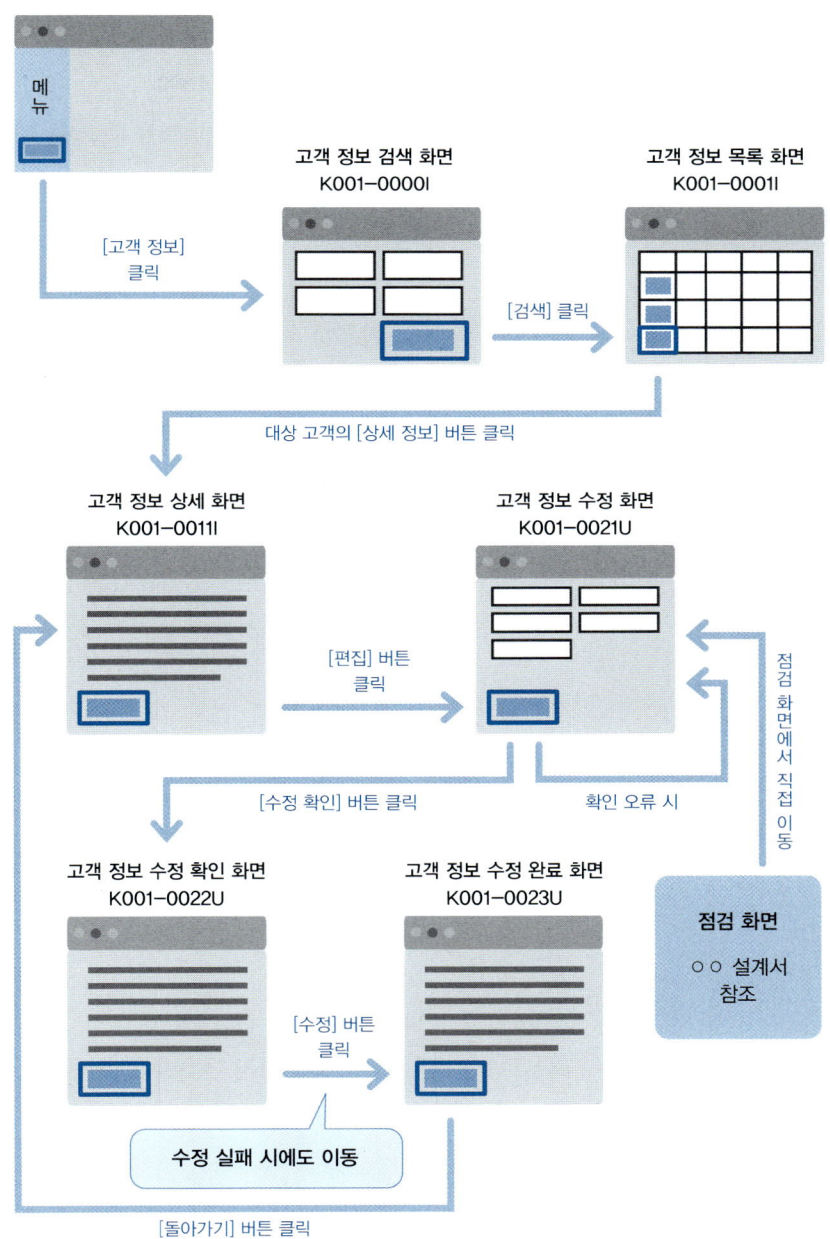

조언

이렇게 만든 전이 설계를 나란히 놓고 보면 동일한 처리 패턴인데 전이 순서가 다른 것처럼 앞뒤가 맞지 않는 부분이 생깁니다. 사용자 입장에서 이런 차이는 큰 스트레스가 됩니다. **각 부분의 설계만 보고 끝내지 말고 전체적인 정합성도 확인합시다.**

36 화면계: 화면 공통 설계

여러 화면에서 공통으로 표시하는 부분이 있습니다. 예를 들어 헤더(header), 푸터(footer), 메뉴 등입니다. 화면 레이아웃 중 하나이긴 하지만, 이런 공통 부분을 설계하는 것이 화면 공통 설계입니다.

설계 목적(개별계)

여러 화면에서 공통으로 사용하는 부분을 설계하여 각 화면 설계에서 외형이나 조작에 대한 부분을 일치시킵니다. 물론 프로그램 작성도 일원화(중복 제거)할 수 있어 생산성도 높아집니다.[3]

설계서 작성 단계

먼저 공통 부분을 결정합니다. 시스템 전체에서 공통적인 부분도 있고, 특정 패턴에서 공통인 부분도 있습니다(특정 업무만 추가로 서브 메뉴 영역에 표시하는 등). 개수가 많아지면 화면 공통 부분 목록 형태로 관리합니다.

공통 부분을 정했으면 화면 레이아웃을 정의합니다. 공통으로 사용하므로, 사용하는 화면에 따라 표시할 내용을 바꾸고 싶을 때가 있습니다. 어떤 기능을 사용하는지 시각적으로 판단하기 좋도록 헤더 배경색을 바꾸는 등의 내용은 주석으로 추가하여 알려줍니다.

---

[3] 지나치게 공통화하면 오히려 바꿀 수 있는 폭이 좁아져서 개별 요구사항 대응이 어려워지는 문제가 생깁니다. 공통 부분을 수정할 때 영향 범위가 커지는 것도 단점입니다. 어떤 단위로 공통화하는 것이 좋을지 잘 검토하기 바랍니다.

▼ 그림 5-2 화면 공통 설계 예

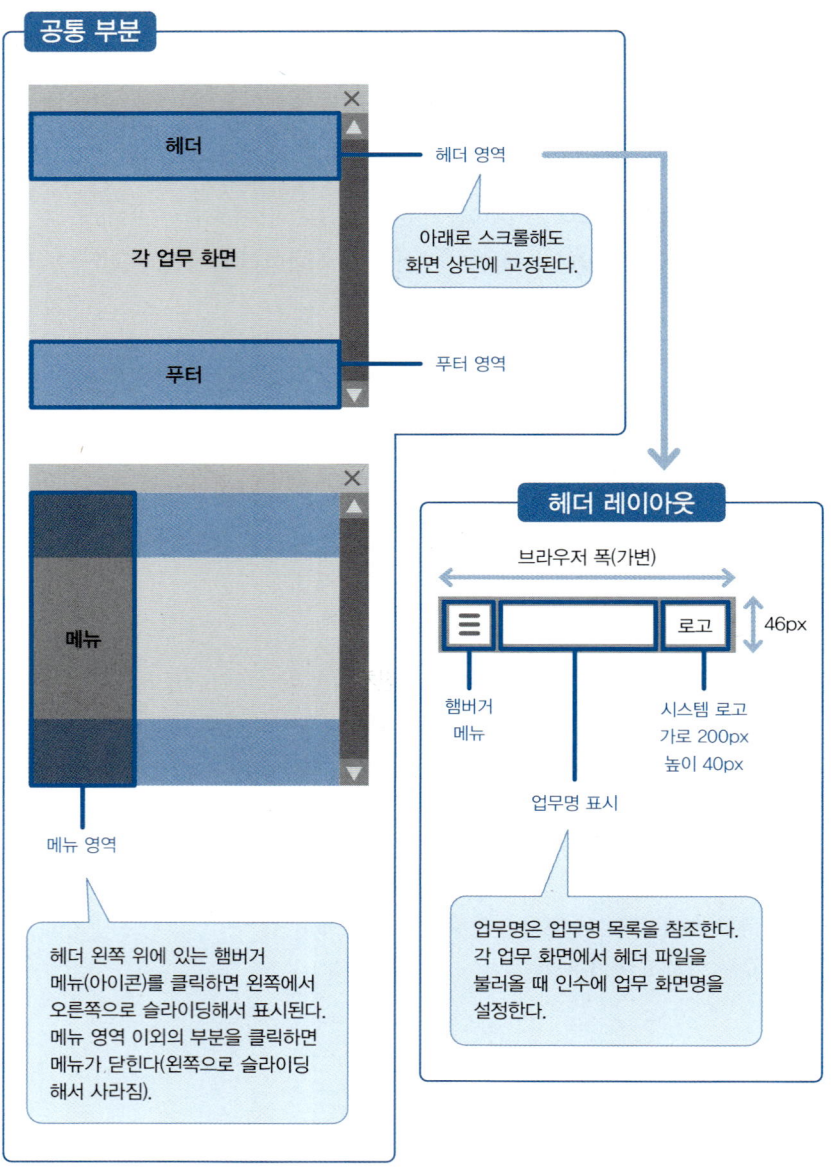

조언

전체 헤더나 푸터처럼 쉽게 떠올릴 수 있는 것도 있지만, 개별 설계를 하다가 '이건 공통화하면 더 좋겠는데?'하고 발견하는 경우도 있습니다. **'공통 설계 → 개별 설계'라는 흐름에 너무 얽매이지 말고 상황에 맞춰 더 적합한 형태로 변경해 나가면 됩니다.**

37 화면계: 화면 레이아웃

SYSTEM DESIGN

개별 화면의 레이아웃을 설계합니다. 종이와 다르게 화면은 버튼을 클릭하면 표시 영역이 늘어나는 등 동적으로 변하는 요소가 많습니다. 이러한 부분도 빠짐없이 설계합시다.

설계 목적(개별계)

화면 레이아웃을 설계하여 화면 프로그램과 필요한 기능을 파악합니다. 또한 화면 레이아웃을 작성하면 사람이 알아보기 쉬운 형태로 전달할 수 있습니다.[4]

설계서 작성 단계

화면마다(주로 화면 ID별) 레이아웃을 작성합니다. 요즘은 스마트폰 화면까지 고려해서 반응형 레이아웃이 필요한 경우가 많으므로 설계에 따라서는 두 가지 패턴 이상으로 레이아웃을 설계합니다.

내용적으로는 레이아웃, 즉 어디에 어떤 정보, 입력 영역, 버튼을 배치할 것인지 결정합니다. **표준화 설계에서 정한 방침이 있다면 이를 따릅니다.** 또한 각 기능(버튼을 눌렀을 때의 행동처럼)도 설명합니다. 그 기능이 어떤 프로그램을 호출하는지도 명시합니다(처리의 구체적인 내용은 로직 설계에서 설계합니다).

조언

특히 브라우저를 사용하는 시스템이라면 OS나 화면 크기처럼 사용자의 기기 환경에 따라 화면 레이아웃이 달라집니다. 불필요하게 변칙적으로 대응하지 말고, 다양한 환경에서 문제가 발생하지 않도록 제대로 설계합시다.

---

[4] 추가 작업이 필요하지만 목업(Mockup, 실물 모형)을 만들기도 합니다. 표시 데이터는 고정이지만 실제로 브라우저로 보는 형태로 만들어서 확인하는 것입니다. 실물에 가깝기 때문에 인식 차이를 피할 수 있습니다.

❤ 그림 5-3 화면 레이아웃 예

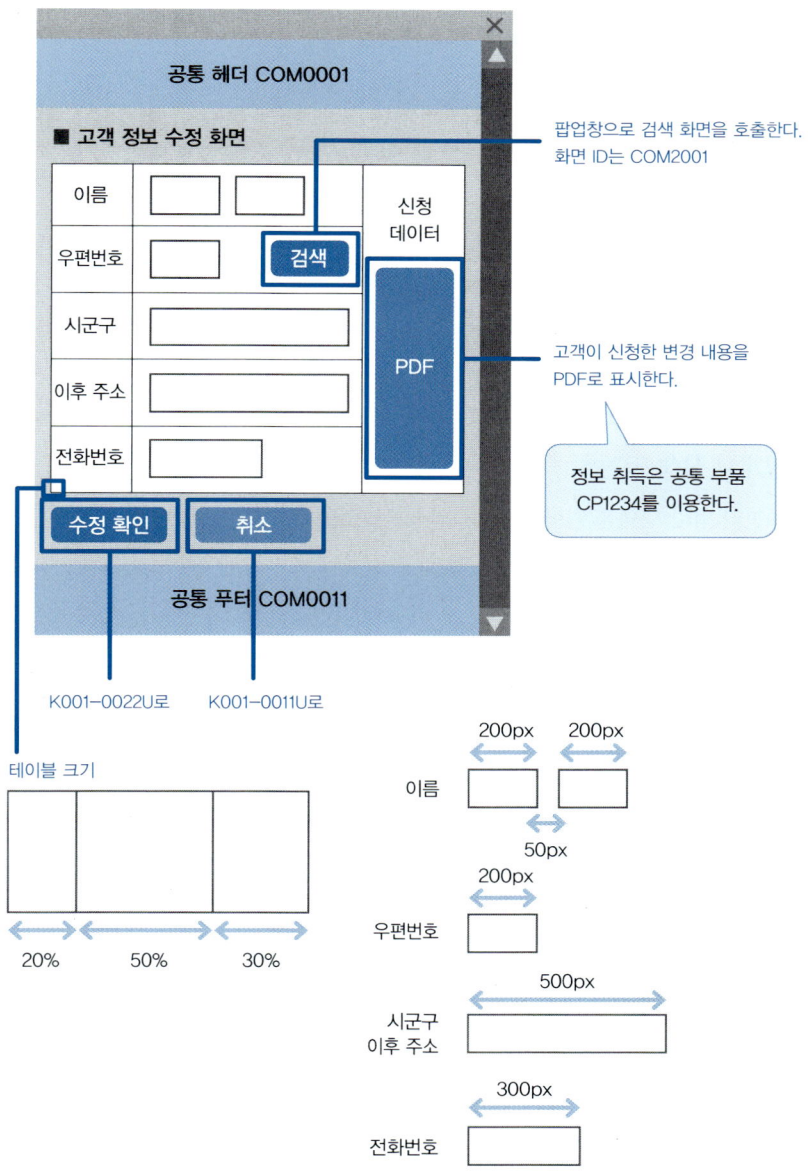

38 화면계: 화면 입력 설계

SYSTEM DESIGN

화면 입력 영역은 시스템에 정보를 등록하는 창구로, 아무 값이나 받아주면 안 됩니다. 화면 입력 설계에서 상세히 정의합니다.

설계 목적(개별계)

입력을 엄격하게 정의하여 어떻게 확인할지 명확하게 합니다. 이렇게 하면 문제가 쉽게 발생하지 않는 시스템을 설계할 수 있습니다.[5]

설계서 작성 단계

화면의 입력 영역을 입력 폼(form)이라고 부르는데 보통은 한꺼번에 입력된 값을 동시에 시스템으로 보냅니다. 이렇게 같이 묶어 보내는 단위별로 설계합시다.

예를 들어 로그인 화면이라면 ID와 암호를 하나로 묶을 수 있습니다.

입력 폼의 각 항목마다 사양을 정합니다. 입력 항목 형식(풀다운, 탭, 텍스트 영역 등), 형식(숫자, 문자, 날짜 등), 필수 입력 여부, 특수 조건 유무(예: 주문 수 ≤ 재고 수) 등을 설계합니다.

또한 **이것을 어디에서 체크할지 정리합니다.** 클라이언트, 즉 브라우저에서 확인할 것인지 아니면 서버 쪽에서 확인할 것인지 등입니다. 이런 대응 부분에 대한 로직 설계가 필요합니다.

---

[5] 예상하지 못한 값이 데이터베이스에 등록되면 사고가 발생하기 쉽습니다. 프로그램이 비정상적으로 종료되거나 최악의 경우 시스템 전체가 다운될 수 있습니다.

▼ 표 5-3 화면 입력 설계 예

폼 ID	C001-0021U-F001
이용 화면 ID	C001-0021U

#	항목명 (한국어)	항목명	필수 입력	형식	숫자	영어	기호
1	상품 코드	item_cd	●	레이블(변경 불가)	●	●	×
2	수량	quantity	●	텍스트 (정수만 가능)	●	×	×
3	주문일	order_ymd	●	캘린더	×	×	×
4	주문자	order_customer	●	풀다운(단일 선택)	×	×	×
5	발주 메모	memo	-	텍스트 영역	●	●	●
6	등록자 계정	create_ account_cd	●	숨은 필드	●	●	×
…	…	…	…	…	…	…	…

조언

인적 실수가 큰 사고로 이어지거나 악의적인 공격을 받는 경우도 고려합시다. 인적 실수의 예로 2005년 제이컴의 주식 대량 오주문 사건(1주를 61만 엔에 팔아야 하는 주문을 1엔에 61만 주를 파는 주문으로 잘못 낸 사건)처럼 업무적으로 명백히 정상이 아닌 상황이라면 오류로 처리해야 합니다.

▼ 표 5-4 업무 확인

기타 문자	기타 기호	기타	자릿수	업무 확인	등록 대상 테이블	확인 장소	...
×	×	−	12자리 이내	존재하는 상품 코드일 것	주문 정보 테이블	클라이언트, 서버	...
×	×	−	5자리 이내	수량 ≤ 재고 수	주문 정보 테이블	클라이언트, 서버	...
×	×	YYYYMMDD 형식	−	−	주문 정보 테이블	클라이언트, 서버	...
×	×	−	−	−	주문 정보 테이블	서버	...
●	●	−	8000 문자 이내	−	주문 정보 테이블	클라이언트, 서버	...
×	×	−	−	존재하는 계정일 것	주문 정보 테이블	서버	...
...	...	...	...	...	...	...	...

39 SECTION 장표계: 장표 레이아웃

SYSTEM DESIGN 1

장표는 영수증이나 납품서, 회계원장 등 정해진 형식으로 출력되는 데이터를 말합니다. 예전에는 종이로 출력했지만 요즘은 PDF로 제공하는 경우가 많습니다. 레이아웃을 정하는 것이 생각보다 번거로운 부분입니다.

설계 목적(개별계)

장표 레이아웃을 설계하면서 프로그램에서 정보를 출력할 위치를 명확하게 정합니다. 이렇게 하면 한 장 안에 전부 들어가는지도 확인할 수 있습니다.

설계서 작성 단계

말하자면 화면 레이아웃의 장표 버전입니다. 다만 화면은 표시 영역이 비교적 자유롭지만 장표는 한 장 안에 전부 들어가야 하거나 페이지 구분 관련 설계가 필요한 것이 다릅니다. 이런 특성 때문에 **첫 번째 장과 두 번째 장 이후의 레이아웃이 서로 다릅니다.** 첫 번째 장은 받는 사람 정보와 명세를 출력하지만, 두 번째 장 이후는 명세만 출력하므로 당연히 레이아웃을 각각 다르게 설계합니다. 출력 대상도 종이 또는 PDF인지 정의합시다. 출력 대상에 따라 레이아웃에 제약이 있을 수 있습니다.

조언

가장 주의할 점은 정보가 잘리지 않고 제대로 출력되도록 설계하는 것입니다. 장표는 표시 영역에 제한이 있습니다. 만약 7자리까지 인쇄할 수 있는 영역에 8자리 숫자, 예를 들어 52,000,000원을 넣으면 2,000,000원으로 인쇄될 수 있습니다.[6] 장표 오류는 업무에 큰 영향을 미치기 때문에 특히 주의해야 합니다.

---

[6] 프로그래밍 언어나 코딩 방법에 따라 오류로 인식되지 않을 수 있습니다. 테스트에서 발견하지 못하면 실제 서비스 환경에서 가동하다가 나중에 큰 문제가 생기는 경우도 있습니다.

❖ 그림 5-4 장표 레이아웃 예

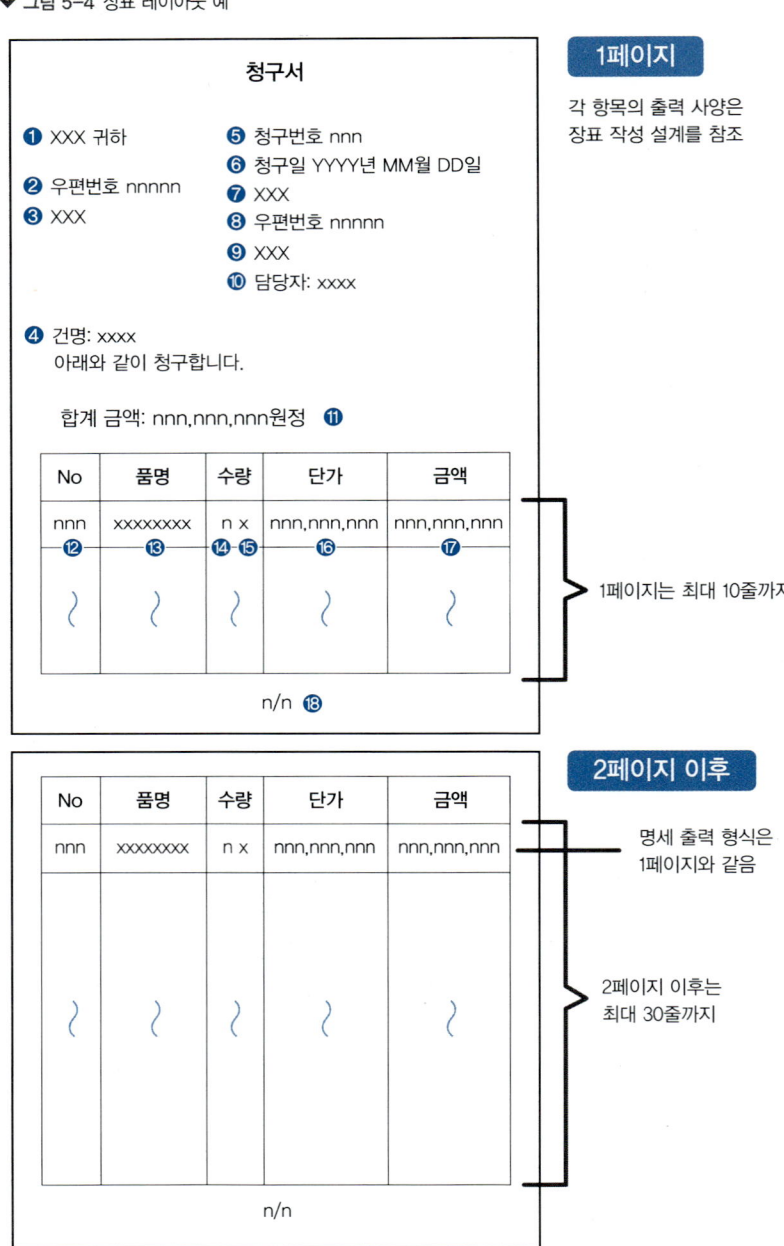

IF계: 외부 접속 대상 목록

외부 접속 대상, 즉 연결되는 다른 서비스나 시스템 목록을 작성합니다. 자체 시스템에서는 모두 통일된 접속 방식으로 단순하게 처리하고 싶더라도 상대방이 있기 때문에 그렇게 간단히 정할 수 없습니다.

설계 목적(관리계)

외부 접속 대상 목록을 정리하여 시스템 연계 범위를 명확히 합니다. 이는 접속 방식 패턴을 설계할 때 도움이 됩니다. 또한 통신 요구사항 같은 네트워크 설계에도 활용할 수 있습니다.

설계서 작성 단계

외부 접속 대상을 파악해서 목록으로 만듭니다. 접속 대상 명칭과 접속 방식 등의 항목을 만들어 정보를 정리합니다. 장애 발생 시 대응 방침과 같은 운영 측면의 정보도 필요합니다.

▼ 표 5-5 외부 접속 대상 목록 예

#	외부 접속 대상명	접속 ID	접속 방식	데이터 송수신	접속 회선	회선 대역폭
1	데이터 분석 서비스	FAA	SFTP	양방향	인터넷	100Mbps
2	결제 서비스	FBA	FTP	전송 전용	전용선	512Kbps
3	일기예보 서비스	FCA	API	수신 전용	인터넷	100Mbps
4	이메일 전송 서비스	FDA	SMTP	전송 전용	인터넷	100Mbps
5	액세스 분석 서비스	FEA	HTTP	전송 전용	인터넷	※[7]
…	…	…	…	…	…	…

---

7 역주 표 안의 ※ 표시는 별도 문서 참조나 주석이 있을 것이라는 예시로 사용되었습니다.

외부 접속의 가장 큰 특징은 접속 대상에 따라 다양한 제약이 있다는 점입니다. 예를 들어 9시~21시 사이에만 접속할 수 있거나, 보안 문제로 접속 대상에 로그인할 수 없고 자사 시스템에 데이터를 가져와야 하는 등의 제약입니다. 이러한 제약과 규칙은 상대방이 정한 것이라 따를 수밖에 없는 경우가 많습니다. 제약 관련 정보는 동일한 형식으로 작성하기 어려우므로 유연하게 대응할 수 있도록 별도로 항목을 준비해서 정리합니다(제약 조건: 시간 관계 등).

조언

외부 접속 대상 목록은 장애 발생 상황처럼 급히 정보를 확인해야 할 때도 자주 이용합니다. 이때 시스템 정보뿐만 아니라 전화번호, 이메일 주소 등 상대방과의 연락망도 필요할 수 있으므로 상황에 따라 이런 정보도 함께 관리합니다.

그리고 외부 접속 대상은 우리가 제어할 수 없는 곳입니다. 설계서의 유지보수 방법도 잘 생각해야 합니다. 아무런 말 없이 바뀌어 있는 경우도 있습니다(정말입니다).

▼ 표 5-6 외부 접속 대상 목록 예

예상 접속 파일 수(일별)	기본 제약 사항	장애 시 기본 대응 방침	외부 접속 대상 이용 용도	외부 서비스 제공 회사	…
100	동시 전송은 5개 이내이어야 합니다.	재전송	데이터 분석용	주식회사 A	…
10	주말과 공휴일을 제외한 9시~21시 사이에만 접속 가능합니다.	상황 확인을 위해 연락	결제 처리용	주식회사 B	…
1	1분당 10회 이하로 요청해야 합니다.	시간을 두고 재처리 요청	일기 예보 데이터 취득용	주식회사 C	…
50	전송 횟수당 요금이 발생합니다.	재전송	뉴스레터 전송용	주식회사 D	…
※	클라이언트에서 직접 자바스크립트로 접속합니다.	무대응	접속 분석용	주식회사 E	…
…	…	…	…	…	…

41 IF계: 외부 접속 방식 설계

외부 접속 대상에 따라 허용하는 접속 방식이 다릅니다. 자사 시스템에서 외부로 데이터를 제공한다면 제공 방식도 설계해야 합니다.

설계 목적(개별계)

외부 접속 방식을 설계해서 처리를 명확히 정리하고, 서로 인식이 일치해야 하는 사항을 정리합니다.[8]

설계서 작성 단계

접속하는 구체적인 절차를 설계합니다. 대상 중 어느 쪽이 어떤 순서로(시작과 끝) 무엇을(접속 소스) 처리하는지 명시합니다.

이런 절차를 하나의 패턴처럼 다루고 필요한 패턴 수만큼 설계합니다. 접속 프로토콜(FTP, HTTP 등)이 다르면 패턴을 나눠서 설계하지만, 이용하는 프로토콜이 FTP 하나라면 가급적 패턴을 통일해서 숫자를 줄이는 것이 좋습니다. 본질적인 목적은 데이터 전송이므로 패턴을 늘려도 별로 좋은 점이 없습니다. 이러한 외부 접속 대상과의 사양 조정도 설계의 한 부분입니다.

조언

외부 접속은 장애 발생 시 쉽게 추적하고 후속 대응이 쉽도록 설계하는 것이 좋습니다. 그 이유는 접속 대상이 어떤 상황인지 자사 시스템에서는 알 수 없기 때문입니다. 예를 들어 데이터 파일을 전송하고 끝내는 것이 아니라 데이터 파일 전송

---

[8] 별도로 접속하는 시스템을 위해 접속 방법을 기록한 사양서(접속 사양서)를 제공합니다. 이 설계서에는 외부와 관련이 없는 내부 사양을 공개할 필요가 없습니다. 불필요한 정보까지 제공하지 않도록 주의합시다.

후에 전송 완료를 알리는 트리거(trigger) 파일을 전송한다면 데이터 파일 전송 중에 오류가 발생하더라도 상대방 쪽에서도 착오 없이 처리할 수 있고 자사 시스템에서 재전송하면 처리가 끝나기 때문입니다.

▼ 그림 5-5 외부 접속 방식 설계 예

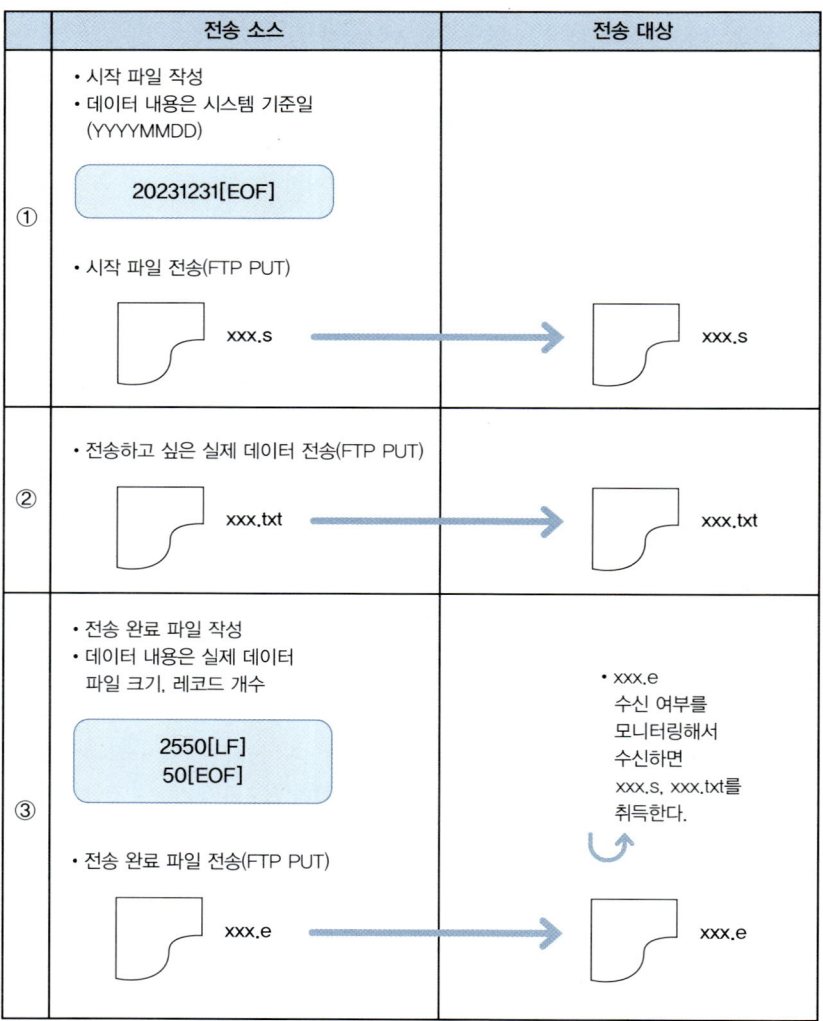

42 IF계: IF 레이아웃

구체적으로 어떤 데이터를 어떤 형태로 저장할 것인지, 저장할 데이터와 형식 등 세부 사양을 정의하는 것이 IF 레이아웃입니다. 접속 대상에게도 공개하는 중요한 설계서입니다. 사양이 변경되어도 큰 문제가 발생하지 않는 설계가 중요합니다.

설계 목적(개별계)

데이터 사양을 명확히 정하고, 내부 처리에서 어떤 형식으로 출력하면 되는지를 설계합니다. 이는 접속 대상에서 활용하는 데 필요한 정보이기도 합니다.

설계서 작성 단계

기본적으로 데이터 파일 단위로 설계합니다. 파일 하나에 여러 데이터 정의 패턴이 있으면 정의 패턴 단위로 설계해도 됩니다.

크게 두 가지 관점의 정보를 설계하는데, 하나는 데이터 파일 자체에 관련된 정보입니다.[9]

고정/가변 길이, 구분자 유무와 구분 문자 종류, 문자 코드, 줄바꿈 코드 등 전송 대상에서 사용하는 데 필요한 정보를 정의합니다.

두 번째는 각 항목 관련 정보입니다. 항목명, 자릿수, 항목값과 의미 등 특별히 주의가 필요한 항목을 설계합니다.

---

[9] 환경이 서로 다른 시스템에서 이용한다면 OS나 미들웨어 차이에서 발생하는 영향도 고려합니다. 설계를 하려면 이런 지식도 필요합니다.

▼ 표 5-7 IF 레이아웃 예

IF 명칭	고객 기본 정보 파일	구분 문자	없음
IF 이름	custom01001.txt	문자 코드	UTF-8
형식	고정 길이	줄바꿈 코드	LF(0A)

#	항목명	시작 위치 (바이트)	종료 위치 (바이트)	자릿수 (바이트)	NULL	데이터 유형	항목 개요
1	고객 코드	1	10	10	×	String	고객을 나타내는 고유한 코드를 설정합니다.
2	고객명 (성)	11	30	20	○	String	고객명(성)을 설정합니다.
3	고객명 (이름)	31	50	20	○	String	고객명(이름)을 설정합니다.
4	나이	51	53	3	○	Integer	나이를 설정합니다.
5	생일	54	61	8	○	Date	생일을 설정합니다.
6	성별	62	62	1	○	Integer	성별을 설정합니다.
…	…	…	…	…	…	…	…

조언

IF 레이아웃은 자사 시스템 내부 사정을 알지 못하는 외부 개발자가 보는 설계서이기도 합니다. 따라서 자사 시스템 내부에서만 통용되는 전문 용어나 다른 의미로 오해할 수 있는 표현이 없는지 잘 확인합니다. 시스템 설계 능력뿐만 아니라 의사소통 능력도 필요한 설계서입니다. **인식 불일치 때문에 시스템 장애가 발생하면 기업 간 책임 문제로 번질 가능성이 있습니다.**

조금 다른 이야기지만 외부 접속 대상이 테스트용 데이터를 제공해 달라고 요청할 때가 있습니다. 테스트 실시용 데이터이므로 여러 종류의 패턴을 준비해야 합니다. 시스템에서 생성할 수 있다면 좋겠지만 때로는 테스트 데이터 작성용 프로그램을 만들어야 합니다.

▼ 표 5-8 테스트 데이터 작성용 프로그램 예

항목값	항목값 설명	항목값 예	보충 설명	...
-	-	A123456789	반드시 10자릿수 값이어야 합니다.	...
-	-	시스템	이용 가능 문자는 문자 범위 정의 참조	...
-	-	설계	이용 가능 문자는 문자 범위 정의 참조	...
-	-	42	생일로부터 계산한 나이를 설정합니다. 매일 자동으로 반영합니다.	...
-	-	19810101	-	...
1 2 9	남성 여성 기타	1	-	...
...	...	...	...	...

43 기타: 전송 이메일 설계

SYSTEM DESIGN 1

'이메일 내용까지 설계해야 하나?' 이렇게 생각할 수 있습니다. 하지만 시스템에서 출력하는 모든 내용은 설계 대상입니다. 책에서는 이메일 전송을 예로 들었지만 SMS나 푸시 알림도 마찬가지입니다.

설계 목적(개별계)

내부 처리에서 무엇을 구현할지 설계하기 위해 이메일 전송 사양을 명확히 합니다. 이메일마다 같은 형식을 사용하므로, 일정한 품질 수준을 유지할 수 있습니다.

설계서 작성 단계

여기서 말하는 이메일 전송은 개인이 사용하는 이메일 프로그램이 아니라 **시스템이 자동으로 생성하는 이메일과 시스템 화면에서 메시지를 입력해 시스템이 이메일을 생성해 보내는 형식을 말합니다.**[10] 예를 들어 시스템에 로그인할 때마다 로그인 확인 이메일을 보내는 경우를 말합니다.

이메일의 패턴 단위로 설계합니다. 항목에는 이메일의 from, to, 전송자 이름 표기, 헤더, 본문, 푸터 등이 있습니다. 각각의 내용에 따라 변하는 부분이 있으므로 어디에서 어떤 정보를 가져올지 명확히 설계합니다.

조언

이메일은 사용자에게 직접 전달되므로 내용에 세심한 주의가 필요합니다. 수신자의 주소와 본문의 이름이 서로 다르면 큰 문제가 될 것이고, 본문 URL이 틀렸

---

[10] 마케팅 관련 광고 이메일의 경우 URL 클릭 여부를 추적하기 위해서 개별 URL을 부여하는 것처럼 일반적인 이메일 프로그램에서 할 수 없는 처리를 합니다.

다면 이메일을 보내는 의미가 없습니다. 사용자가 HTML 형식으로 확인한다는 보장도 없으므로 보내는 이메일의 목적을 생각해서 내용을 설계해야 합니다.

❤ 그림 5-6 전송 이메일 설계 예

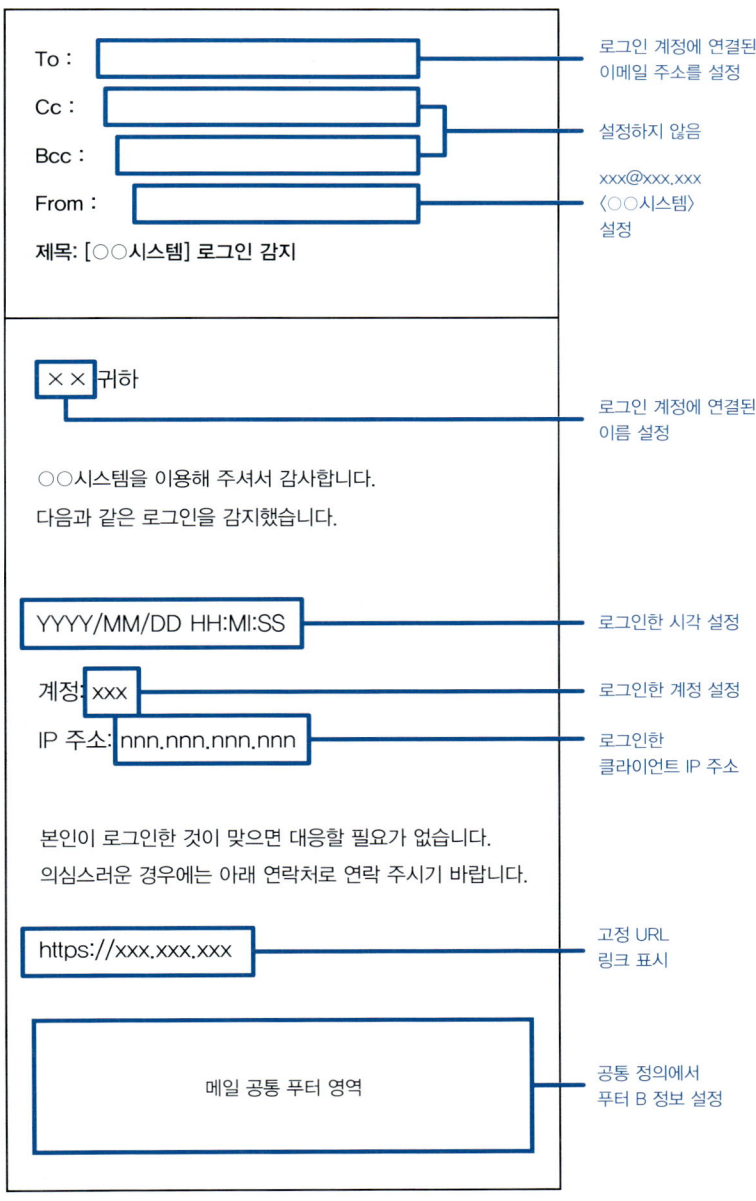

입출력 설계에는 시스템 지식과 더불어 의사소통 능력이 필요하다

시스템 설계라고 하면 엔지니어가 묵묵히 설계하는 이미지를 떠올릴지도 모릅니다. 하지만 특히 입출력 설계는 이용자 입장에서 봐야 하는 부분이 많습니다. 설계자가 아닌 다른 사람이 사용하므로 원활한 소통을 통해 제대로 된 형태로 설계해야 합니다. 설계서를 작성하는 사람과 코딩하는 사람이 다르다면 코딩 담당자와도 소통해야 합니다. 시스템 간 연계를 위한 입출력 설계라도 해당 시스템을 만든 설계자와 의사소통을 해야 하기 마련입니다.

설계자는 의사소통 능력도 필요하지만, 시스템 지식도 빠질 수 없습니다. 지식 수준도 단순한 구현 가능 수준이 아니라 시스템 구조와 코딩의 특성을 이해하고 구현 난이도가 어느 정도일지 파악할 수 있어야 합니다. 사용자 요구사항을 만족하는 A안과 B안이 있고 사용자는 어느 쪽이라도 괜찮은 상황이 있다고 가정해 봅시다. 코딩 면에서 난이도와 유지보수성이 A가 더 좋은 선택인 것을 파악하지 못하면 B쪽이 더 멋져 보이니 B를 선택한다고 사양을 정할지도 모릅니다. 이미 정해진 사양을 뒤집는 건 무척 힘들기 때문에 그대로 진행하게 되고, 결국 아쉬움이 남는 설계가 될 것입니다.

원래는 시스템 구현 방식까지 파악해서 유지보수를 포함한 비용을 고려해 설명한 뒤, 더 좋은 안을 채택해야 합니다. 우수한 설계자는 이런 식으로 행동하는 엔지니어입니다. 우수한 설계자가 있으면 품질과 속도도 좋아지므로 결과적으로 전체 비용이 낮아지는 이유가 바로 여기에 있습니다.

'코딩을 못해도 설계는 할 수 있다.', '코딩 지식은 필요 없다.' 이런 이야기를 가끔 봅니다. 저는 말도 안 된다고 생각합니다. 코딩을 할 수 있다면 당연히 더 좋기 때문입니다. 마음만 먹으면 얼마든지 코딩을 배울 수 있는 세상입니다. 꼭 한번 해 보기 바랍니다.

6장
데이터베이스 설계

시스템 설계의 성공과 실패는 데이터를 다루는 방법에 달려 있다고 해도 과언이 아닙니다. 데이터베이스 설계는 그만큼 중요한 설계입니다. 앞으로 있을 업무 변경, 데이터 볼륨, 처리 성능, 유지보수 면에서 미래를 상상하고 설계하는 능력이 필요합니다.

SECTION 44 설계서 목록

SYSTEM DESIGN 1

데이터베이스 설계는 데이터에 관련된 내용을 설계합니다. 데이터를 어떻게 분류하고 저장하는지, 그 데이터가 어떤 의미를 갖는지 상세히 설계합니다.

데이터베이스 설계에서 하는 일

먼저 어떤 그릇을 준비할지 설계합니다. 여기서 그릇은 데이터를 저장하는 형식을 뜻합니다. RDB, NoSQL, 파일 등에 해당합니다. 그리고 이를 처리하기 위한 미들웨어 제품을 정하고, 미들웨어 설정을 설계합니다. 미들웨어 선정까지는 'Section 23 시스템 아키텍처 설계', 'Section 25 환경 설계(종합편)'에서 이미 완료했을 것입니다.

그릇을 준비했으면 이제 실제로 데이터를 저장할 형태를 설계합니다. 어떤 단위로 분할할지(ER 다이어그램) 설계하고, 저장할 데이터의 각 항목 수준(레이아웃)까지 상세하게 설계합니다.

데이터 보유 방식에 따라 애플리케이션 구축 난이도와 성능은 크게 달라집니다. 예를 들어 화면에 정보 목록을 표시할 때 10개의 테이블을 결합해서 표시해야 할 경우와 1개의 테이블 내용을 그대로 표시해도 될 경우는 SQL(RDB 레코드를 조작하는 명령문) 작성 시 복잡한 정도가 전혀 다릅니다. 그렇다고 모든 정보를 하나의 테이블에 몰아넣는 것도 옳지 않습니다. 이런 구조를 설계하는 것이 ER 다이어그램에서 무척 중요한 설계입니다.

그리고 설계 정보를 관리하는 목록이 필요합니다. 의도치 않게 데이터를 중복해서 저장하는 건 낭비일 뿐더러 시스템 정합성을 해치기 쉬운 구조가 됩니다. 똑같은 데이터가 두 곳에 있다면 업데이트한 정보가 표시되지 않는 혼란 등이 생기기 마련입니다.

설계서 중에서도 **레이아웃 계통 설계서는 다른 설계자들이 자주 참조하는 설계서입니다**. 알아보기 쉽고, 오해의 소지가 없는 표현을 사용하는 등 당연하지만 기본에 충실하게 설계서를 작성합시다.

▼ 표 6-1 설계서 목록

분류	설계서명	설계 종류	설계서 개요	상세 설명 Section
전체	볼륨 목록	관리계	테이블과 파일의 예상 볼륨을 목록화해서 관리합니다. 개발을 진행하면 보다 타당한 값이 나오므로 정기적으로 업데이트합니다.	45
RDB	데이터베이스 설정	개별계	RDB 제품(미들웨어) 설정을 설계합니다.	46
	테이블 목록	관리계	테이블 목록을 관리합니다. 서브 시스템별로 관리하는 등 체계적으로 관리합니다.	–
	인덱스 목록	관리계	인덱스 목록을 관리합니다. 인덱스(index)는 색인을 뜻하는 말로 빠른 참조를 위해 사용합니다.	–
	ER 다이어그램	개별계	테이블 간의 관계를 설계해서 그림으로 정리합니다.	47
	테이블 레이아웃	개별계	각 테이블 항목 등을 설계합니다.	48
	CRUD 다이어그램	개별계	어떤 기능이 어떤 테이블을 조작(CRUD)할 수 있는지 표(매트릭스)로 관리합니다. CRUD는 Create(생성), Read(읽기), Update(업데이트), Delete(삭제) 조작을 뜻합니다.	–
No SQL	데이터베이스 설정	개별계	NoSQL 제품 설정을 설계합니다. 선정한 미들웨어 제품에 따라 설정해야 할 내용이 다릅니다.	–
	데이터 목록	관리계	데이터 목록을 관리합니다.	–
	데이터 레이아웃	개별계	각 데이터의 항목 등을 설계합니다.	–
파일	파일 목록	관리계	파일 목록을 관리합니다.	–
	파일 설계	개별계	각 파일의 이용 용도와 항목 등을 설계합니다.	49

45 볼륨 목록

SYSTEM DESIGN

볼륨(Volume)은 용량을 말하는데, 이 절에서의 볼륨은 테이블, 파일의 용량(바이트(byte)) 목록을 의미합니다. 볼륨은 성능뿐만 아니라 백업 시간이나 인프라 측면에서 데이터 용량을 준비하는 데에도 영향을 미칩니다.

설계 목적(관리계)

인프라 규모를 결정하는 기준이 될 용량을 추정합니다. 또한 용량이 커질 대상을 파악하면 미리 성능을 고려해서 대응할 수 있습니다.

설계서 작성 단계

먼저 각 테이블과 파일, 로그 파일, 프로그램 처리 중간 파일 등 데이터가 담길 목록을 작성합니다. 그리고 각각의 추정한 볼륨을 계산합니다. 예측값이지만 타당한 계산 방법이 필요합니다.[1] 레코드당 1,000바이트이고 테이블 크기의 추정값이 500만 레코드인데, 여유를 둬서 1.2배를 곱한 6GB가 된다고 계산하는 것입니다. 성능을 고려한 대책이 필요하다면 해당 항목을 알 수 있도록 구분하는 방법을 준비합시다.

조언

볼륨 목록을 작성하는 목적은 전체적인 볼륨을 파악하고 성능 대책 유무를 판단하기 위해서입니다. 따라서 소규모 데이터까지 전부 상세히 관리할 필요는 없습니다. 하나라도 놓치지 않도록 목록에 전부 포함하고 싶겠지만, 들이는 수고와 효과를 생각해서 어떻게 할지 결정합니다.

---

[1] 계산 방법은 전체적으로 통일하는 것이 좋습니다. 예를 들어 계산의 기준이 되는 예상 주문 수가 서로 다르다면 주문 수에 비례하는 테이블이라도 예상 볼륨이 다르게 나오는 경우가 발생합니다.

▼ 표 6-2 볼륨 목록 예

#	대상	대상 ID	형식	예상 볼륨(바이트)	레코드당 크기
1	고객 정보 테이블	K01001	테이블	6,000,000,000	1,000
2	고객 추가 정보 테이블	K01002	테이블	18,000,000,000	3,000
3	주문 정보 테이블	C01001	테이블	3,000,000,000	500
4	주문 정보 이력 테이블	C01101	테이블	36,000,000,000	500
5	고객 정보 전송 파일	K01001.txt	파일	24,000,000,000	4,000
...	...	...	...	...	...

▼ 표 6-3 볼륨 목록 예

예상 크기	여유	계산 근거	성능 대책 유무	성능 대책 방법			...
				인덱스 부여	논리 분할	프로그램 튜닝	
5,000,000	1.2	계정 수 500만 개 예상	있음	○	−	−	...
5,000,000	1.2	계정 수 500만 개 예상	있음	○	−	−	...
3,000,000	2.0	예상 주문 수 10만/일 x 30일 가정	있음	○	−	−	...
36,000,000	2.0	1년치 분량 이력 저장	있음	○	○	−	...
5,000,000	1.2	계정 수 500만 개 예상	없음	−	−	−	...
...	...	...	...	...	...	...	...

SECTION 46

RDB: 데이터베이스 설정

미들웨어 설정을 정의하는 설계[2]입니다. 데이터베이스를 설정하지 않으면 실제로 데이터를 저장할 테이블 등을 만들 수 없습니다. 개발을 진행하기 위해서라도 빨리 설계해야 합니다.

설계 목적(개별계)

데이터베이스의 정의를 설계하여 요구사항을 충족할 수 있는 설계인지 확인합니다. 물론 데이터베이스를 이용하는 환경을 준비하는 데에도 사용합니다.

설계서 작성 단계

데이터베이스 제품(MySQL, 오라클 데이터베이스 등)에 따라 작동 방식이나 제공 기능이 다르므로 **해당 제품에서 어떤 설정이 필요한지 정리합니다.** 그리고 요구사항을 만족하도록 설정을 설계합니다.

인프라 측면도 포함해서 전체 구성을 설계합니다. 비기능 요구사항이 큰 영향이 끼치므로 요구사항을 잘 확인하고 설계합시다. 디스크나 메모리 할당 크기, 스키마 등의 구체적인 명칭 정의, 계정과 권한에 대한 상세한 정의를 실시합니다.

---

[2] 데이터베이스 관련 설정은 매우 중요하고 할 일도 많기 때문에 이렇게 따로 묶었습니다. 설정이 필요한 다른 제품은 9장 서버 설계에서 다룹니다.

▼ 그림 6-1 데이터베이스 설정 예시와 RAC

데이터베이스 설정(전체)

인스턴스 구성	RAC
SGA 크기	6GB
REDO 로그 크기	2GB
...	...

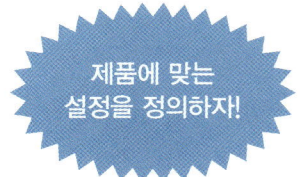

제품에 맞는 설정을 정의하자!

데이터베이스 설정(인스턴스)

기본 인스턴스 대수	3
인스턴스명	inst
자동 확장 표 영역	on
...	...

데이터베이스 설정(스키마)

스키마명	customer
부여된 역할	DBA
...	...

데이터베이스 설정(xxx)

...	...
...	...
...	...

(보충) RAC

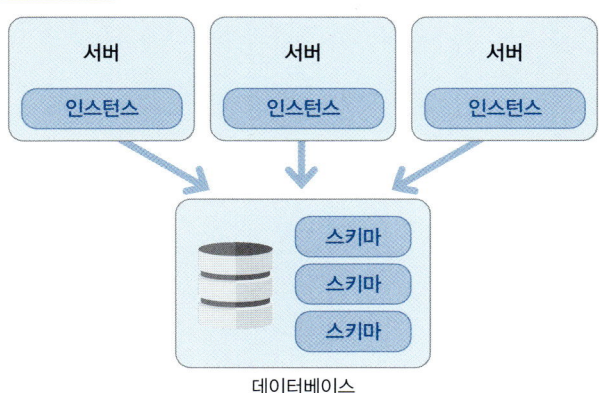

※ RAC는 'Real Application Clusters'의 약어로 오라클 데이터베이스 제품의 가용성을 높이는 방법 중 하나입니다.

조언

데이터베이스가 거대해질수록 문제가 빈번히 발생합니다. 반대로 소규모라면 그렇게 신경 쓰지 않아도 돼서 편한 편입니다. 데이터베이스 설정에는 전문적인 노하우가 필요합니다. 제대로 설정하지 않아도 동작하기 때문에 실제로 문제가 발생할 때까지 시간이 걸립니다. 실제로 문제가 발생하고 나서 수정하려면 애플리케이션에 미치는 영향이 커서 개선 작업에 막대한 비용이 발생할 수 있습니다. 전문가가 없다면 외부 전문 업체의 서비스에 지원을 받는 것도 고려하기 바랍니다.

47 RDB: ER 다이어그램

ER 다이어그램은 'Entity Relationship Diagram'의 약어로, 간단히 말하면 테이블 간의 관계를 정리한 그림입니다. 사용성과 성능을 고려하면서 설계합니다.

설계 목적(개별계)
각 테이블의 관계를 정리하여 원활하게 테이블 설계를 시작하도록 합니다.

설계서 작성 단계
ER 다이어그램은 개념 모델, 논리 모델, 물리 모델로 구분하는데, 관계를 나타내는 레이어(계층)가 다를 뿐으로 기본적으로 설계하는 내용은 같습니다. 예를 들어 논리 모델에서는 '고객 정보 테이블'이라고 표시하고, 물리 모델에서는 'customer_tbl'로 표시하는 식입니다.

다이어그램을 작성할 때 중요한 키워드는 정규화(Normalization)**입니다.** 정규화는 데이터의 중복을 피해 별도의 테이블을 구성하는 것입니다. 예를 들어 '사원 이름+부서 이름+부장 이름' 데이터가 들어 있는 테이블이 있다고 합시다. 만약 부장이 바뀌면 해당 사원 레코드에 있는 부장 이름을 전부 변경해야 합니다. 하지만 정규화를 하면 '사원 이름+부서 이름', '부서 이름+부장 이름'의 두 테이블로 나누고 부서명으로 정보를 결합할 수 있습니다. 그리고 이 레코드들이 1:N(일대다), N:N(다대다)와 같이 어떤 관계인지 설계합니다(그림 6-2에서 예로 든 경우는 N:1(다대일)입니다). 이러한 내용을 그림으로 표현한 것이 ER 다이어그램입니다.

조언

정규화는 1차 정규형, 2차 정규형처럼 단계가 있습니다. 정규화하면 데이터 중복을 줄일 수 있지만 너무 상세하게 나누면 애플리케이션에서 사용하기가 어려워집니다. 성능, 볼륨, 사용성 등 여러 측면을 고려한 최적의 설계가 필요합니다.

▼ 그림 6-2 ER 다이어그램 예

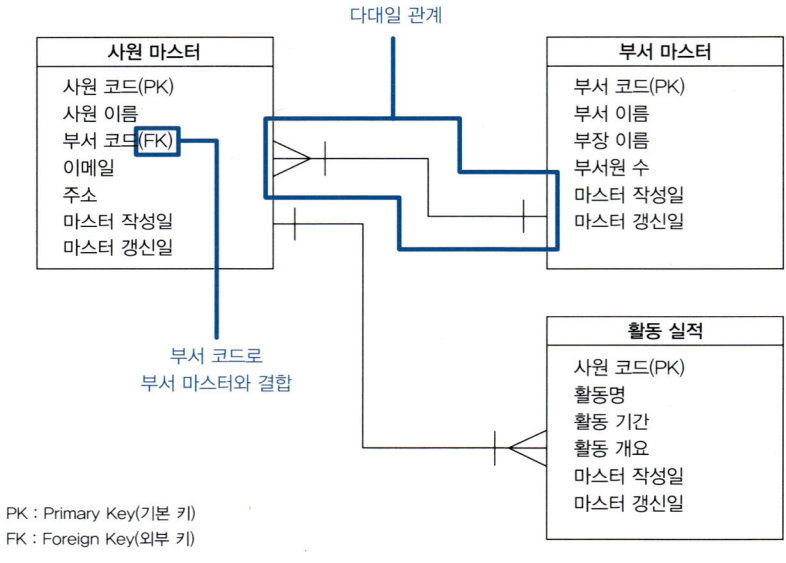

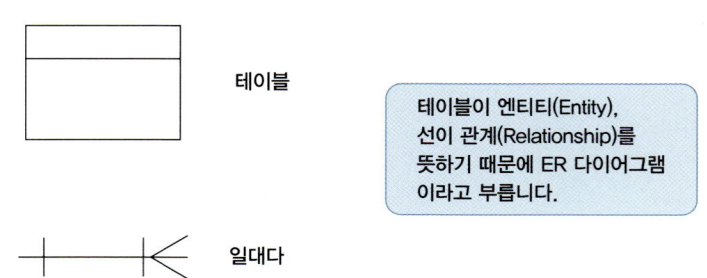

테이블이 엔티티(Entity), 선이 관계(Relationship)를 뜻하기 때문에 ER 다이어그램이라고 부릅니다.

SECTION 48 RDB: 테이블 레이아웃

테이블 레이아웃은 테이블 각 항목에 대한 세부적인 정의를 설계합니다. 테이블은 행과 열로 된 엑셀의 표를 생각하면 이해하기 쉽습니다. 열이 항목이고 행이 실제 데이터 레코드에 해당합니다.

설계 목적(개별계)

각 테이블 항목을 설계하여 시스템에서 구축할 테이블을 작성합니다. 또한 각 로직을 설계할 때 필요한 바탕이 됩니다.

설계서 작성 단계

테이블 레이아웃은 생성할 테이블 단위로 설계합니다. ER 다이어그램에 있는 테이블 하나마다 테이블 레이아웃 하나를 작성합니다. 그리고 테이블명, ID 등 테이블 자체의 정보와 테이블에 저장할 항목을 설계합니다.

RDB는 검색 속도를 높이기 위해서 인덱스(index) 정의도 작성합니다. 복잡한 내용의 인덱스라면 인덱스용 설계서를 별도로 작성하는 편이 낫지만, 몇몇 항목 수준의 인덱스를 작성한다면 테이블 레이아웃과 함께 기재하는 정도로 충분합니다. 관련 테이블을 모아서 한꺼번에 보여 주는 뷰(view) 테이블을 작성해야 할 경우 별도의 레이아웃을 만드는 것이 좋습니다.

▼ 표 6-4 테이블 레이아웃 예

테이블명	사원 마스터
테이블 ID	employee_tbl

#	항목명 (의미)	항목명	자료형	자릿수	NOT NULL	PK	FK	FK 대상	인덱스
1	사원 코드	employee_cd	string	10	○				PK
2	유효/무효 플래그	onoff_flag	integer	1	○				1-1
3	사원명	employee_name	string	30					2-1
4	부서 코드	dep_cd	string	10			○	부서 마스터:부서 코드	
5	성별	gender	integer	1					
6	주소	address	string	500					
7	이메일 주소	mail_address	string	255					
8	마스터 작성일	rec_create_time	timestamp	–	○				
9	마스터 갱신일	rec_update_time	timestamp	–	○				
…	…	…	…	…	…	…	…	…	

예시를 보고 '여러 부서를 겸직 중인 사람은 어떻게 하지?'라고 의문이 들 수 있습니다. 네, 맞습니다. 예시의 설계는 겸직 표현이 불가능합니다. 사원 코드가 고유한(unique) 값이라서 사원 코드 하나에 부서는 하나만 등록할 수 있기 때문입니다. 따라서 겸직 항목을 추가하거나 테이블을 분할하는 등의 설계가 필요합니다.

조언

테이블 레이아웃은 데이터베이스에서 테이블을 작성하는 프로그램(DDL(Data Definition Language)[3]이라고 합니다)과 마찬가지입니다. 따라서 **테이블 레이아웃에서 DDL을 생성할 수 있는 방식을 사용하면 편리합니다.** 생산성도 향상되고 설계서와 시스템의 불일치를 방지할 수 있습니다.

▼ 표 6-5 테이블 레이아웃 예

항목 설명	항목값	항목값 설명	항목값 예	항목값 보충 설명	...
사원을 특정하는 코드	-	-	E123456789	반드시 10자릿수	...
사원 코드의 유효 여부	1 9	유효 무효	1	삭제는 레코드 삭제가 아니라 항목값을 9로 업데이트(논리 삭제)	...
사원명	-	-	홍길동	-	...
소속 부서 코드	-	-	D000000123	반드시 10자릿수. 부서 마스터: 부서 코드에 존재하는 값 또는 NULL만 등록 가능	...
성별 표시	1 2 9	남성 여성 기타	1	-	...
사원 자택 주소	-	-	서울특별시 XXX	-	...
사원 이메일 주소	-	-	xxx@xxx.xxx	올바른 이메일 주소 형식인지 확인 후 등록	...
레코드를 작성한 날짜 설정	-	-	2024:12:31 12:00:00	timestamp형으로 설정. 시간은 UTC+0 기준	...
레코드를 수정한 날짜 설정	-	-	2024:12:31 12:00:00	위와 동일	...
...	...	...	...	...	...

---

[3] 프레임워크에 따라서는 직접 DDL을 만들지 않고 프레임워크 문법으로 작성하기도 합니다. 프레임워크 내부에서 데이터베이스 정의를 관리하기 때문입니다.

49 파일: 파일 설계

여기서 설명하는 파일은 일반 텍스트 파일이라고 생각하면 됩니다. RDB와 달리 까다롭지 않아서 파일을 자유롭게 조작할 수 있습니다. 그 대신 그 자유로운 부분의 규칙을 직접 설계해야 합니다.

설계 목적(개별계)

파일의 목적과 내용, 사용 규칙, 항목 정보 등을 설계하여 각 설계에서 올바르게 사용할 수 있도록 합니다.

설계서 작성 단계

일반 텍스트 파일이라고 설명했지만, XML이나 json, csv처럼 표준 형식도 존재합니다.

▼ 표 6-6 파일 설계 예

파일명	고객 정보 Work 파일
파일 ID	customer_one_xxxx.json
파일 형식	json
문자 코드	UTF-8
줄바꿈 코드	LF(0A)
파일 목적	화면 표시 속도를 높이기 위해 사용하는 중간 파일. 해당 정보는 대량의 테이블에서 정보를 검색해야 하므로 야간에 배치 프로그램을 실행해 고객마다 json 파일을 작성하여, 표시 속도를 향상시키고 애플리케이션 로직을 단순화하는 데 사용합니다.

○ 계속

파일 작성 방법	json 파일 작성은 yyyy 프로그램에서 실시합니다. 작성 사양은 프로그램 설계서를 확인합니다.
주의점	항목이 존재하지 않는 경우도 있으므로 주의해서 참조합니다.

※ 파일 ID의 xxxx는 고객 코드

#	단계	항목명(의미)	항목명
1	00	고객 코드	customer_cd
2	00	고객명	customer_name
3	00	배송지	customer_dest
4	10	우편번호	customer_dest_zip
5	10	주소	customer_dest_address
6	10	전화번호	customer_dest_tel
7	10	배송지 이름	customer_dest_name
8	00	결제	customer_payment
9	10	결제 방법	customer_payment_method
10	10	이전 이용 구분	customer_payment_use
...	...	...	...

파일의 기본적인 정보와 json 파일의 레이아웃을 조합한 예시입니다.

표준 형식을 사용하면 해당 형식을 지원하는 라이브러리, 프로그램, 뷰어 등이 있어서 보기 좋게 정형화하기 편리합니다. 먼저 표준 형식을 사용하는 방향으로 검토해 봅시다.

파일마다 설계를 실시합니다. 어디에 사용할 파일인지 파일의 목적과 등록 방법, 사용법을 설계합니다. 예를 들어 파일에 쓰는 순서에 의미가 있는지, 같은 항목이 파일에 존재할 수 있는지 등입니다. 자유롭게 작성할 수 있는 만큼 사용하는 입장에서는 다양한 경우를 생각해야 하므로 이런 부분에 문제가 없도록 설계합니다.

조언

왜 RDB가 아니라 파일을 사용하는지 의식하면서 설계합니다. 설정 정보, 로그, 중간 데이터 등은 파일과 잘 어울립니다.[4] 또한 파일에 문제가 생겨도 알아차리기 어려우므로, 이런 부분을 확인하는 로직도 작성해야 합니다. 이 모든 점을 잘 검토한 후에 파일 사용을 선택하기 바랍니다.

▼ 표 6-7 파일 설계 예

자료형	최대 자릿수	항목 설명	항목값	항목값 설명	...
숫자	10	고객 코드	–	–	...
문자열	30	고객명	–	–	...
배열	–	배송지 정보를 저장하는 배열	–	–	...
숫자	7	배송지 우편번호	–	–	...
문자열	300	배송지 주소	–	–	...
문자열	11	배송지 전화번호	–	–	...
문자열	30	배송지 이름	–	–	...
배열	–	등록된 결제 수단을 저장하는 배열	–	–	...
문자열	2	등록된 결제 방법	01 02	신용카드 QR 결제	...
숫자	1	지난 번 이용 결제 여부	1 9	지난 번 이용 지난 번 이용 안 함	...
...	...	...	...	...	...

---

[4] 5장 입출력 설계의 파일 설계와 겹치는 부분이 있지만, 여기서는 데이터 저장 방법으로 파일을 선택하는 경우도 있다고 이해하기 바랍니다.

데이터베이스 설계라면 일단 RDB

'Section 12 데이터베이스 설계 개요'에서도 설명했지만 데이터베이스는 크게 나눠서 RDB와 NoSQL이 있습니다. 서로 할 수 있는 일이 점점 겹치고 있지만 고객 정보, 주문 정보와 같은 업무 데이터를 저장할 곳을 선택한다면 당연히 RDB입니다. NoSQL의 장점을 활용할 수 있는 사용법이 나오지 않는 한 NoSQL을 선택할 일은 없을 것입니다.

가장 큰 이유는 RDB가 제공하는 일관성 보장입니다. 한 번에 끝내야 하는 업무 처리 단위를 트랜잭션(transaction)이라고 하는데, RDB는 이런 트랜잭션 결과를 보장해 줍니다. 예를 들어 하나의 트랜잭션에서 여러 개의 테이블을 업데이트할 때 업데이트 중에 어떤 오류가 발생해서 처리가 멈췄다고 합시다. 두 번째 테이블까지 업데이트되고 나머지는 업데이트되지 않으면 데이터는 불완전한 상태로 남게 됩니다.

하지만 RDB는 도중에 오류가 발생하면 업데이트한 데이터를 모두 원래 상태로 되돌립니다. 즉, 아무리 처리가 오래 걸리더라도 전부 문제없이 끝나거나, 아니면 전부 기존 상태라고 보장하기 때문에 데이터 불일치가 발생하지 않습니다. 이건 하드웨어 장애로 오류가 발생할 때도 마찬가지입니다. 업무 데이터에서 데이터 불일치가 발생하면 안 되기 때문에 아주 특별한 경우가 아니라면 RDB를 선택합니다. 처음부터 RDB로 정해 놓고 그중에서 어떤 제품을 선택하느냐는 문제에 가깝습니다. 만약 데이터베이스를 공부하고 싶다면 일단 RDB부터 공부하기 바랍니다.

RDB는 구조상 데이터양이 늘어나면 문제가 생기기 시작합니다. 주로 성능 문제인데 이런 단점을 피하려는 목적으로 NoSQL 데이터베이스를 선택해서 사용하는 경우가 있습니다. RDB와 NoSQL의 특성을 잘 알고 사용하지 않으면 쓸모 없는 시스템이 됩니다. 데이터베이스뿐만 아니라 제품 선택 역시 시스템의 수명을 좌우하는 중요한 요소입니다.

memo

7장

로직 설계

입출력 설계, 데이터베이스 설계 이외의 애플리케이션 설계는 모두 이 장에서 설명하는 로직 설계로 정리할 수 있습니다. 요구사항을 만족하는 데 필요한 설계 위주로 설명했지만, 그중에서도 로직 설계는 시스템 프로그램에 무척 가까운 설계입니다.

50 설계서 목록

SYSTEM DESIGN

로직 설계는 일반적으로 생각하는 '프로그래밍'에 가까운 설계입니다. 선택한 소프트웨어 설계 모델 등에 따라 조금씩 다르지만, 결과적으로 각 프로그램의 로직을 설계하는 작업입니다.

로직 설계에서 하는 일

우선은 어떤 기능이 필요한지 다양한 설계 기법을 사용해 정리합니다. 설계서 작성법 자체도 다양하지만, 그중에서 UML(Unified Modeling Language)(통합 모델링 언어)을 많이 사용합니다. 언어라고 해도 목적에 맞는 도면이나 그림을 그리는 규칙을 정리한 내용으로, 세계 표준으로 사용하는 기법입니다. 이 책에서도 일부 설계서는 UML을 바탕으로 설명합니다. 더 자세한 내용은 인터넷에서 UML을 검색해 보기 바랍니다.

어떤 기능이 필요한지 정리했다면, 이제 어떤 단위로 분할할지 설계합니다. 객체 지향이라는 개념이 있는데 클래스 다이어그램이 대표적입니다. 즉, 객체라는 덩어리 단위로 분할하는 기법입니다. 분할한 다음에는 각 처리의 세부 내용을 설계합니다. 이쯤 되면 프로그래밍 수준에 점점 가까워진다고 할 수 있습니다.

이 책에서는 일반적인 설계서를 다루지만, 개발 프레임워크를 사용한다면 해당 프레임워크에 특화된 설계가 필요합니다. 이때 설계해야 할 요소를 포괄하는 설계서 형식을 준비하여 이를 활용해 설계를 진행합니다.[1]

---

[1] 회사나 시스템마다 설계서가 제각각인 이유가 여기에 있습니다. 표준화하려고 해도 현실적으로 어려운 부분이 있기 마련이고, 다양한 패턴을 전부 다 포함하려 하면 너무 복잡해져서 오히려 엉망이 되기 때문입니다.

로직 설계는 작동하는 시스템의 핵심입니다. 아무리 멋진 아키텍처나 전체 방침을 만들더라도 로직이 엉망이면 시스템은 성립하지 않습니다. 하나하나 꼼꼼하게 설계합시다.

▼ 표 7-1 설계서 목록

설계서명	설계 종류	설계서 개요	상세 설명 Section
기능 목록	관리계	시스템에 필요한 기능 목록을 관리합니다. 대규모 시스템이라면 '서브 시스템 > 기능 분류(카테고리) > 기능 순서'로 단계적으로 정리합니다.	–
프로그램 목록	관리계	작성하는 프로그램 목록입니다. '프로그램 = 소스 코드(프로그래밍하는 파일의 단위)'에 해당합니다.	–
클래스 목록	관리계	객체 지향 방식을 선택한 경우 클래스 단위 목록입니다. 클래스명과 역할을 설명합니다.	–
유스케이스 다이어그램	개별계	[UML] 사용자와 시스템의 상호 작용을 명확히 하고 시각적으로 알기 쉽게 정리하는 설계서입니다. 대략적으로 표현합니다.	51
액티비티 다이어그램	개별계	[UML] 시스템 동작 흐름을 표현하는 그림입니다. 표현 상세도는 중간 정도입니다.	52
클래스 다이어그램	전체파악계	[UML] 객체 지향에서 클래스 관계를 나타내는 그림입니다.	53
패키지 다이어그램	전체파악계	[UML] 클래스 구성을 정리한 그림입니다. 어떤 기준에 따라 각각의 클래스를 상자에 담아서 모았다고 생각하면 이해하기 쉬울 것입니다.	–
시퀀스 다이어그램	개별계	[UML] 객체 간의 메시지 상호 작용을 시계열에 따라 표현한 그림입니다.	54
프로세스 흐름 다이어그램(플로차트)	개별계	각 프로그램에서 프로세스 흐름을 시각적으로 정리한 그림입니다. 상세히 표현합니다.	55
데이터 흐름 다이어그램(DFD)	개별계	데이터를 중심으로 데이터 흐름을 정리한 그림입니다. 어떤 기능에서 어떤 데이터가 필요한지 시각적으로 알기 쉽습니다. 다만, DFD만으로는 구체적인 처리 내용을 설계할 수 없으므로 주의하기 바랍니다.	–

○ 계속

설계서명	설계 종류	설계서 개요	상세 설명 Section
상태 전이 설계	개별계	시스템 상태 종류와 어떻게 전이하는지 설계합니다.	56
배치 전체 설계	전체파악계	배치 처리 순서를 설계합니다.	57
배치 프로그램 목록	관리계	배치에서 실행하는 프로그램을 관리하는 목록입니다.	–
처리 설계 (프로그램 사양서)	개별계	소스 코드 수준으로 처리 내용을 작성하는 설계서입니다.	58
로그 목록	관리계	애플리케이션에서 출력하는 로그를 관리하는 목록입니다. 시스템 장애가 발생했을 때 특히 중요한 정보입니다.	–
오류 코드 목록	관리계	애플리케이션에서 출력하는 오류 코드와 의미를 관리하는 목록입니다.	–

51 유스케이스 다이어그램

SYSTEM DESIGN

업무 요구사항 정의에서 업무 흐름을 작성하는 것과 비슷한 형태로 사용자와 시스템의 동작을 정리하는 그림입니다. 유스케이스 다이어그램(Usecase Diagram)은 UML 중 하나입니다.

설계 목적(개별계)

사용자와 시스템의 상호 작용을 명시하여 어떤 기능을 만들어야 하는지 명확히 합니다.

설계서 작성 단계

특정 업무에 주목해서 사용자(UML에서는 액터(Actor)라고 합니다)와 시스템의 상호 작용을 명확히 합니다. 하지만 시스템 처리 부분은 블랙박스(상세 설계는 생략)로 두고, 사용자 업무를 만족하는 데 어떤 기능이 필요한지 파악하기 위해서 설계합니다. 따라서 비교적 빠른 시점에 설계를 시작합니다.

어떤 특정 업무의 범위를 정하는 것은 꽤 어려운 작업입니다. 애초에 명확하지 않은 상황을 정리하는 작업이므로 딱 잘라 구분하기가 어렵습니다. 그래서 **일단 설계한 후에 너무 크면 분할하고 너무 작으면 합치는 식으로 적절히 균형을 찾아가며 정리합시다**.

조언

유스케이스 다이어그램은 의외로 쓰임새를 찾기 어렵습니다. 업무와 시스템에 밝은 담당자가 설계한다면 굳이 유스케이스 다이어그램을 작성할 필요가 없기

때문입니다. 업무 흐름이 있고 필요한 기능도 명확하다면 일부러 설계하지 않아도 됩니다.[2]

❤ 그림 7-1 유스케이스 다이어그램 예

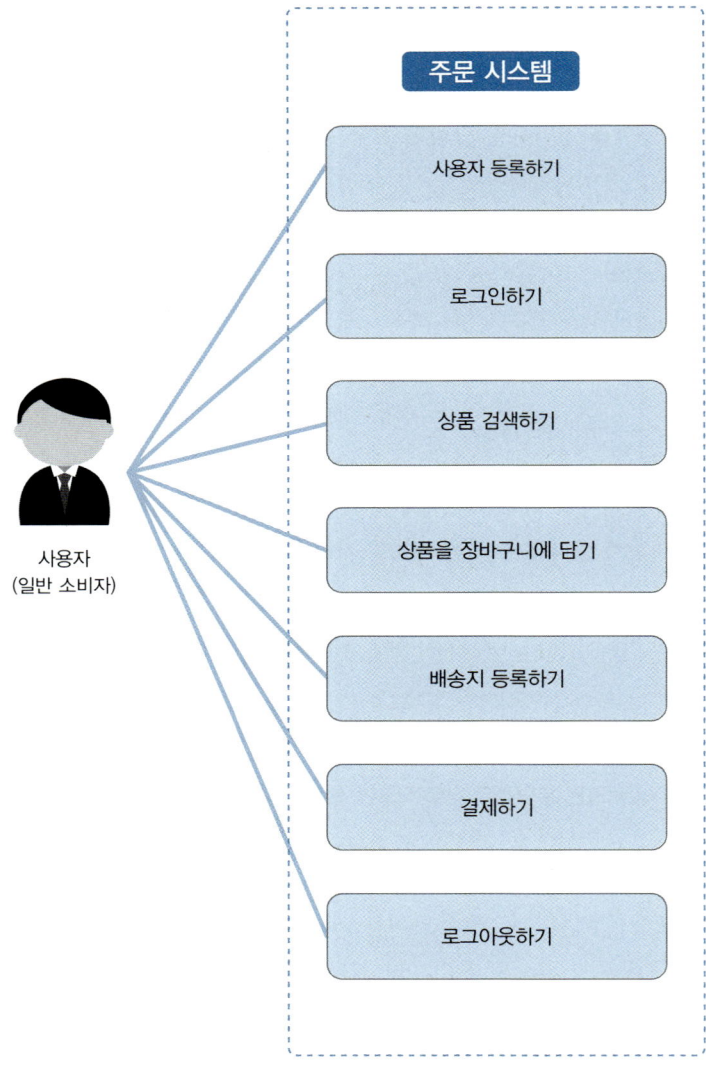

---

[2] 요구사항 정의 단계에서 유스케이스 다이어그램을 사용하면서 정리하는 방법도 있습니다. 생각 정리 방법 중 하나이므로 적당한 시점에 활용하기 바랍니다.

52 액티비티 다이어그램

액티비티 다이어그램은 시스템 동작을 표현하는 그림으로, 프로세스 흐름과 조건 분기 등을 시각적으로 이해하기 쉬운 형태로 나타내는 UML 중 하나입니다.

설계 목적(개별계)

시스템 동작을 시각적으로 파악하여 각 처리를 원활하게 구현할 수 있도록 합니다. 어디에 어떤 처리를 구현해야 하고, 입출력에 문제는 없는지 확인할 수 있습니다.[3]

설계서 작성 단계

액티비티 다이어그램을 그릴 범위를 정합니다. 어느 정도 내용을 하나로 묶을 수 있는 단위로 정리하면 좋습니다.

등장 인물(사람, 시스템)의 틀을 작성하고 각각의 처리를 그 처리가 흘러가는 흐름과 함께 그립니다. 요구사항 정의 등에서 만든 업무 흐름과 비슷한 느낌으로 시스템 처리를 조금 더 의식해서 그립니다. 이런 각각의 처리를 나중에 프로그래밍할 수 있도록 상세히 설계합니다.

조언

요구사항을 만족하는 처리를 작성했다면 정말 최적의 형태인지 확인해야 합니다. '이 처리가 정말 필요한가?' 이를 점검하는 일은 중요합니다. 불필요한 처리를 작성하면 비용이 높아지고 품질이 떨어지고 유지보수 부담도 늘어납니다. 액티비티 다이어그램 전체 모습을 살펴보면 부가 가치를 높일 수 있는 더 좋은 생각이

---

[3] Section 55에서 설명할 '프로세스 흐름 다이어그램(플로차트)'과 비슷하지만, 프로세스 흐름 다이어그램은 프로그램 내부 처리를 그리는 것이고, 액티비티 다이어그램은 한 단계 위인 특정 업무 흐름을 그립니다.

떠오를 수 있습니다. 더 좋은 설계가 떠오르면 적극적으로 관계자와 상담하고 전문가 리뷰를 받는 것이 효과적입니다.

❤ 그림 7-2 액티비티 다이어그램 예

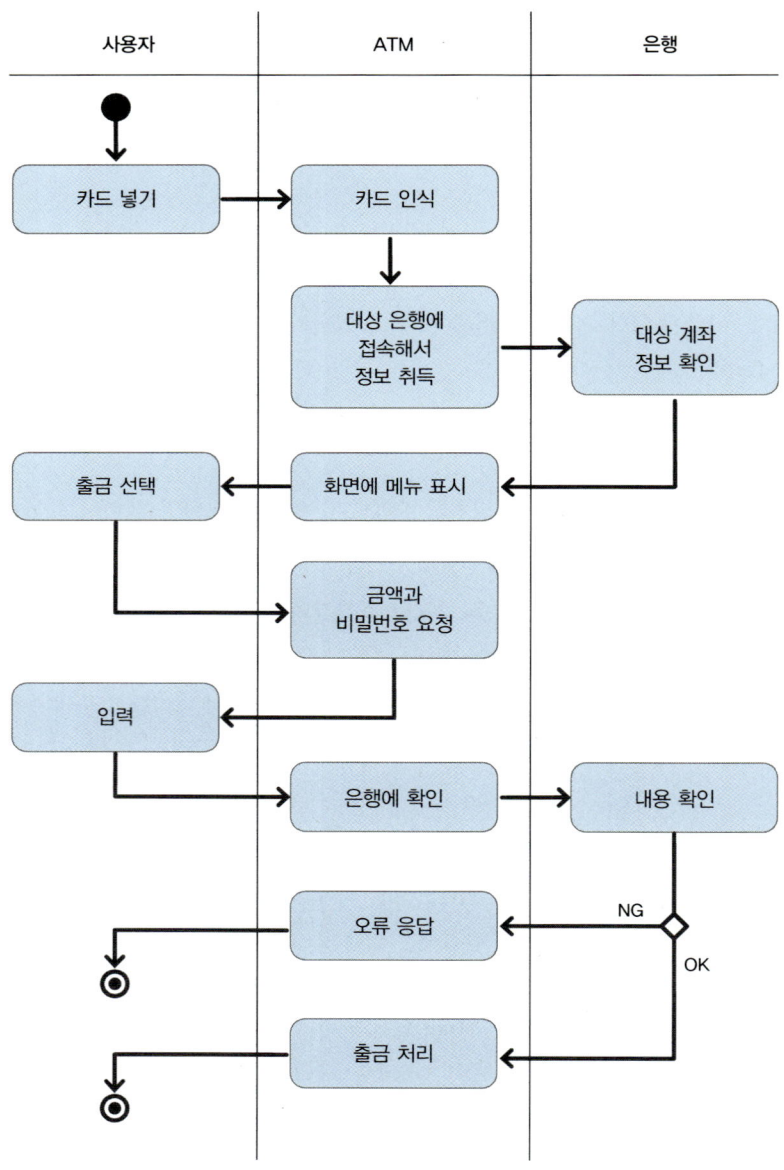

53 클래스 다이어그램

SYSTEM DESIGN

클래스 다이어그램은 프로그램 구조와 관계를 나타내는 그림입니다. 객체 지향(Object-Oriented) 프로그래밍이라면 클래스 다이어그램이 필요합니다. 마찬가지로 UML 중 하나입니다.

설계 목적(전체파악계)

각 클래스의 속성, 동작, 상속, 인터페이스 등 클래스 사이의 관계를 설계해서 역할을 명확히 합니다. 이렇게 하면 어디에 무엇을 만들어야 하는지 판단할 수 있습니다.

설계서 작성 단계

먼저 시스템 전체를 어떤 개념으로 분할할지 설계합니다. 보통 전체 설계의 시스템 아키텍처 설계와 표준화 설계에서 실시합니다. 이 설계를 바탕으로 특정 범위로 나눠서 클래스 다이어그램을 작성합니다.

클래스 내부에는 속성과 기능을 기재합니다. 그리고 상속과 인터페이스 같은 각 클래스의 관계를 설계합니다.

조언

클래스 다이어그램은 객체 지향 개념을 이해하지 못하면 제대로 설계할 수 없으므로, 객체 지향이 무엇인지 먼저 알아봅시다.

클래스 다이어그램에 클래스를 배치하는 위치는 정해져 있지 않습니다. 하지만 어떻게 배치하는지, 배치 순서에 따라 설계서 가독성이 달라집니다. 이런 부분은 규칙화하기가 어렵고 작성자의 센스가 필요합니다.

애초에 클래스를 나누는 방식이 타당한지도 중요합니다. 클래스 설계는 다양한 패턴을 생각할 수 있어서 정답이 정해져 있지 않습니다. 시스템 개념, 규모, 운용 편리성 등을 고려해서 설계합니다. 이 설계서로 시스템 설계 능력을 바로 알 수 있습니다.

▼ 그림 7-3 클래스 다이어그램 예

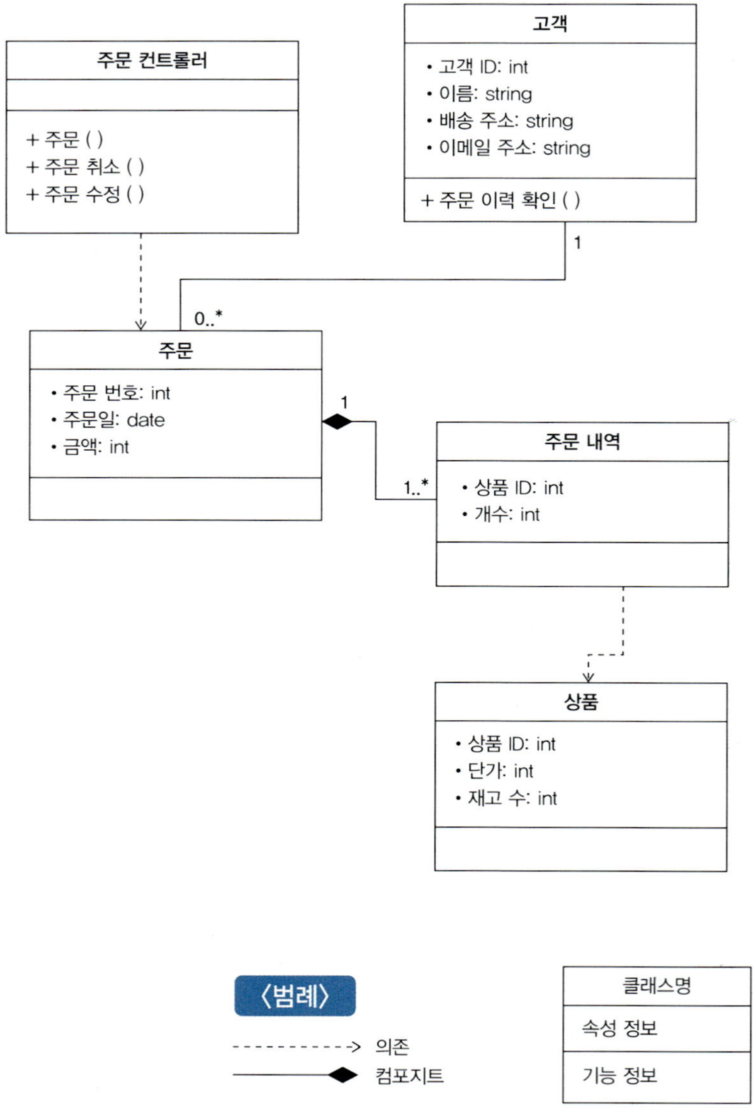

54 시퀀스 다이어그램

시퀀스 다이어그램은 시스템에서 객체 간의 메시지 상호 작용을 시간순으로 표현하는 그림입니다. 역시 UML 중 하나로 상세한 작성법과 기호 사용법은 UML 설명을 검색해서 참조하기 바랍니다.

설계 목적(개별계)

객체 설계를 쉽게 할 수 있도록 객체 사이의 메시지 상호 작용이나 시기(타이밍)를 명확히 합니다. 시간순으로 프로세스 처리 흐름을 작성하는 건 액티비티 다이어그램과 비슷하지만, 액티비티 다이어그램이 업무 흐름에 가까운 반면에 시퀀스 다이어그램은 객체 지향에서 말하는 메시지 상호 작용을 표현하기 때문에 시스템에 더 가까운 설계[4]입니다.

설계서 작성 단계

먼저 대상 시스템과 기능을 파악하고 관련된 객체를 작성합니다. 그리고 객체끼리 주고받는 메시지를 정리하고 시간순에 따라 세로축에 기록합니다. 객체는 가로축에 나열하고, 객체가 하는 일을 세로축에 정렬하는 형태입니다.

조건 분기(alt), 오류(neg), 다른 시퀀스 다이어그램 참조(ref) 같은 표기 규정도 있으므로 상세히 작성할 수 있습니다.

---

[4] 이 책에서 다양한 설계서를 다루고 있지만, 책에 있는 설계서를 모두 작성할 필요는 없습니다. 특성과 목적에 따라 선택하여 설계합니다.

❤ 그림 7-4 시퀀스 다이어그램 예

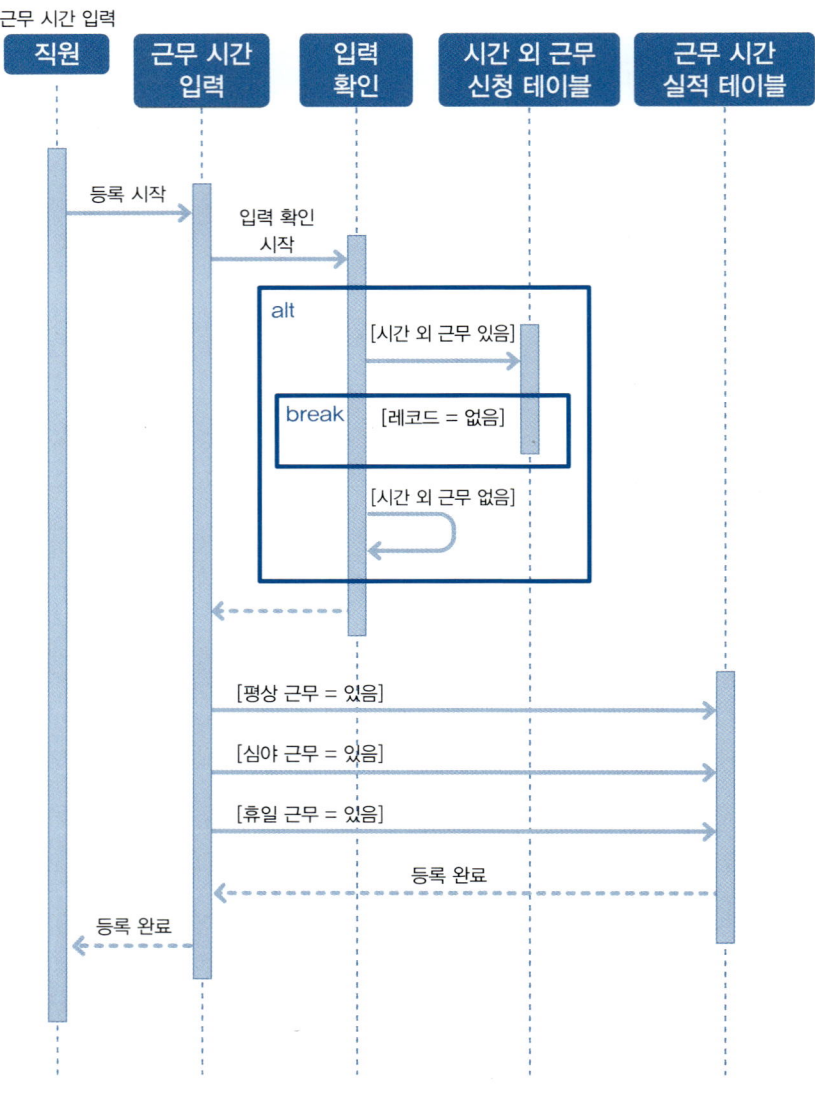

※ 시간 외 근무를 할 경우 사전 승인이 필요하고,
　승인 정보는 시간 외 근무 신청 테이블에 등록된다.

※ 근무 시간 실적 테이블은 법률상 구분에 따르며, 그 구분 단위로 기록한다.

조언

시퀀스 다이어그램을 얼마나 자세히 작성할지, 어느 정도까지 깊게 설계할지 고민이 될 것입니다. **핵심 메시지나 객체 상호 작용은 포괄적으로 다뤄야 합니다.** 객체 내부에서 일어나는 세부 처리는 이후에 작성할 플로차트나 프로그램 사양서 등의 처리 설계로 설계합시다. 시퀀스 다이어그램을 너무 상세하게 그리면 오히려 이해하기 어려워집니다.

55 프로세스 흐름 다이어그램 (플로차트)

SYSTEM DESIGN

프로세스 흐름 다이어그램은 프로그램 처리의 흐름을 시각적으로 표현하는 그림입니다. 처리 순서나 분기 조건, 반복 등을 선을 사용해 표현합니다. 소스 코드에 무척 가까운 설계서입니다.

설계 목적(개별계)

프로그램 처리 절차와 제어를 명확히 하여 프로그래밍할 수 있는 상태로 만듭니다. 해당 처리 절차가 요구사항을 만족하는지도 확인할 수 있습니다.[5]

설계서 작성 단계

먼저 프로세스 흐름 다이어그램을 작성할 단위에 따라 설계합니다. 프로세스 시작, 종료 지점을 지정하는데 함수 호출이 시작, 결과를 반환하면 종료라는 식입니다. 이어서 프로세스를 순서대로 나열하고 분기 및 반복 지점을 설계합니다. 마지막으로 지금까지의 내용을 플로차트 형식으로 정리합니다.

같은 결과를 출력하더라도 프로세스 구성 방법은 다양합니다. 단순한 흐름으로 작성했는지, 쓸데없는 처리는 없는지, 성능 문제가 생길 수 있는 반복 처리는 없는지 등을 확인하고 전문가 리뷰를 받아 마무리합니다.

조언

비슷한 처리가 반복되는 패턴이 나오면 공통 함수로 만드는 것처럼 재사용할 방법이 있는지 검토합니다.

---

[5] 소스 코드가 있으면 처리 내용을 알 수 있다는 이유로 프로세스 흐름 다이어그램을 생략하기도 합니다. 하지만 시간이 지나면 만든 사람조차 알 수 없게 되므로 기본적으로 작성하는 것을 추천합니다.

그리고 플로차트를 작성하는 전문적인 도구가 많습니다. 이런 도구를 유용하게 활용하면 다이어그램을 그리는 번거로움을 줄일 수 있을 것입니다.

▼ 그림 7-5 프로세스 흐름 다이어그램(플로차트) 예

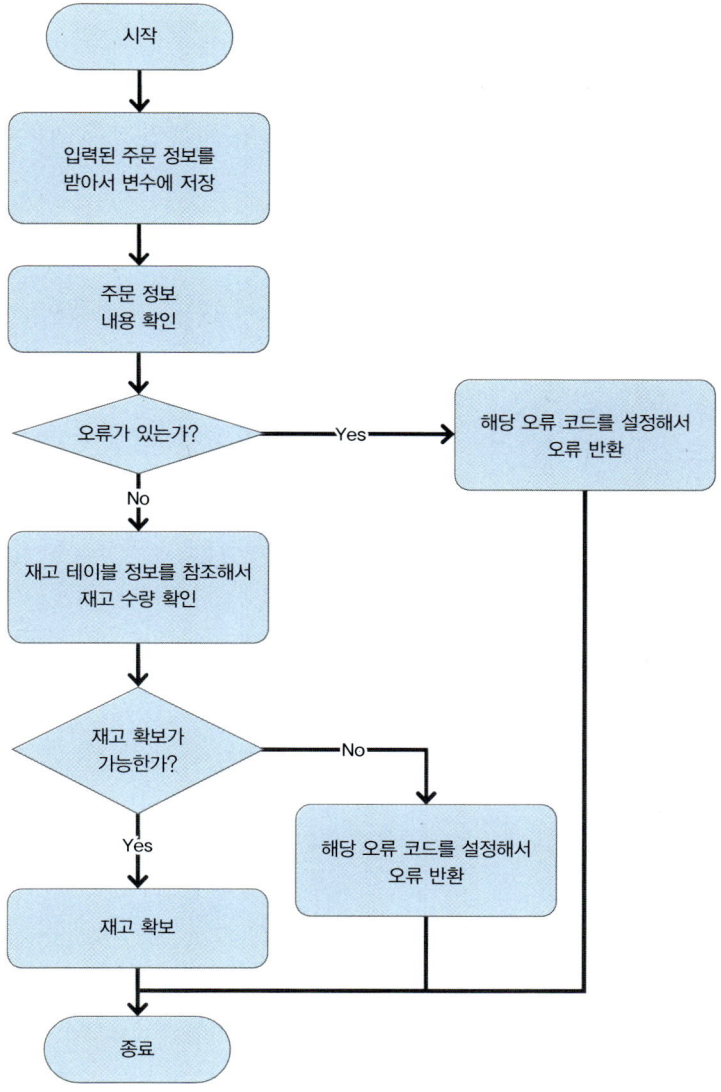

상태 전이 설계

SYSTEM DESIGN

상태 전이는 해당 시스템의 동작을 결정 짓는 근본적인 상태 변화와 성질을 말합니다. 개념만으로는 이해하기 어려우므로, 온라인 처리나 배치 처리(Section 57 참조) 같은 특성을 떠올려 보세요.

설계 목적(개별계)

시스템의 상태와 특성을 명확히 하여 각 애플리케이션이 언제, 어떤 타이밍에 처리해야 하는지, 주의해야 할 점은 무엇인지 등을 이해합니다. 개발자가 시스템 동작을 쉽게 이해할 수 있으므로 버그 발생을 억제할 수 있습니다.

설계서 작성 단계

대상 시스템 상태를 정리하는 것부터 시작합니다. 기본적으로 'A와 B를 동시에 처리하면 논리적으로 문제가 생기는 부분'을 찾아 없애는 것입니다. 예를 들어 일간 집계 처리 배치를 작성하는데 처리 중에 실시간으로 계속 수정이 발생한다면 큰 문제가 생길 것입니다.[6] 또 애플리케이션을 가동한 상태에서 백업 처리가 가능한가 여부도 그렇습니다.

상태(특성)를 정리했으면 그 상태를 어떻게 제어할지를 결정합니다. 그리고 상태 변경 방식과 상태 확인 방법 등도 함께 설계합니다.

조언

이 책은 상태 전이 설계를 로직 설계에서 설명했지만, **규모가 큰 시스템이라면 전체 설계에서 하기도 합니다**. 실제 상황에 맞춰 적절한 시기에 설계합시다. 상태

---

[6] 예로 들었으나, 업무 요건이나 처리 방식에 따라 배치 처리 중에 수정이 발생해도 문제가 없는 경우도 있습니다.

전이는 비정상 상태도 포함하여 모든 상태를 설계하는 것이 중요합니다. 놓친 부분이 있으면 예상하지 못한 상황이 생길 가능성이 높아집니다.

▼ 그림 7-6 상태 전이 설계 예

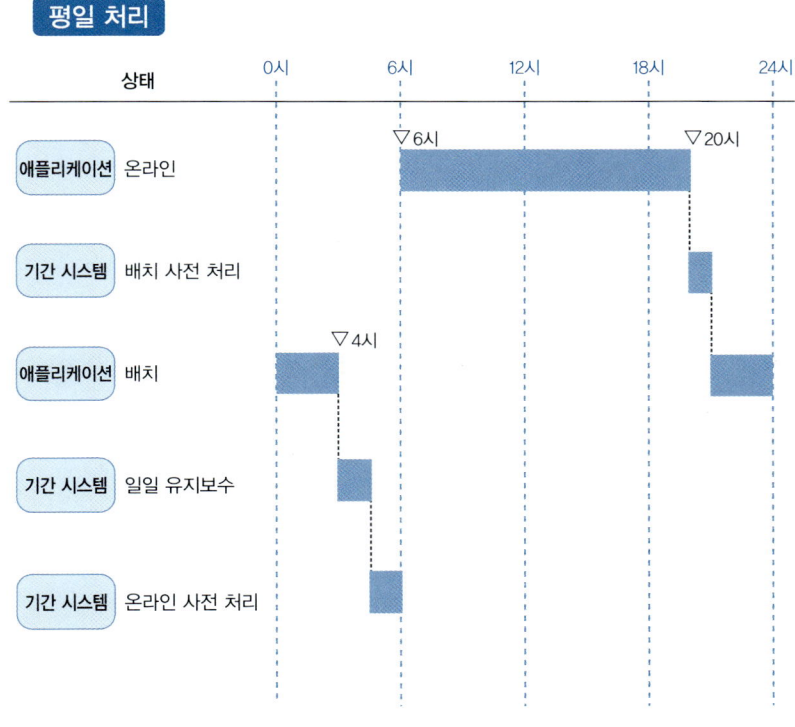

〈보충 설명〉
- 각 상태 전이는 가동 중인 처리 주체가 명시적으로 트리거를 발행해서 변경합니다. 따라서 위 그림의 시각은 대략적인 시각이며, 지연이 발생할 수 있습니다.
- 체크포인트 시각(4시, 6시, 20시)은 이전 처리가 일찍 끝나도 정해진 시각이 될 때까지 가동하지 않습니다.
- 각 처리를 시작하기 전에 상태를 관리하는 시스템 공통 상태 테이블을 참조하여 시작이 가능한 상태인지 확인해야 합니다.

SECTION 57 배치 전체 설계

배치(Batch) 처리는 일정량의 데이터를 모아서 한꺼번에 처리하는 방식입니다. 반대말은 실시간 처리(온라인 처리)입니다. 배치란 일을 모아 두었다가 지정한 시간에 일괄적으로 처리하는 것이라고 생각하면 됩니다.

설계 목적(전체파악계)

배치 처리의 전체 흐름과 순서, 의존 관계를 명확히 해서 효율적인 처리를 실현합니다. 배치에서 오류가 발생했을 때 대응하는 방법을 설계해서 안정적인 운영에 기여합니다.[7]

설계서 작성 단계

먼저 배치 처리에 어떤 처리가 필요한지 파악합니다. 그와 동시에 배치 처리를 구성할 때의 기본 사항도 정리합니다. 오류가 발생했을 때 단순히 재시작하면 처리가 가능한지 여부 등입니다. 다른 처리와 충돌하거나 하드웨어 문제 때문에 오류가 발생하기도 하는데, 이 경우는 단순히 처리를 재시작하는 것으로 문제가 해결될 수 있습니다.

이 정리를 바탕으로 처리 내용, 처리 분할 단위, 처리 순서를 정합니다. 배치 처리는 기본적으로 운영 도구를 도입해서 가동합니다. 채택한 운영 도구에서 할 수 있는 일과 필요한 설정을 고려해서 설계합니다.

이후 각 배치 처리 내용에 맞는 상세한 프로그램 처리를 설계합니다(Section 58 참조).

---

[7] 배치 처리는 주로 한밤 중에 실행하므로 오류가 발생해서 긴급 연락을 받아도 잠이 덜 깬 상태일 때가 많습니다. 간단한 처리로 대응할 수 있게 미리 준비해 두는 것이 얼마나 중요한지 몸소 느끼곤 합니다.

▼ 그림 7-7 배치 전체 설계 모습 예

배치 설계의 개념

- 모든 처리는 오류 발생 시 단순 재시작으로 문제없이 처리할 수 있도록 설계합니다.
- 성능을 고려한 처리 분할 설계를 합니다.
- 비슷한 종류의 처리는 비슷한 패턴으로 흐르게 설계합니다(유지보수성 확보).

배치 설계(1단계)

- 각 처리의 상세한 내용은 배치 설계(2단계)를 참조하세요.

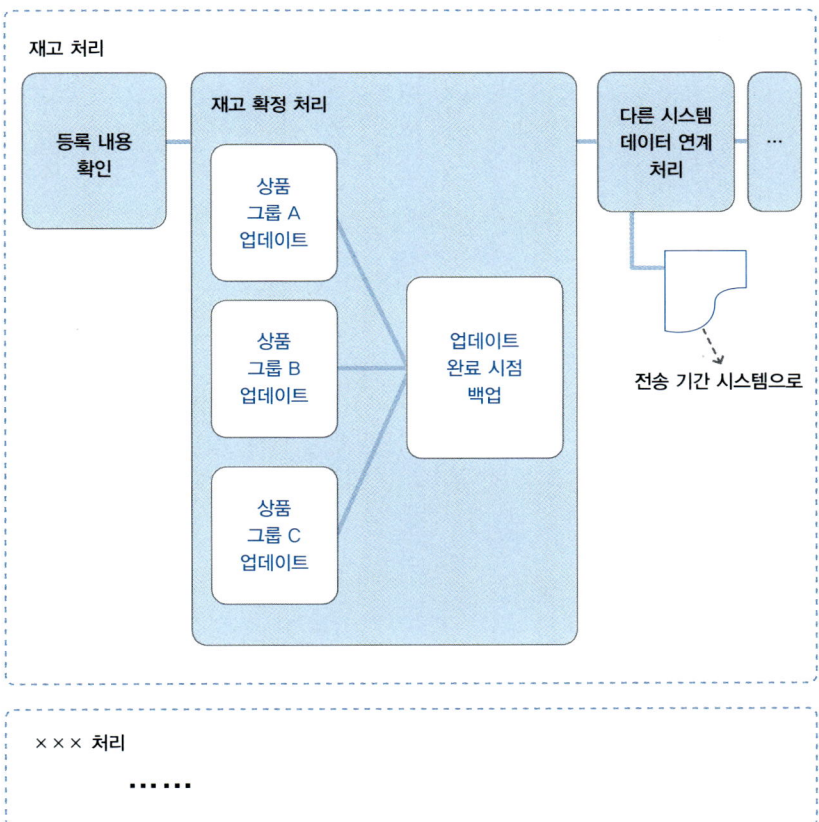

조언

배치 처리를 설계할 때 요구사항을 충족하는 것은 당연합니다. 그뿐만 아니라 운영할 때 발생할 수 있는 성능 문제나 발생할 수 있는 오류를 예상하고 대응법을 미리 준비하면 실전에 강한 배치 설계를 할 수 있습니다.

58 처리 설계(프로그램 사양서)

SYSTEM DESIGN

처리 설계는 프로그램 소스 코드에 상당히 가까운 수준의 설계서입니다. 프로그램을 인간의 언어로 번역하면 처리 설계가 된다고 말하기도 합니다.[8] 선택한 프로그래밍 언어에 따른 설계가 필요합니다.

설계 목적(개별계)

프로그램 동작과 기능을 상세히 서술하여 개발자가 구체적으로 구현할 때 큰 어려움이 없도록 합니다.

설계서 작성 단계

먼저 대상 프로그램에 대해 필요한 기능, 변수, 입출력 등을 파악하고, 지금까지 작성한 설계서를 참고해서 설계합니다. 다음으로 프로그램 처리 흐름을 설계합니다. 처리 흐름 다이어그램이 여기에 해당합니다.

상세한 오류 처리도 설계합니다. 이 설계서가 오류 처리의 마지막 보루입니다. 오류 케이스도 잘 설계해야 합니다.

마지막으로 관련 설계를 잘 아는 사람에게 앞뒤가 맞지 않는 내용이 없는지 리뷰를 부탁합니다. 다른 프로그램과의 정합성도 무척 중요하기 때문입니다.

조언

이 설계가 끝나면 프로그래밍에 들어갑니다. 테이블명, 변수명 등 가능한 구체적으로 작성합니다.

---

[8] 소스 코드를 보면 처리를 알 수 있다고 설계서를 작성하지 않기도 합니다. 하지만 제 경험에 따르면 설계 리뷰나 인수인계를 고려했을 때 설계서를 작성하는 편이 결과적으로 품질이 높았습니다.

또한 처리 결과는 같더라도 알고리즘이나 데이터베이스 접근 방식에 따라 성능에 큰 차이가 생길 수 있습니다. 해당 처리 방법이 타당한지, 문제는 없는지 전문가의 확인이 필요합니다. 필요하면 주석을 기록하여 설계 의도를 남겨 둡시다.

❤ 그림 7-8 처리 설계(프로그램 사양서) 예

〈프로그램 개요〉

주문 목록 파일을 받아서 한 건씩 처리합니다. 재고 마스터를
확인해서 재고가 있으면 충당합니다. 충당하면 배송 지시 테이블에 기록합니다.

〈입출력 개요도〉

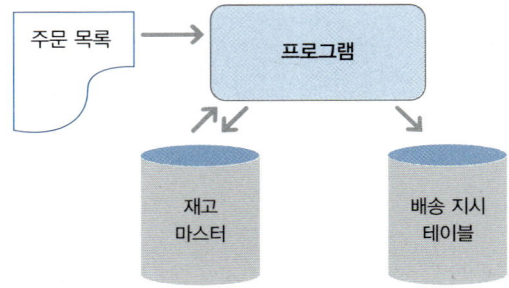

〈프로세스 흐름 다이어그램(플로차트)〉

'Section 55 프로세스 흐름 다이어그램(플로차트)' 참조

〈로직〉

- 변수를 선언합니다.
- 주문 목록 파일을 OPEN해서 잠급니다.

[반복 처리] 첫 번째 레코드부터 마지막 레코드까지 한 건씩 처리

- 레코드의 상품 코드, 주문 수 값을 얻어와 변수에 저장합니다.
  → 값이 없으면 처리를 중단하고 종료 처리로 이동합니다.
    이후 레코드는 처리하지 않습니다.

- 재고 마스터에 접근해서 해당 상품 코드의 재고 수를 얻습니다.
  SELECT FOR UPDATE로 락(row lock)을 겁니다.

[조건] 레코드 주문 수 ≤ 재고 수

- 재고 수에서 주문 수를 빼고 그 결과를 재고 마스터에 반영합니다.

︙

시스템 구축에는 시스템적 사고방식과 업계 특유의 지식이 필요하다

좋은 시스템을 만들려면 상당한 지식과 노하우가 필요합니다. 시스템 관련 지식도 그렇지만 시스템을 이용하는 업계 특유의 지식도 마찬가지입니다.

시스템적 사고방식을 하나 소개하겠습니다. 바로 '기준일'이라는 개념입니다. 일상에서는 '4월 1일 2시'로 표현하는데, 배치 처리처럼 그날에 실행되는 시간이 바뀌면 처리가 어려워지는 경우가 있습니다.

예를 들어 그날의 집계 처리를 심야 시간에 한다고 가정해 봅시다. 이 배치 처리를 가동하면 현재 날짜를 가져와서 해당 날짜로 집계를 실시합니다. 이때 다른 처리가 지연되어서 3월 31일 23시에 가동하는 경우와 4월 1일 1시에 가동하는 경우가 있을 수 있습니다. 하지만 배치 실행 시간을 기준으로 날짜를 확인하면 타이밍에 따라 집계하는 날짜가 바뀝니다. 따라서 기준일이라는 개념이 등장합니다.

시스템에 기준일을 정해 놓고 처리할 때는 해당 기준일을 확인합니다. 즉, 4월 1일 1시는 3월 31일 25시로 처리하는 것입니다. 이러면 원하는 날짜에 맞게 처리할 수 있습니다.

업계 특유의 지식에 대한 자세한 설명은 생략하지만 업계, 특히 회사 고유의 용어는 인터넷에서 찾아봐도 의미를 알 수 없어서 곤란합니다. 잘 아는 사람에게 묻는 것이 제일 빠르지만 그럴 기회가 없을 수 있습니다. 이런 용어는 발견할 때마다 용어집으로 모아 두면 좋습니다.

사고방식과 지식 둘 다 있어야 좋은 시스템을 만들 수 있습니다. 처음에는 많이 어렵겠지만 하나하나 쌓아 가다 보면 실력이 점점 향상될 것입니다.

memo

8장

네트워크 설계

드디어 인프라 관련 설계에 들어갑니다. 네트워크는 눈에 보이지는 않지만 강력한 힘이 있습니다. 흔히 네트워크는 전기나 수도처럼 언제나 쓸 수 있다고 당연하게 여기기 쉽습니다. 하지만 네트워크에 장애가 발생하면 그 영향도 엄청납니다.

SECTION 59 설계서 목록

네트워크 설계는 나중에 변경하기가 무척 어려운 점이 특징입니다. 구축하는 중에 설계 방향을 조금이라도 바꾸면 그 영향이 매우 큽니다. 시스템 가동 중에는 랜 케이블을 하나만 뽑아도 큰일납니다.

네트워크 설계에서 하는 일

전체 설계, 특히 시스템 아키텍처 설계, 신뢰성/안전성 설계(종합편), 성능 설계(종합편), 보안 설계(종합편)를 바탕으로 개별 네트워크 설계를 실시합니다.

네트워크 설계는 선택한 장비나 제품을 기반으로 사양에 따라 어떻게 조합하고, 어떻게 설계할 것인지가 주된 내용입니다. 이 책에서 다루는 설계서 외에도 장비와 제품 고유의 설계가 많습니다. 따라서 설계해야 할 상세 내용은 다 다릅니다. 비슷한 명칭의 기능이라도 장비에 따라 의미가 다른 경우가 있습니다. 장비와 제품 내용을 올바르고 깊이 있게 이해하고 설계해야 합니다. 다만 근본은 '설정 방법'을 설계하는 것이라고 이해하면 됩니다.

만약 클라우드 환경을 사용한다면 구축 방법이 많이 다릅니다. 장비와 관련된 상세한 설정은 거의 필요 없으며, 그 조합 방법을 주로 설계합니다. 물론 이용하는 클라우드 서비스에 따라 달라서 선택한 클라우드 환경을 잘 이해해야 합니다. 네트워크 영역에서 클라우드를 활용하면 장점이 많습니다. 우선 물리적인 설치, 배선 작업에서 해방됩니다. 그리고 네트워크 자원을 늘리고 줄이는 작업도 간단합니다. 설정을 변경한다기보다는 사용한 만큼 지불하는 느낌에 가깝습니다. 온프레미스 네트워크에 일부 기능을 연결하기도 합니다. 예를 들어 방화벽이나 CDN처럼 온프레미스 외부에 배치하는 편이 적합한 경우도 있습니다. 이런 점을 고려해서 어떤 네트워크를 구성하는지는 실력에 따라 달라집니다.

▼ 표 8-1 설계서 목록

설계서명	설계 종류	설계서 개요	상세 설명 Section
네트워크 전체 구성도 (물리 구성)	전체파악계	물리적인 장비 구성 설계입니다.	60
네트워크 전체 구성도 (논리 구성)	전체파악계	논리적인 구성 설계입니다.	61
시설 설계	개별계	시설과 설비를 설계합니다. 장비를 설치하는 랙(선반)부터 랜 케이블, 전원 케이블 배선 등 물리적 설치에 대한 설계입니다.	-
장비 목록	관리계	설치할 장비 목록입니다.	-
네트워크 제공 서비스 목록	관리계	방화벽, VPN, DNS, NTP 등 네트워크에서 제공하는 서비스 목록을 정리합니다.	62
외부 접속 목록	관리계	외부 시스템이나 서비스 간 접속 목록입니다. 외부와는 보안 요구사항이나 규칙 등이 다르기 때문에 주의해서 목록을 관리합니다.	-
통신 요구사항 목록	관리계	네트워크 내용 목록입니다.	63
IP 주소 목록	관리계	할당, 할당 예정(예약) IP 주소 목록입니다.	-
IP 주소 설계	개별계	IP 주소 할당 규칙의 설계입니다.	64
네트워크 서비스 설계	개별계	방화벽, VPN, DNS, NTP 등 네트워크 서비스 자체를 구축하기 위한 설계입니다.	65
방화벽 규칙 설정 정책서	개별계	방화벽을 설정하는 방침을 정하는 설계입니다.	66
방화벽 규칙 설정 목록	관리계	방화벽에 설정하는 값의 목록입니다.	-
처리량 제어 설계	개별계	각 통신의 전송 속도나 대역폭을 제어하는 설계입니다.	67
파라미터 설정 정책서	개별계	각 네트워크 장비를 어떤 방침으로 설정할지 설계합니다.	-
파라미터 설정 절차서	개별계	각 네트워크 장비를 설정하는 절차서입니다.	-

◐ 계속

설계서명	설계 종류	설계서 개요	상세 설명 Section
네트워크 구축 절차서 (클라우드)	개별계	클라우드에서 네트워크를 구축하는 경우의 절차서입니다. 클라우드의 어떤 화면에서 무엇을 설정하는지 등의 내용을 상세하게 작성합니다.	-
네트워크 운영 설계	개별계	장비 재시작 시기, 방법, 사활 감시(Health Check, 장비가 다운되지 않았는지 주기적으로 확인하는 방법) 등을 설계합니다.	-
네트워크 장애 대응 절차서	개별계	장애 발생 시 대응 절차를 설계합니다. 대응 절차 테스트도 필요합니다.	-
업데이트, 패치 적용 절차서	개별계	네트워크 장비와 기타 관련 소프트웨어 업데이트 및 패치 적용 절차서를 작성합니다.	-

네트워크 전체 구성도 (물리 구성)

네트워크 전체 구성도(물리적 구성)는 이름처럼 물리적인 접속과 장비 배치를 나타내는 그림입니다. 네트워크 장비, 서버, 스토리지, 터미널 같은 시스템 구성 요소를 그림으로 표현합니다.

설계 목적(전체파악계)

시스템 네트워크를 파악하여 장비 구성이나 접속 방법에 문제가 없는지, 보안에 문제가 없는지 확인합니다. 또한 효율적인 운영 및 장애 발생 시 대책 마련에 활용할 수 있습니다.

설계서 작성 단계

시스템 아키텍처 설계나 신뢰성/안전성 설계(종합편)를 바탕으로 필요한 장비와 접속 방법을 파악합니다. 그 요구사항을 만족하는지 확인하면서 장비 간 연결도를 작성합니다.

다중화(Multiplexing)를 고려할 필요가 있다면 이중화(다중화) 여부, 병목 현상 발생 가능성, 액티브(Active)(활성 장비)와 스탠바이(Standby)(대기 장비) 배치 방법, 장비 구성이 과도하지는 않는지 등을 생각하면서 설계합니다. 확장성도 고려하여 확장할 때 어디에 연결할지 설계합니다. 사용하는 장비의 랜 포트가 물리적으로 부족하다면 달리 방법이 없기 때문에, **실제로 사용하는 장비를 고려하면서 설계합니다.**

▼ 그림 8-1 네트워크 전체 구성도(물리 구성) 모습

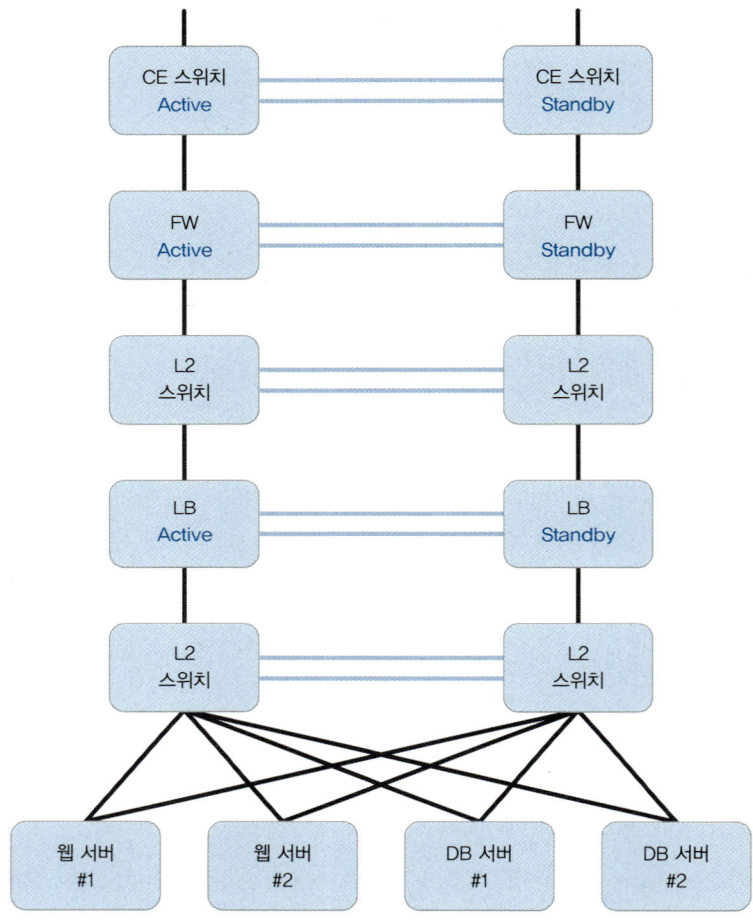

CE: 커스터머 에지(Customer Edge)
FW: 방화벽(Firewall)
L2: 레이어2(Layer 2)
DB: 데이터베이스
LB: 로드 밸런서

조언

다중성과 확장성을 만족시키는 물리적 구성 방법에는 몇 가지 패턴이 있습니다. 모범 사례를 먼저 확인해 봅시다. 하지만 그렇다고 해서 장비 선정이 쉬워지는가 하면 그것은 또 다른 이야기입니다.[1] 포트 개수나 처리 사양도 다르고, 기능이나 비용에서도 차이가 많이 납니다. 최적의 판단이 필요합니다.

---

[1] 이 책에서는 전체 설계(4장)에서 장비를 발주한다고 정리했지만, 현실에서는 이번 절처럼 구성 설계가 어느 정도 진행되어야 적절한 장비를 선택할 수 있습니다.

61 네트워크 전체 구성도 (논리 구성)

SYSTEM DESIGN

네트워크 전체 구성도(논리 구성)는 기능적 배치와 연결을 정리한 그림입니다. 물리적인 배선이 아니므로 주의하기 바랍니다. 애플리케이션 담당자가 신경 써야 하는 쪽은 이 논리 구성입니다.

설계 목적(전체파악계)

시스템 전체에 필요한 기능과 연결을 시각화하여 전체 통신 흐름을 이해하고 네트워크를 적절하게 설계할 수 있도록 도와줍니다. 또한 전체 모습을 파악해서 빠진 부분이 없는지 확인할 수 있습니다.

설계서 작성 단계

먼저 시스템 요구사항과 네트워크 요구사항에서 필요한 기능과 서비스를 파악합니다. 그런 다음, 각각 서로 어떤 관계인지 정리합니다. 예를 들어 로드 밸런서(Load Balancer, LB)[2] 아래에 웹 서버를 여러 대 배치하는 것과 같은 관계입니다. 보안 대책과 성능 요구사항을 고려해서 논리적인 배치를 결정합니다.

---

[2] 로드 밸런서는 스케일아웃 구현에 빠질 수 없는 핵심입니다. 로드 밸런서에서 하위 서버로 향하는 모든 통신을 처리하기 때문에 쉽게 다운되지 않는 신뢰성 높은 하드웨어가 필요합니다. 따라서 비교적 가격이 높은 장비입니다.

▼ 그림 8-2 네트워크 전체 구성도(논리 구성) 모습

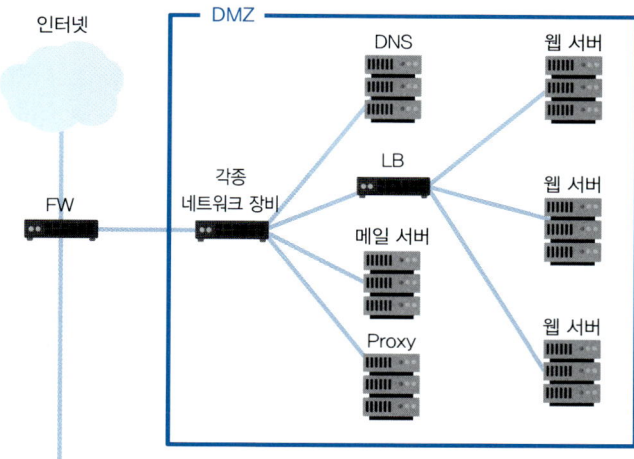

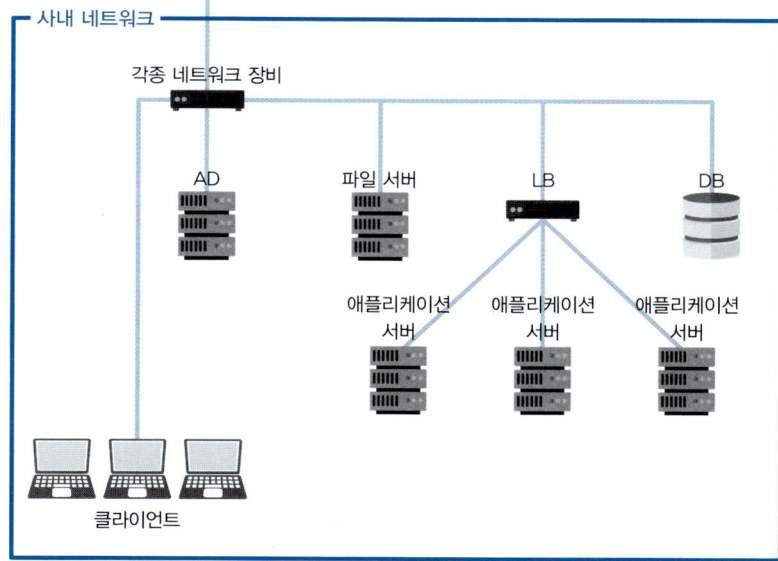

FW: 방화벽(Firewall)
LB: 로드 밸런서(Load Balancer)
AD: Active Directory
DB: 데이터베이스

조언

특히 보안 관점에서 기능 배치에 문제가 없는지 확인합시다. 크게 DMZ(DeMilitarized Zone)와 회사 내부 이렇게 두 가지로 나눕니다. DMZ는 비무장지대를 뜻하는데 말만 들어서는 이해하기 어렵습니다. 웹 서버처럼 인터넷과 직접 연결되는 기능을 배치하는 장소가 DMZ입니다. DMZ에 배치된 기능에서 특정한 회사 내부 기능에만 접근할 수 있도록 막으면 인터넷에서 회사 내부로 직접 접근하는 것을 막을 수 있습니다. 설령 DMZ가 부정 접속으로 침입을 받아서 뚫리더라도 회사 내부의 피해를 최소한으로 줄이는 데 도움이 되는 방식입니다.

네트워크 제공 서비스 목록

네트워크 제공 서비스는 VPN이나 DNS 같은 서비스를 말합니다. 이 목록은 해당 시스템(네트워크)에서 제공하는 서비스와 이용 방침을 정리한 것입니다.

설계 목적(관리계)

제공하는 네트워크 서비스를 목록화하여 구축해야 할 네트워크 서비스를 명확히 합니다. 또한 개발자가 서비스의 존재를 인식하고, 설정과 사양을 이해하고, 사용 신청을 할 수 있게 됩니다. 서비스를 이용할 개발자를 위한 자료로도 의미가 있습니다.

설계서 작성 단계

시스템 요구사항과 네트워크 요구사항에서 필요한 네트워크 서비스를 정리해서 목록화합니다. 그리고 기본 설정 방침과 설정 변경 규칙을 작성합니다. 서비스를 이용하기 위한 신청 규칙과 신청 대상, 신청 양식을 준비합니다.

조언

사용하려는 개발자로부터 신청을 받는데 신청서 양식(템플릿)을 미리 준비해두면 원활하게 처리할 수 있습니다. 작업 효율화를 위해서라도 양식을 작성해서 제공합시다.[3]

그리고 시스템이나 개인 실력에 따라 다르지만, **사용하려는 개발자(애플리케이션 담당자)가 네트워크에 대한 지식이 부족할 수 있습니다.** 따라서 신청서 양식이 있어

---

[3] 다양한 설정 패턴을 고려하면 양식을 작성하는 것도 생각보다 어려운 작업입니다. 너무 복잡한 양식 대신 요청 사항을 직접 적을 수 있는 비고란을 두는 것처럼 유연성도 필요합니다.

도 신청한 내용이 기대한 수준과 다를 수 있습니다. 네트워크에 대해 기술적으로 설명하는 기능이나 신청 내용의 불일치 확인 기능을 구현하여 제대로 된 신청서를 받을 수 있도록 합시다.

❖ 표 8-2 네트워크 제공 서비스 목록 예

네트워크 제공 서비스	설정 개요
DNS(도메인 네임 시스템)	사내 시스템에 필요한 모든 도메인 이름을 관리합니다. 등록 및 변경 시에는 신청이 필요합니다.
FW(방화벽)	기본은 모두 차단입니다. 통신 요구사항 신청을 바탕으로 설정합니다.
WAF(웹 애플리케이션 방화벽)	기본 규칙은 미리 설정됩니다. 개별 규칙을 추가할 때 신청이 필요합니다.
VPN(Virtual Private Network, 가상 사설 네트워크)	사용 가능합니다. 외부(집)에서 사내 네트워크에 있는 시스템을 이용하려면 필요합니다. 클라이언트에 전용 소프트웨어를 설치해야 합니다.
DHCP(Dynamic Host Configuration Protocol)	사내 클라이언트용으로 사용합니다. 이용 거점 신청이 필요합니다.
QoS(Quality of Service)	실시간 처리를 우선으로 처리하게 설정할 수 있습니다. 그 외에는 기본적으로 제어하지 않지만, 특수한 요구사항이 있으면 개별 상담이 가능합니다.
NTP(네트워크 타임 프로토콜)	NTP 서버 자체는 외부 NTP 서버와 접속해서 동기화합니다. 사내 시스템은 사내 NTP 서버를 이용합니다. 사용 신청은 필요하지 않습니다.
메일 서버	사내 시스템에서 전송용으로 이용할 수 있습니다. 사용 신청이 필요합니다. 사원의 이메일 송수신용 메일 서버와는 별도이므로 주의하기 바랍니다.
SNMP(Simple Network Management Protocol, 간이 망 관리 프로토콜)	사용할 수 있지만 사용 신청이 필요합니다.

SECTION 63 통신 요구사항 목록

통신 요구사항은 네트워크에서 어떤 서버에서 어떤 서버로 어떤 통신을 해야 하는지에 관한 요구사항입니다. 이 내용을 정리한 목록표가 통신 요구사항 목록입니다. 이 요구사항을 장비에 설정하여 안전하게 운영할 수 있습니다.

설계 목적(관리계)

시스템과 네트워크 통신에 관련된 요구사항을 목록으로 만들어 각 요구사항이 어떤 관계가 있고 네트워크에 어떤 설정이 필요한지 파악합니다.

설계서 작성 단계

각 시스템 간에 필요한 요구사항을 파악합니다. 세부적인 요구사항은 신청을 받는 형태입니다. 그리고 이 통신이 어떤 경로를 통해야 하는지 아키텍처 입장에서 판단합니다. 방화벽 경유 여부나 NAT(Network Address Translation) 변환 여부 등도 설계합니다. 통신 요구사항 설정은 해당 통신을 허용할 것인지, 거부할 것인지를 설정할 수 있습니다. 하지만 이런저런 설정이 복잡하게 섞여 있으면 이해하기 어려우므로, 모든 통신을 거부하는 것을 기본으로 하고 꼭 필요한 통신만 허용하는 형태로 설정하면 좋습니다.

▼ 표 8-3 통신 요구사항 목록 예

#	발신자(from)			→ ←	수신자(to)		
	오브젝트	노드명	IP 주소		오브젝트	노드명	IP 주소
1	사내 클라이언트 인터넷 접속						
1-1-1	사내 클라이언트	–	172.16.0.0/12	→	외부	–	–
1-1-2	사내 클라이언트	–	172.16.0.0/12		외부	–	–
...	...	...	...	...	...	...	...
2	DMZ						
2-1-1	메일 서버 (발송 전용)	pmlmai01	192.168.20.1		외부	–	–
2-2-1	웹 서버	pxzweb01-49	192.168.10.1-49	→	외부 클라우드 스토리지	–	※GIP
2-2-2	웹 서버	pxzweb01-49	192.168.10.1-49	←	외부 클라우드 스토리지	–	※GIP
2-3-1	FTP 서버	pxzftp01-02	192.168.15.1-2	→	외부 시스템 A	–	※GIP
...	...	...	...	...	...	...	...
3	사내 시스템						
3-1-1	AP 서버	pazapl01-19	10.10.0.1-19	→	메일 서버(발송 전용)	pmlmai01	10.220.20.1
3-1-2	AP 서버	pazapl01-19	10.10.0.1-19	→	FTP 서버	pxzftp01-02	10.220.15.1-2
3-1-3	AP 서버	pazapl01-19	10.10.0.1-19	→	DB 서버	perdbs01-05	10.220.30.1-5
...	...	...	...	...	...	...	...
X	DROP						
X-1	any	–	–		any	–	–

프로토콜			거부, 허용	방화벽 경유	NAT 변환	참고	...
오브젝트	프로토콜	포트					
							...
HTTP	TCP	80	허용	FW1	없음	방화벽에 차단 목록 (블랙리스트) 형식으로 접속 불가 사이트를 등록	...
HTTPS	TCP	443	허용	FW1	없음	방화벽에 차단 목록 형식으로 접속 불가 사이트를 등록	...
...	...	...	...	...	...	...	
							...
SSL/TLS	TCP	465	허용	FW2	없음	수신하지 않음	
HTTPS	TCP	443	허용	FW2	없음	-	
HTTPS	TCP	443	허용	FW2	없음	-	
SFTP	TCP	22	허용	FW2	없음		
...	...	...	...	...	...	...	
							...
SMTP	TCP	25	허용	-	있음	-	
SFTP	TCP	22	허용	-	있음	-	
MySQL	TCP	3306	허용	-	없음	-	
...	...	...	...	...	...	...	
							...
any	-	-	거부	-	-	-	...

조언

통신 요구사항은 기본적으로 보안을 위한 통제입니다. 세세하게 설정하려면 조금 번거롭지만, 최대한 허용 범위를 좁게 설정합시다. 시스템끼리 어떻게 연결되는지 보여 주는 목록이므로 실제 시스템의 전체상을 파악할 수 있는 설계서이기도 합니다.

회사 내부의 부정 접근 방지를 위해(회사 내부에도 악의를 가진 사람이 있을 수 있으므로) 목록 정보를 모두 표시하지 않는 경우도 있습니다.[4] 전체 내용을 파악할 수 없도록 공개하지 않는 것입니다.

---

4 보안은 외부만 신경 쓰면 끝나는 문제가 아닙니다. 오히려 내부에 있는 부정행위자를 찾아내기가 더 어렵고, 더 큰 영향을 끼칠 수 있습니다.

64 IP 주소 설계

IP 주소는 각각의 장비에 부여하는 고유한 번호입니다. 이 번호를 목적지로 삼고 통신하므로 IP 주소가 할당되지 않으면 애초에 통신이 불가능하고, 중복된 주소가 있으면 제대로 통신을 할 수 없습니다.

설계 목적(개별계)

IP 주소를 어떤 규칙으로 부여할지 설계하여 운영 효율과 확장성을 확보합니다.

설계서 작성 단계

먼저 네트워크 전체를 파악하고, 어떤 영역으로 나눌지 설계합니다. 그리고 그 영역 간에 NAT 변환을 할지 검토합니다. NAT 변환은 IP 주소를 변환하는 방식입니다. 각자의 네트워크를 의식할 필요 없이 서로 다른 네트워크 사이를 접속할 수 있습니다.[5]

다음으로 각 네트워크 내부의 IP 주소 할당 규칙을 설계합니다. 앞으로 얼마나 더 IP 주소가 필요할지 예측해서 범위를 정의합니다. 각각 부여한 IP 주소 자체는 IP 주소 목록 등으로 관리합니다.

---

[5] 보안 면에서도 장점이 있습니다. 변환을 허용하는 범위의 IP 주소만 다음의 네트워크에 접속할 수 있어서 정의되지 않은 장비는 다음의 네트워크에 직접 접속할 수 없습니다.

조언

극단적으로 말해, IP 주소가 중복되지만 않으면 통신 자체에는 지장이 없습니다. 하지만 IP 주소를 부여하는 규칙이 없다면 향후 설계할 때나 운영할 때 크게 후회할 것입니다. 방화벽 설정이 그 예입니다. 웹 서버의 IP 주소 범위를 정해서 사용하는 규칙이 있다면 한 번에 방화벽 설정이 끝납니다. 하지만 각자 마음대로 IP 주소를 부여한 웹 서버 100대가 있으면 방화벽 정의도 100번 필요합니다.

▼ 그림 8-3 NAT 변환 모습 예

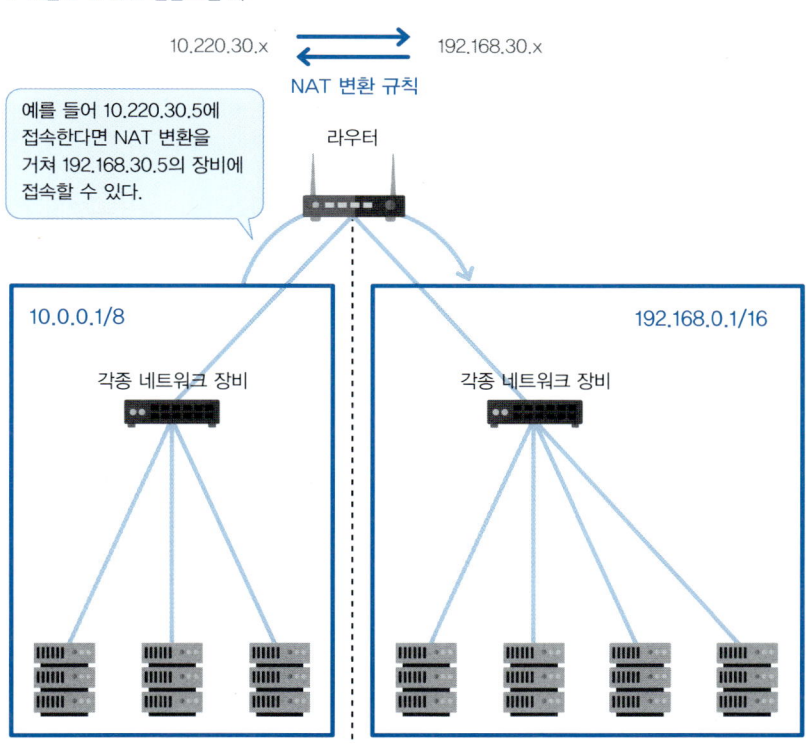

▼ 표 8-4 IP 주소 범위 설계 예

#	분류	IP 주소 범위	서브넷 마스크	IP 주소 할당 범위	설정 방법	...
1	네트워크 A	192.168.10.0/24	255.255.255.0			
1-1	웹 서버			192.168.10.1-50	고정 IP	...
1-2	AP 서버			192.168.10.101-150	고정 IP	...
1-3	DB 서버			192.168.10.201-250	고정 IP	...
2	네트워크 B	172.16.0.0/16	255.255.0.0			
2-1	사내 클라이언트			172.16.0.1-172.16.99.254	DHCP	...
...	...	...	...	...	...	...

65 네트워크 서비스 설계

SYSTEM DESIGN 1

네트워크 서비스 설계라고 하니 조금 추상적이지만 'Section 62 네트워크 제공 서비스 목록'에서 이야기한 DNS 같은 서비스를 구체적으로 설계하는 설계서를 뜻합니다.

설계 목적(개별계)

각 네트워크 서비스의 구체적인 설정값 등을 설계해서 실제로 해당 서비스를 제공할 수 있도록 합니다.

설계서 작성 단계

먼저 설계 대상의 네트워크 서비스와 관련된 요구사항을 정리합니다. 그리고 어떤 제품에서 실행할지 결정합니다. 요구사항에 맞게 제품 설정 정의 방법을 설계합니다. 정의 내용에 따라서는 설정 사상(예 설정 방침)을 먼저 설계하고 이에 따라 정의합니다.

그런 다음 설계한 정의에 따라 실제로 작업해서 서비스를 구축합니다. 필요하면 작업 절차서를 작성합니다.

조언

설계할 네트워크 서비스에 따라 설계 내용도 가지각색입니다. **먼저 해당 제품과 서비스 설정 설명서를 확인합니다.** 애플리케이션처럼 직접 무언가를 만드는 경우는 드물고, 대부분 제품을 도입해서 설정해 활용합니다.

설정값 정의는 운영까지 염두에 두고 설계합니다. 하나를 변경하면 전부 바꿔야 하는 형태로 설정하면 서비스를 운영할 때 설정 변경에 많은 어려움이 생깁니다.[6]

▼ 표 8-5 DNS BIND 설계 예

#	분류	내용	설정값	참고
1	제품			
1-1		BIND	버전: xx	구축 시점의 최신 버전을 이용
1-2		사용 OS	Red Hat Enterprise Linux	
...		...	...	...
2	구성 파일(named.conf)			
2-1		directory	/var/named	-
2-2		pid-file	/var/run/named/named.pid	-
2-3		listen-on	any	-
2-4		listen-on-v6	any	-
2-5		allow-query	any	-
2-6		recursion	yes	-
...		...	...	...
3	존 설정			
3-1		존 이름	example.com	-
3-2		존 타입	master	-
3-3		존 파일	example.com.zone	-
...		...	...	...

○ 계속

---

[6] 너무 정의를 세분화하면 성능이 떨어지거나 관리 부담이 커질 수 있습니다. 미래의 모습도 잘 생각해서 적절한 형태로 설계하는 능력이 필요합니다.

#	분류	내용	설정값	참고
4	DNS 레코드			신청서의 내용을 바탕으로 추가
4-1-1		명칭	example.com	
4-1-2		리소스 레코드	A	
4-1-3		값	192.168.10.1	
4-2-1		명칭	www.example.com	
...	...	...	...	...

66 방화벽 규칙 설정 정책서

방화벽은 네트워크를 보호하기 위해 사용하는 기본 서비스로, 개별 네트워크 통신의 통과 여부를 통제합니다. 방화벽만으로 모두 다 보호할 수 있는 것은 아니므로 주의하기 바랍니다.

설계 목적(개별계)

설정 규칙의 기본 방침을 정하여 어떤 경우에 설정이 필요한지 명확히 합니다. 또한 설정값에 통일성이 있으면 운영 부담을 줄일 수 있습니다.

설계서 작성 단계

먼저 선택한 제품에 어떤 설정이 가능한지 확인합니다. 방침을 정해도 실제로 설정할 수 없다면 의미가 없습니다. 다음으로 방화벽 설치 위치와 역할을 명확히 합니다. 설치하는 장비가 하나가 아니므로 설치 위치와 무엇으로부터 시스템을 보호할지 정의합니다. 그리고 각 방화벽의 기본적인 통신 정책을 설계합니다. 기본값은 모든 통신을 차단하고 필요한 통신만 허용하는 허용 목록(Allow List) 방식[7]을 선택합니다. 실제로 등록 정의는 방화벽 규칙 설정 목록 등에서 관리합니다.

조언

방침뿐만 아니라 신청 규칙, 주기적인 재검토 방법도 함께 설계합니다. 특히 차단 목록(Deny List) 방식이라면 차단 대상이 늘어날 가능성이 있기 때문에 주기적으로 재검토를 해야 합니다.

---

7 **역주** 허용 목록 방식의 예전 표현은 화이트리스트(White List)이고, 그 반대인 차단 목록 방식은 블랙리스트(Black List)입니다. 요즘은 이런 차별적 표현이 들어 있는 용어를 피하고, 대신 허용 목록(Allow List), 차단 목록(Deny List) 같은 용어를 사용하는 추세입니다.

사이버 공격을 받는 등 방화벽에서 긴급 차단이 필요할 때가 있습니다. 이런 운영 방법도 미리 생각해 둡시다.

▼ 표 8-6 방화벽 규칙 설정 정책서 예

#	분류	정의	내용	참고
1	개요			
1-1		채택 제품	Cisco Secure Firewall	-
1-2		방화벽①	인터넷과 사내 네트워크 경계에 설치	-
1-3		방화벽②	DMZ와 사내 시스템 경계에 설치	-
…		…	…	…
2	방화벽①			
2-1		통신 정책	특정 통신만 명시적으로 차단하고, 차단 목록 방식으로 차단 추가	-
2-2		설정 규칙	차단 목록 등록은 기본적으로 접속 대상만 등록. 등록된 접속 대상은 모든 통신 프로토콜을 차단함	-
…		…	…	…
3	방화벽②			
3-1		통신 정책	모두 차단하고, 필요한 통신만 허용 목록 방식으로 허용	-
3-2		설정 규칙	허용 목록 등록은 접속 대상+포트 지정으로 등록함	-
…		…	…	…
4	신청 규칙			
4-1		신청 기간	보통 영업일 기준으로 10일 전까지 신청	긴급 대응 시 제외
4-2		신청서 양식	file://xxx/xxx.docx	-

○ 계속

#	분류	정의	내용	참고
4-3		신청 절차	file://yyy/yyy.pdf	보안 정책 검토를 통해 승인 여부 결정
...		...	...	...
5	재검토 운영			
5-1		시기	분기별로 실시	-
5-2		확인 내용	- 각 담당자에게 내용 확인 - 이미 폐지한 시스템은 정의 삭제	-
...		...	...	...

67 처리량 제어 설계

처리량(Throughput) 제어는 네트워크에 흐르는 데이터 전송 속도나 대역폭을 제어합니다. 통신, 즉 시스템 처리에는 우선순위가 있으므로 네트워크에 병목 현상이 발생하지 않도록 제어해야 합니다.

설계 목적(개별계)

네트워크를 적절하게 이용할 수 있게 하고, 네트워크 지연이나 패킷 손실을 줄여서 고품질 네트워크를 실현합니다. 업무에 지장을 주는 문제가 발생할 가능성도 줄일 수 있습니다.

설계서 작성 단계

먼저 어떤 통신이 있고 시간대별로 사용량이 어떻게 되는지 정리합니다. 이미 가동 중인 네트워크라면 현재 상태를 분석하는 방법도 있습니다. 이런 결과를 바탕으로, 지연이 발생했을 때 업무에 영향을 미치는 정도를 기준으로 업무 우선순위를 파악하고 대응의 필요성 유무를 설계합니다.

그리고 필요한 통신을 보호할 수 있는 설정을 검토합니다. 우선순위를 높이거나 우선순위가 낮은 통신의 전송 속도를 줄이는 방법이 있습니다.[8]

---

[8] 물리적으로 네트워크를 보강하거나 경로를 늘리는 방법, 장비 배치를 바꾸는 방법 등 다양한 방법이 있습니다. 본문에서 예로 든 방법은 물리적인 변경 없이 대응하는 방법입니다.

▼ 표 8-7 처리량 제어 설계 예

※ 여기에 없는 경로는 우선순위 중간, 대역폭 제한 없음으로 설정

#	발신자(from)				수신자(to)		
	오브젝트	노드명	IP 주소		오브젝트	노드명	IP 주소
1	사내 클라이언트	-	172.16.0.0/12	→	웹 서버	pxzweb01-49	192.168.10.1-49
2	AP서버	pazapl01-19	10.10.0.1-19	→	FTP서버	pxzftp01-02	10.220.15.1-2
...	...	...	...		...	...	...

조언

고정된 네트워크 대역폭(파이프 굵기로 생각하면 됩니다)에 무엇을 우선해서 보낼 것인지 정하는 이야기입니다. **하지만 큰 문제가 없다면 설정하지 않는 것을 추천합니다.** 관리 부담이 커지는 데다가 세밀하게 제어해도 결국 대역폭 자체는 변하지 않으므로 들인 노력에 비해 효과가 낮기 때문입니다. 파일 크기가 엄청 큰데 전송에 걸리는 시간에 제약이 없다면 우선순위를 낮춰서 전송하는 것도 방법입니다.

▼ 그림 8-4 처리량 제어

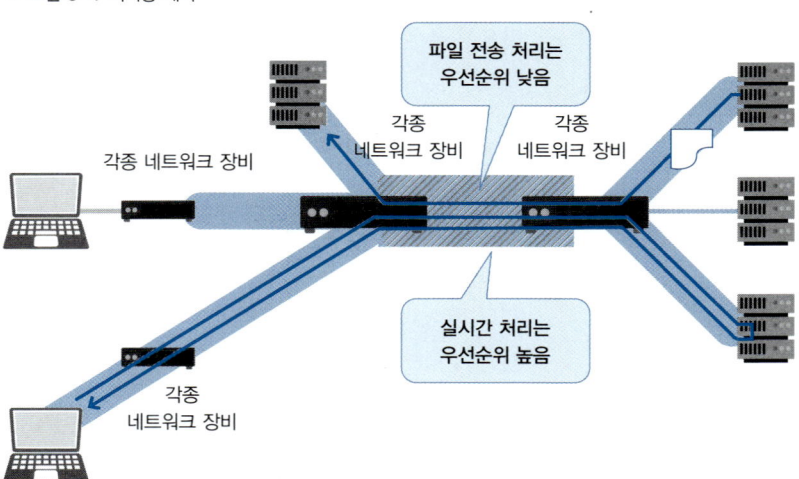

▼ 표 8-8 각종 네트워크 장비

우선순위	처리량 제어		참고
	대역폭	참고	
높음	제한 없음	실시간 처리	…
낮음	최대 1/4	대용량 파일 전송 처리	…
…	…	…	…

네트워크의 기초는 OSI 모델 배우기부터

컴퓨터 네트워크 구조에 대한 개념으로 OSI 모델이 있습니다(아래 표 8-9 참조).

가장 아래층은 물리 계층으로, 물리적인 이야기로 시작합니다. 그 위로 접속을 확립하는 계층이 쌓여 가고 마지막에는 애플리케이션에서 정보를 주고받기 위한 규칙이 정해져 있습니다.

네트워크는 접속한 장비 사이의 통신 규칙입니다. 이 규칙이 맞지 않으면 서로 다른 장비들 끼리 절대 작동할 수 없습니다. 하지만 인터넷이 널리 보급된 요즘은 어떤 규칙을 사용할지 고민할 필요 없이 TCP/IP 규칙을 사용하면 끝입니다. 엄밀하게 따지면 TCP/IP는 L3, L4 계층의 규칙이지만 이에 따라 상위 계층도 무엇을 쓸지 자연스럽게 정해집니다. 이 네트워크 계층 구조를 이해하고 있으면 네트워크 장애가 발생했을 때 어디에 문제가 생겼는지 빨리 파악할 수 있습니다.

이 책의 설명에 등장하는 애플리케이션은 L7 애플리케이션 계층의 설계를 말하는 것이 아니라 그 내부에서 전송하는 데이터 자체를 설계하는 것에 가깝습니다. L7은 네트워크 관련 내용이므로 정보를 주고받기 위한 규칙을 의미합니다.

▼ 표 8-9 OSI 모델

계층	이름	역할	규격 예
L7	애플리케이션 계층	애플리케이션 간의 소통 방법	HTTPS, IMAP, DNS
L6	프레젠테이션 계층	데이터 표현 규정	JPEG, PNG
L5	세션 계층	접속 방법	NetBIOS
L4	전송 계층	통신 방법	TCP, UDP
L3	네트워크 계층	전송 규칙	IP, ICMP
L2	데이터 링크 계층	인접 장비와 통신 방법	PPP, Ethernet
L1	물리 계층	물리적인 접속 방법	RS-232, UTP, 무선

9장

서버 설계

애플리케이션이 작동하는 기반은 바로 서버입니다. 서버의 내용물은 PC와 크게 다를 바가 없습니다. 어떤 OS를 선택하고 어떤 소프트웨어를 설치해서 사용할지 결정해야 합니다. 이런 서버들이 다양하게 얽혀서 시스템이 구성됩니다.

68 설계서 목록

SYSTEM DESIGN

선택한 OS와 미들웨어에 따라 설계 내용은 크게 달라지지만 기본적으로 해야 할 일은 같습니다. 서버의 사양과 대수를 선정하고 요구사항에 따라 설정 및 운영 설계를 실시합니다.

서버 설계에서 하는 일

서버를 구축하고 운영하기 위한 설계입니다. 전체 설계, 특히 시스템 아키텍처 설계와 신뢰성/안전성 설계(종합편)가 바탕이 됩니다. **네트워크와 마찬가지로 서버도 장비와 제품이 기반이 되기 때문에 이를 최적의 형태로 조합하는 작업입니다.**

운영 측면까지 고려하면 자동화하는 편이 품질과 효율이 더 좋습니다. 따라서 작업 절차서 등을 준비하면서 자동화 도구 구축 설계도 같이 합니다. 도구(=프로그램) 자체는 7장 로직 설계에서 설명한 애플리케이션 설계 내용이 됩니다.

서버 설계에 있어서도 클라우드 환경을 사용하면 많은 작업을 줄일 수 있습니다. 하드웨어 준비나 OS의 기본 준비 같은 작업은 관리 화면에서 선택하면 끝인 경우가 대부분입니다. 하지만 그 위의 계층이나 개별 미들웨어가 있거나 가용성(시스템이 정지되는 일 없이 계속 작동함)을 구현하려면 관련된 설계와 설정이 별도로 필요합니다. 그 외에도 클라우드를 사용하면 서버 사양 변경이 쉽고, 서버 대수도 쉽게 늘리고 줄일 수 있다는 장점이 있습니다.

클라우드의 가장 큰 단점은 사용하는 클라우드 자체에서 발생하는 대규모 장애입니다. 아마존, 마이크로소프트, 구글의 3대 클라우드 서비스 업체에서도 대규모 장애가 몇 번이나 발생해서 몇 시간 이상 서비스를 정지한 적이 있습니다. 온프레미스도 이런 장애가 발생하지만 온프레미스라면 중요한 업무를 처리하는 시기에는 릴리스를 연기하는 등 미리 위험에 대응하기 위한 조치를 취할 수 있습니다. 클라우드는 이런 부분을 제어할 수 없기 때문에 조심해야 합니다.

▼ 표 9-1 설계서 목록

설계서명	설계 종류	설계서 개요	상세 설명 Section
서버 목록	관리계	서버 목록을 정리합니다. 가상화를 사용할 경우 물리 서버와 가상 서버 양쪽 모두를 관리합니다.	-
서버 사양 설계	개별계	서버 사양과 대수를 명확히 합니다.	69
가상화 설계	개별계	가상화 방식과 내용을 설계합니다.	70
시설 설계	개별계	시설과 설비를 설계합니다. 어떤 랙의 어느 위치에 설치할지, 랜 케이블과 전원 코드를 어떻게 배치하고, 물리적인 키보드와 마우스, 모니터는 어떻게 연결할지, 공조 제어는 어떻게 할지(장비에서 열이 발생하므로 통풍을 고려해야 함) 등을 설계합니다.	-
서버 제품 구성서	관리계	서버에 설치할 제품을 설계합니다.	71
서버 가동 서비스 목록	관리계	서버에서 가동할 서비스, 즉 HTTP나 FTP 같은 서비스 목록을 정리합니다.	72
서버 설정 사양서	개별계	서버의 각종 설정값을 설계합니다.	73
설치 절차서	개별계	서버 구축을 위한 절차서를 작성합니다. 같은 작업을 반복할 수 있으므로 할 수 있다면 자동화합니다. 설치 버전이 조금만 달라져도 절차가 변할 수 있습니다. 절차서 관리 운영 시 이런 부분에도 주의해서 관리합니다.	-
서버 구축 절차서 (클라우드편)	개별계	클라우드 환경의 서버 구축 절차를 작성합니다.	74
서버 운영 설계	개별계	서버를 지속적으로 사용하는 데 필요한 처리를 설계합니다. 서버 재기동이나 백업 등이 해당합니다.	75
서버 운영 절차서	개별계	서버 운영 설계에 따라 작업 절차서를 작성합니다.	-
장애 대응 절차서	개별계	시스템 장애나 하드웨어 장애 발생 시 대응 절차서를 작성합니다.	76
업데이트, 패치 적용 절차서	개별계	업데이트나 패치 적용에 필요한 대응 절차서를 작성합니다. 특히 패치 적용은 긴급 대응인 경우가 많기 때문에, 테스트를 포함한 대응 방법을 미리 준비해야 합니다. Section 27에서 소개한 CSIRT 정보 수집 운영도 필요합니다.	-

서버 사양 설계

SYSTEM DESIGN

서버 사양 설계에서는 시스템 운영에 필요한 서버 사양과 대수를 명확히 합니다. 요즘은 가상화가 기본이므로 물리 서버를 설계할 때 가상화(Section 70 참조)도 포함해 설계해야 합니다.

설계 목적(개별계)

시스템 아키텍처 설계와 신뢰성/안전성 설계(종합편), 환경 설계(종합편) 등을 바탕으로 더욱 상세한 사양을 결정합니다. 서버의 용도에 따라 필요한 사양도 다르므로, 적절한 사양을 선택합니다. 서버에서 사용할 제품과 애플리케이션 용량 등을 고려해서 여유를 두고 사양을 계산합니다. 가상화를 사용한다면 가상화 사양과 가상화 소프트웨어에서 서버 몇 대 분의 가상 환경을 가동할지 등을 설계하고 확정합니다. 가용성과 비용 측면도 고려해서 최종적인 사양과 대수를 정해야 합니다. 클라우드를 사용한다면 손쉽게 사양과 대수를 변경할 수 있으므로 대략적으로 결정하는 것도 방법입니다.

조언

적절한 사양을 선택하는 것도 중요하지만, 관리 측면도 고려해야 합니다. 너무 여러 종류의 사양과 제품 서버를 선택하면 일괄 관리가 어려워서 관리 부담이 커집니다. 하지만 모두 똑같은 것을 선택하면 심각한 취약점 공격처럼 큰 문제가 생겼을 때 전부 영향을 받으므로 이런 위험성도 고려해야 합니다.

▼ 그림 9-1 서버 사양 설계 개념 예

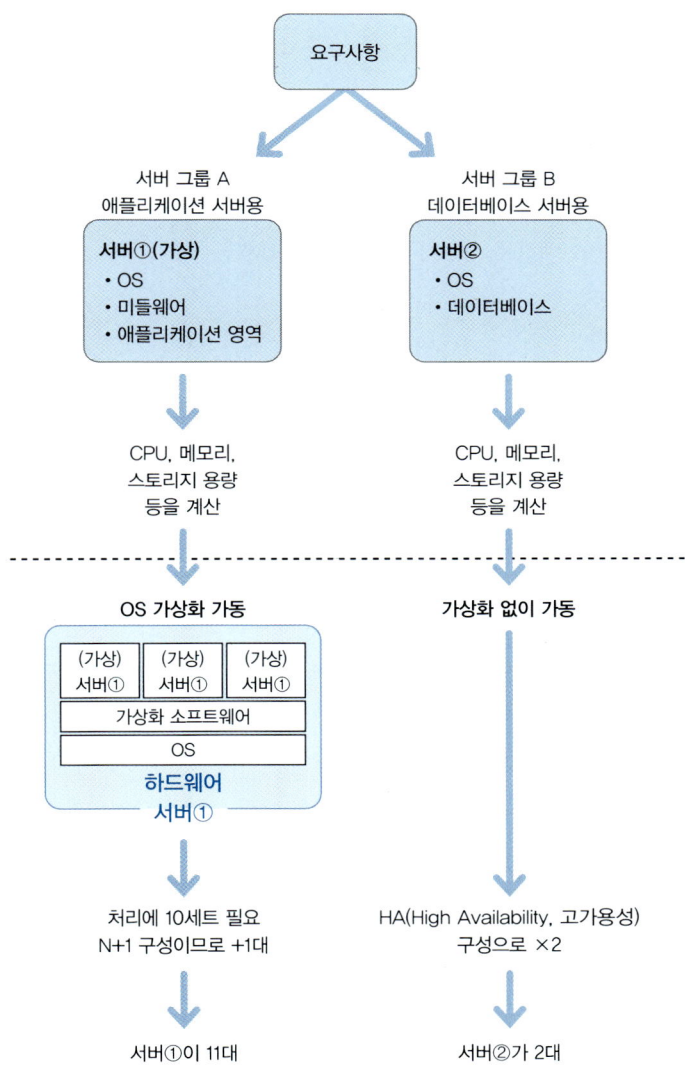

SECTION 70 가상화 설계

가상화는 추상적인 개념입니다. 만약 가상화에 대해 잘 모른다면 설계에 들어가기 전에 가상화를 이해하는 것부터 시작하기 바랍니다.

설계 목적(개별계)

가상화의 목적은 자원의 효율적인 활용과 운영 효율 향상입니다. 가상화를 적절하게 설계하면 이런 장점을 누릴 수 있습니다.

설계서 작성 단계

먼저 가상화를 할 것인지 필요성을 생각하고, 가상화를 할 경우 실시 목적을 명확히 합니다. **가상화에도 단점이 있습니다.** 가상화 처리에는 추가 리소스가 필요하고 물리 서버 1대에 여러 가상 서버를 가동하면 개별 성능이 낮아집니다. 하드웨어에 장애가 발생하면 해당 장비에서 가동 중인 가상 서버를 전부 사용할 수 없는 경우도 있습니다. 이런 단점을 감당할 수 없다면 가상화를 하지 않는 편이 좋습니다. 가상화 대상도 다양합니다. 다음 그림 9-2는 OS를 가상화한 것인데, 컨테이너 기술처럼 애플리케이션 실행 환경 같은 더 작은 단위로 가상화할 수도 있습니다.[1] 적절한 선택이 필요합니다. 가상화 방식을 정했으면 적절히 리소스를 사용할 수 있도록 배치하는 법을 설계합니다.

조언

가상화는 리소스를 효율적으로 활용해서 총비용을 절감할 수 있지만, 소프트웨어 라이선스 비용에 주의해야 합니다. 가상 환경을 사용할 경우 라이선스 요금이 변하는 제품도 있고, 오히려 비용이 증가하는 경우도 있습니다.

---

[1] 서버뿐만 아니라 네트워크 가상화나 스토리지 가상화 등 다양한 부분이 가상화 대상입니다. 가상화 기술도 진화하고 있으므로 최신 정보에 관심을 두고 살펴봅시다.

▼ 그림 9-2 가상화 설계 예

낮 시간에 처리량이 많은 애플리케이션 그룹과 밤 시간에 처리량이 많은 애플리케이션 그룹을 나눠서 낮과 밤에 가동 대수를 바꿔서 리소스를 효율적으로 활용한다.

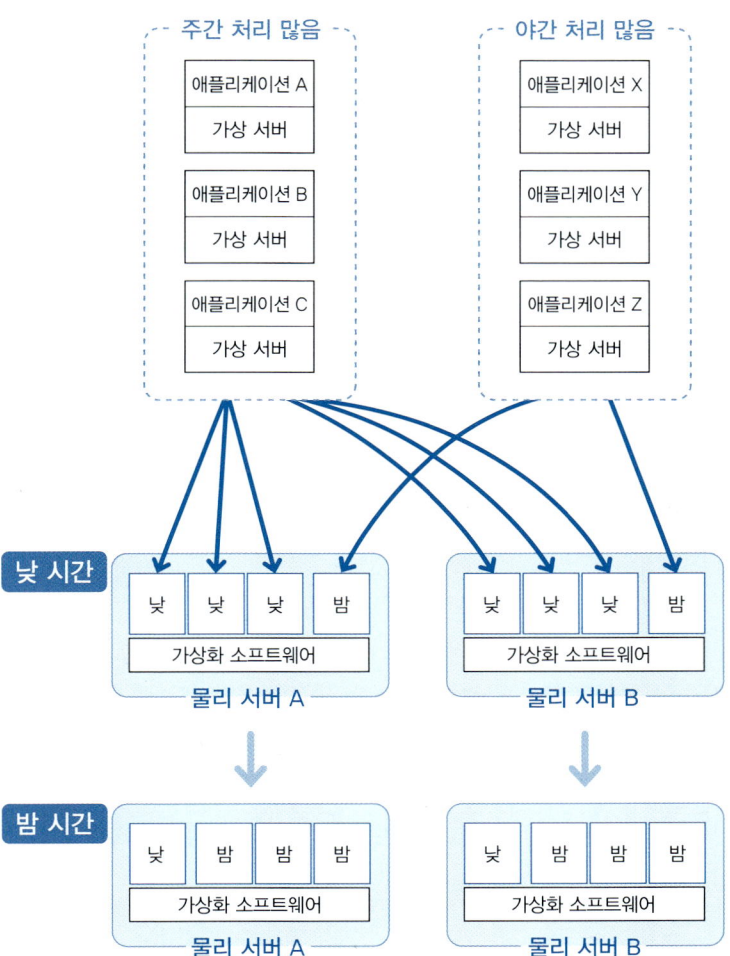

가상화했으므로 소프트웨어처럼 시작 및 종료할 수 있다.

서버 제품 구성서

SYSTEM DESIGN

서버 제품 구성서는 서버 내 OS와 미들웨어 등의 설치 제품과 상세한 버전 같은 정보를 정리한 설계서입니다. 운영 시 계속 유지보수하면서 관리할 중요한 설계서입니다.

설계 목적(관리계)

서버 내부를 제대로 파악해 두면 다양한 이벤트가 발생했을 때 당황하지 않고 대응할 수 있습니다. 예를 들어 보안 취약점을 발견했을 때 해당 제품을 사용하고 있는지, 라이선스 갱신이 필요한 소프트웨어가 무엇인지, 지원 종료된 소프트웨어는 무엇인지 등 미치는 영향을 확인하고 싶을 때 재빨리 대응할 수 있습니다.

설계서 작성 단계

먼저 제품 구성서의 관리 대상 정보를 기록할 틀을 작성합니다. 이후 제품 구매 및 설치 시에 내용이 정해지므로 그 시점에 설계서에 반영합니다. **이때 상세한 버전까지 기록하고 가급적 해당 제품과 버전을 선택한 이유까지 남겨 두는 것이 중요합니다.** 언제나 최신 버전이 최선의 선택은 아니므로[2] 그 이유를 나중에 봤을 때 알 수 있도록 기록해 두면 편리합니다.

조언

시스템 릴리스 후에도 패치나 버전업이 이어집니다. 설계서의 유지보수를 내버려 두면 정보가 낡고 부실해지므로 잊지 말고 운영 업무에 포함시키기 바라니

---

[2] 최신 출시 버전은 아직 발견되지 않은 버그가 있는 경우가 많아서 업무 시스템은 안정된 버전으로 지원을 충분히 받을 수 있는 제품을 선택하는 경향이 있습니다.

다. 서버 내부 정보를 자동으로 수집하는 도구도 있으므로 활용합시다. 또한 보안 문제 때문에 상세한 버전 정보는 공개하지 않는 경우가 있습니다. 공개 범위와 내용을 잘 검토하기 바랍니다.

일반적으로 OS에 내장된 소프트웨어나 라이브러리 등 직접 사용하지 않는 것까지 관리하지는 않지만, 사이버 공격을 받았을 때 취약점 대상이 될 가능성이 있습니다. 이런 위험성이 있는 제품은 사용하지 않더라도 관리 대상에 포함하거나 설치 제거를 검토합니다.

▼ 표 9-2 서버 제품 구성서 예

종류	제품	버전	선택 이유 등	...
OS	Red Hat Enterprise Linux	8.7 (커널 4.18.0-425.3.1)	안정 버전	...
웹 서버	NGINX	1.24.0	Puma와 Socket 접속	...
애플리케이션 서버	Puma	Ruby on Rails 에 포함	-	...
프레임워크	Ruby on Rails	7.0.4.3	최신 기능을 사용하기 위해 7 버전의 최신 버전 선택	...
Rails 확장 기능	devise	4.9.2	인증 관련 확장 기능	...
Rails 확장 기능	kaminari	1.1.0	기본 확장 기능	...
데이터베이스	PostgreSQL	15.2	-	...
프로그래밍 언어	Ruby	3.2.2	최신 안정판	...
라이브러리	openssl	3.1.0	RHEL 내장 버전을 최신 버전으로 교체	...
...	...	...	...	...

SECTION 72 서버 가동 서비스 목록

SYSTEM DESIGN

OS에 따라 실행 방법은 다르지만 일반적으로 서버가 처리를 받으려면 해당 서비스(Service)를 실행해야 합니다. 서비스를 실행하면 당연히 서버 리소스를 사용합니다.

설계 목적(관리계)

어떤 서비스가 어느 서버에서 가동되고 있는지 파악하여 실행 중인 서비스에 문제가 없는지 판단하도록 합니다. 그리고 서비스 다운 여부를 감시하는 운영 모니터링에도 사용할 수 있습니다. 다른 관리계 설계서와 마찬가지로 어떤 문제가 생겼을 때 빠르게 영향을 조사할 수 있습니다.

설계서 작성 단계

이미 시스템 요구사항에서 필요한 제품 등을 정리했을 것입니다. 이 내용을 바탕으로 어떤 서비스를 어느 서버에서 실행할지 설계합니다. 반대로 기본으로 자동 실행되는 불필요한 서비스는 정지하는 편이 좋으므로 자동 실행하지 않도록 설정을 변경해야 합니다. 문서로만 확인하는 대신 실제 장비에서 어떤 서비스가 실행되고 있는지 직접 확인하기 바랍니다.

조언

보안 측면에서 해당 서비스가 불필요하다면 아예 제거하는 편이 좋습니다. 부정 접속이 발생했을 때 악용될 가능성이 있기 때문입니다.

또한 최종적으로 시스템은 가동된 서비스가 없으면 처리를 받을 수 없습니다. 따라서 서비스가 가동 중인지 감시는 중요한 작업입니다.[3] 서비스 목록 설계서를 비롯한 관리계 설계서는 다른 다양한 설계와 운영에서도 활용합시다.

▼ 표 9-3 서버 가동 서비스 목록 예

서비스	가동 서버	참고
SSH	모든 서버	–
HTTP/HTTPS	웹 서버	HTTPS는 로드 밸런서가 대응하므로 실질적으로 웹 서버는 HTTP로 응답
DB 리스너	데이터베이스 서버	–
FTP/SFTP	파일 전송 서버	–
HULFT	파일 전송 서버	–
SMB	파일 공유 서버	윈도우 계통이 접속할 때 사용
NFS	파일 공유 서버	리눅스 계통이 접속할 때 사용
rsync	백업 서버	–
DNS	DNS 서버	–
IMAP/POP3/SMTP	메일 서버	실제로는 보안 IMAPS, POP3S, SMTPS 사용
redis	캐시 서버	–
…	…	…

※ 목록이 길어진다면 가동 서버를 기준으로 서버별로 나눠서 가동하는 서비스를 관리하는 방법도 있습니다. 설계서 사용 용도를 생각해서 관리하기 좋은 형태로 작성합니다.

---

[3] 일반적으로 리눅스 계통 OS가 윈도우 서버보다 오랫동안 안정적으로 작동합니다. 따라서 윈도우는 주기적으로 재시작하는 처리를 운영 작업에 포함하기도 합니다.

SECTION 73 서버 설정 사양서

OS나 서비스에도 설정값이 있습니다. 예를 들어 최대 파일 크기 제한이나 로그를 출력할 경로 정보 등입니다. 서비스를 적절하게 사용할 수 있도록 이런 설정이 필요합니다.

설계 목적(개별계)

각종 설정값을 명확히 해서 요구사항을 만족하는지 확인하고 서버 품질을 보장합니다. 설정한 부분은 테스트도 필요하므로 테스트 케이스 작성에도 활용할 수 있습니다.

설계서 작성 단계

먼저 사용하는 제품 등의 어디에 어떤 설정이 있는지 명확히 합니다.[4] 그리고 요구사항을 만족하도록 설정값을 설계합니다.

조언

OS에 따라 다르지만 리눅스 계열 서비스는 일반 텍스트 파일로 설정값을 관리합니다. 따라서 라이브러리 관리 도구(Section 28 참조)에서 설명한 버전 관리 도구를 사용할 수 있는데 수작업으로 인한 실수를 방지하기 위해서라도 적극적으로 활용하도록 합시다. 이때 주의할 점으로, 설정 파일에는 개발 환경이나 프로덕션 환경 등의 고유 설정이나 기밀 정보(데이터베이스 접속 암호 등)가 포함될 수 있습니다. 이런 정보를 다루는 방법을 검토해야 합니다. 기밀 정보는 라이브러리 관리 도구 대상에서 제외하는 것이 좋습니다.

---

[4] 기본적으로 해당 제품의 공식 문서나 설명서를 확인하면 파악할 수 있습니다. 중요한 내용이 적혀 있을 수 있으므로 확인하는 습관을 기릅시다.

제품 버전이 달라지면 설정값 관련 내용도 바뀔 수 있습니다. 대응할 때 주의하기 바랍니다.

▼ 표 9-4 서버 설정 사양서(Apache) 예

#	분류	내용	설정값
1	제품		
1-1		Apache	버전: 2.4.57
1-2		OS	Red Hat Enterprise Linux 8.7
…		…	…
2	설정 파일(httpd.conf)		
2-1		서버의 루트 디렉터리	ServerRoot "/etc/httpd"
2-2		문서 루트	DocumentRoot "/var/www/html"

2-3		디렉터리 설정	`<Directory />`
			　Options FollowSymLinks
			　AllowOverride None
			`</Directory>`
			
			`<Directory "/var/www/html">`
			　Options Indexes FollowSymLinks
			　AllowOverride None
			　Require all granted
			`</Directory>`

2-4		로그 설정(오류 로그)	ErrorLog "logs/error_log"
2-5		로그 설정(액세스 로그)	LogFormat "%h %l %u %t \"%r\" %>s %b \"%{Referer}i\" \"%{User-Agent}i\"" combined CustomLog "logs/access_log" combined
…		…	…

SECTION 74 서버 구축 절차서(클라우드편)

클라우드(AWS, GCP, Azure 등)를 활용한 서버 구축은 온프레미스에 비하면 무척 간단하지만, 클라우드 특유의 주의사항이 있습니다. 어떤 주의사항인지 살펴봅시다.

설계 목적(개별계)

절차서를 작성하여 작업 품질과 재사용성을 높입니다. 작업 전에 주의사항을 미리 파악할 수도 있습니다.

설계서 작성 단계

선택한 클라우드 환경의 서버 개념을 이해하고 어떻게 구축할지 설계합니다. **설명서를 보면서 실제로 콘솔 화면(관리자 화면)에서 서버 구축을 시도해 보고[5] 설정을 어떻게 하고, 무엇을 고려해야 하는지 확인하는 방법이 가장 빠릅니다.** 클라우드는 잠깐 테스트해 보고 싶을 때 딱 맞는 서비스입니다.

할 일을 정리했으면 이제 실제 작업을 절차화합니다.

조언

클라우드는 무척 빠르게 진화합니다. 작업 절차나 화면도 자주 바뀝니다. 절차서를 한 번 만들어 두면 끝나는 것이 아니라 사용할 때마다 내용이 최신 상태인지 확인해야 합니다. 이런 확인도 실제 관리 콘솔 화면을 보면서 하는 것이 빠릅니다.

---

[5] 실제로 처음 시작할 때는 클라우드 계정부터 만들어야 합니다. 신용카드 등록 및 확인 등 결제 관련 처리에 시간이 필요할 수 있으니 주의하기 바랍니다.

❤ 그림 9-3 서버 구축 절차서(클라우드편) 예

☐ AWS 계정에 로그인하기

☐ 서울 리전인지 확인하기

☐ EC2 > AMI 카탈로그 클릭하기

☐ 검색창에 Red Hat Enterprise Linux 9 with High Availability를 입력해서 검색한 후 선택하기
ami-0dcb1703xxxxxxxxx(64비트(x86))

☐ 선택되었는지 확인하고 [AMI로 인스턴스 실행] 클릭하기

AMI 템플릿 작성   AMI로 인스턴스 실행

☐ 다음과 같이 설정하기
Name and tags: test_rhel_01
인스턴스 종류: t3.large
xxx:xxx

☐ 키 페어는 새로운 키 페어로 작성하기
새로운 키 페어 작성 절차는 yyy 참조

클라우드가 제공하는 데이터를 사용할 때도 주의가 필요합니다. 제공하는 서버 머신 이미지를 사용한다고 절차서에 작성했는데 해당 이미지가 더 이상 제공되지 않을 수 있습니다. 서버 이미지 파일을 따로 저장해 두는 식으로 클라우드 변화의 영향을 덜 받는 절차를 만들어야 합니다.

75 서버 운영 설계

서버를 계속 사용하는 데 필요한 처리를 설계하는 것이 서버 운영 설계입니다. 재시작과 백업, 감시, 보안 패치 적용 등, 사람이 사는데 관리가 필요하듯 서버도 관리가 필요합니다.

설계 목적(개별계)

서버 운영 설계를 통해 무엇을 해야 하는지 명확히 정리합니다. 서버를 안정적으로 운영하고 효율적으로 유지보수할 수 있습니다.

설계서 작성 단계

요구사항을 정리하고 서버 운영 설계에서 해야 할 일을 정리합니다. 운영 방식 설계(종합편)를 바탕으로 재시작, 백업, 모니터링 등 '해야 할 일'이 정리되면 이를 잘 묶어서 설계 단위로 분할합니다. 처리의 성격이나 실시 타이밍 등에 따라 나누는 것도 좋은 방법입니다.

단위를 정했으면 해당 내용을 설계합니다. 내용에 따라서는 운영을 자동화하는 도구를 구축해야 할 수도 있으므로 잘 파악합시다.

이후 각 서버 운영 절차서를 작성합니다.

조언

필요한 처리를 설계하는 것은 당연하지만 **처리에 걸리는 시간이나 어떤 영향이 있을지도 같이 고려해야 합니다**. 예를 들어 매일 백업한다고 설계하는 것은 좋지만 백업에 25시간이 걸린다면 설계가 성립할 수 없습니다. 어떤 처리를 하는 도중에는 애플리케이션을 멈춰야 하는 경우도 많습니다.[6] 이런 영향도 정리해서 필요에 따라 제약을 두거나 조정하기 바랍니다. 실제로 불가능한 운영은 설계를 한다 해도 의미가 없습니다.

▼ 그림 9-4 서버 운영 설계의 일일 처리 예

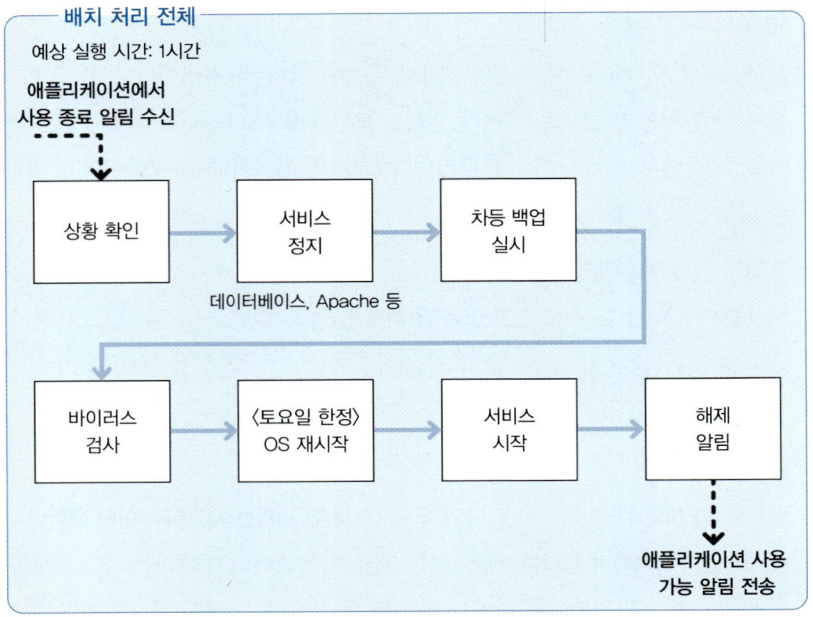

---

6 서버는 '기반'이라고 불리는 만큼, 유지보수 중에는 서버에서 실행 중인 애플리케이션에 영향이 발생하기 쉽습니다. 프로덕션 가동 후 긴급 대응이 발생할 경우에는 이런 조정이 가장 어렵습니다.

SECTION 76 장애 대응 절차서

서버에서 시스템 장애나 하드웨어 고장이 발생했을 때 대응하기 위한 절차서입니다. 특히 장애 대응은 시간과의 싸움입니다. 미리 잘 준비해 두는 것이 모든 면에서 좋습니다.

설계 목적(개별계)

장애 대응 절차서를 준비하여 장애 발생 시 **빠르고 수준 높게** 대응합니다. 그리고 미리 준비되어 있으면 침착하게 대응할 수 있습니다.

설계서 작성 단계

먼저 어떤 장애가 발생할 가능성이 있는지 예상합니다. 시스템이 서비스를 제공하지 못하는 상태 즉, 서비스나 OS가 다운되거나 하드웨어가 고장나는 경우 등입니다.

그리고 각 예상 케이스마다 어떻게 후속 조치를 취할지 대응법을 설계합니다. 장애 발생에 따른 예상 영향, 복구에 걸리는 시간, 복구 후 대응 조치, 대응하기 위한 체계, 복구 절차를 설계합니다.

조언

모든 장애를 미리 예상하는 것은 불가능하고, 모든 경우에 대한 절차서를 작성하는 것도 비효율적입니다. 영향을 많이 미치는 것, 발생 확률이 높은 것 등 우선순위를 고려해서 절차서를 작성합시다.

▼ 그림 9-5 장애 대응 절차서 예

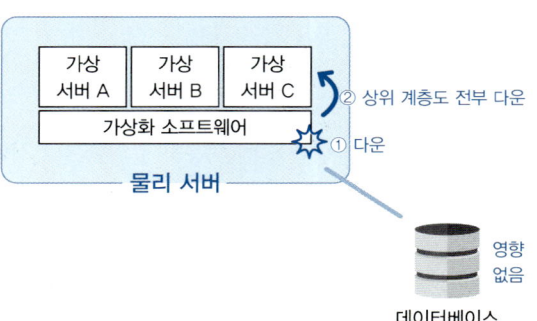

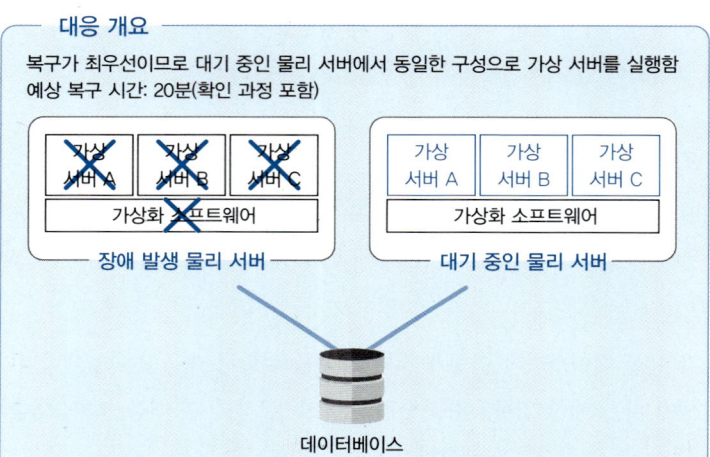

작업 절차

① **다운된 서버 확인**
- 모니터링 도구로 대상 확인하기
- 장애 발생 영역이 프로덕션 처리 네트워크에서 분리되었는지 확인하기
- 데이터베이스에 데이터 불일치가 발생하지 않았는지 확인하기
  (로그 확인)

② **대기 중인 물리 서버 상태 확인하기**
   …

어느 정도 범용적으로 사용할 수 있도록 만드는 것도 중요합니다. 매번 직접 명령어에 서버명까지 입력하도록 절차서를 작성하면 서버 대수만큼 절차서가 필요합니다.

그리고 장애 훈련[7]을 실시합시다. 작업 절차의 타당성을 확인하고 수준 높은 절차서를 만들 수 있습니다.

---

7 실제 환경에서 장애 훈련을 하면 좋겠지만 뒷정리에 상당히 주의해야 합니다. 정리하다가 실수해서 실제 환경에서 장애가 발생하면 무척이나 스트레스를 받습니다.

서버 설계를 할 수 있으면 대부분 어떻게든 해결된다

시스템에 대해 전혀 모르는데 어떻게 공부해야 하는지 질문을 받곤 합니다. 물론 사람에 따라 최선의 공부 방법은 다양하겠지만, 시스템 그 자체를 이해하고 싶다면 직접 서버를 만들어 보는 것을 추천합니다. 요즘은 클라우드에서 간단히 만들 수 있지만 가능하면 PC 부품을 사서 조립하고 서버를 가동할 수 있을 때까지 직접 구축해 보는 것이 좋습니다.

왜냐하면 이 과정에 시스템 가동에 필요한 거의 모든 요소가 담겨 있기 때문입니다. 컴퓨터에 어떤 부품(CPU, 메모리, 디스크 등)이 있고 역할이 무엇인지, OS를 설치하려면 어떻게 해야 하는지, 웹 서버를 실행하려면 무엇을 설치해야 하고 설정은 어떻게 하는지 등입니다. 물론 이런 과정에 최소한의 네트워크 연결도 필요합니다. 그리고 프로그래밍 환경 구축 방법, 구축한 애플리케이션을 어떻게 배치해야 하는지 이런 경험이 쌓이면 실제로 설계할 때 할 일이 무엇인지 감이 잡힙니다. 물론 시스템 장애가 발생했을 때도 마찬가지입니다.

저는 어렸을 때부터 컴퓨터를 무척 좋아했기 때문에 저도 모르는 사이에 이런 일을 경험하고 익혔습니다. 이 경험이 사회에 나와서 시스템 업무를 담당할 때 무척 큰 도움이 되었습니다. 컴퓨터가 매우 비싼 물건이던 시절이었지만 비교적 자유롭게 여러 가지를 할 수 있게 도와주신 부모님께 감사할 따름입니다.

이 이야기는 직업으로써 시스템을 만들어서 돈을 벌 때 필요한 효율적인 학습 방법과는 거리가 있습니다. 자신의 시스템 구축 경험이 있다고 해도 업무용 시스템을 당장 만들 수 있는 것은 아닙니다. 하지만 장기적으로 봤을 때 이런 경험이 서로 연결되어서 실력이 급성장하는 순간이 올 것입니다.

10장
설계서 활용

이상으로 설계서에 대한 설명이 끝났습니다. 하지만 설계서를 작성하는 목적이 시스템 개발만은 아닙니다. 잘 활용하면 시스템 품질 향상에도 도움이 됩니다. 마지막 장에서는 이와 관련된 내용을 소개하겠습니다.

SECTION 77 설계서는 개발만 위한 것이 아니다

SYSTEM DESIGN

'Section 08 설계서를 작성하는 이유'에서 설계서를 왜 작성하는지 설명했습니다. 물론 시스템 개발이 목적이지만 여기에서는 그 외의 활용 방법을 설명합니다.

시스템 릴리스 이후의 활용 용도

시스템을 유지보수, 운영, 폐지할 때도 설계서는 중요합니다. 애초에 유지보수 및 운영 단계에 들어가면 시스템 초기 구축 당시의 멤버 구성을 유지하지 않습니다. 대체로 비용 문제가 크게 작용하는데 프로젝트 진행 중에는 많은 인원이 필요하지만 유지보수와 운영에는 그다지 많은 인원이 필요하지 않기 때문입니다. 따라서 인원수가 줄어드는 것이 당연합니다. 상황에 따라서는 초기에 구축할 당시의 멤버가 아무도 없는 새로운 조직이 될 수도 있습니다. 따라서 설계서는 유지보수 및 운영에 대한 인수인계의 의미도 담겨 있습니다.

시스템을 유지보수하고 운영할 때 설계서를 활용하는데 **시스템 영향 조사, 사내 교육, 폐지(차세대 시스템 전환)할 때도 강력한 무기가 됩니다.** 이에 대해서는 다음 절에서 설명하겠습니다.

물론 유지보수, 운영 중에도 계속해서 설계서(문서)의 관리(유지보수)가 필요합니다.

설계서에 최신 내용 반영하기

새로운 시스템을 개발할 때는 지금 하는 작업이 너무 바빠서 설계서에는 제대로 손을 못 대거나 아예 설계서가 없을 수도 있습니다. 오히려 현실적으로 완벽한 설계서는 없다고 해도 과언이 아닙니다. 프로젝트 막바지에 수정된 내용을 이전에 만든 설계서에까지 전부 반영할 만한 여유는 거의 없습니다. 초기 시스템 구축 후에는 여러 가지 잔여 작업이 있기 마련인데, 그중 하나로 반드시 문서 정리를 하기 바랍니다.[1]

❤ 그림 10-1 설계서 활용 예

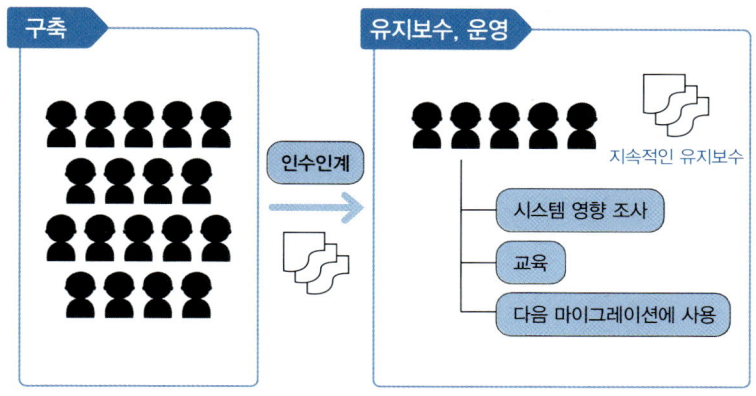

시스템 릴리스 후 대응

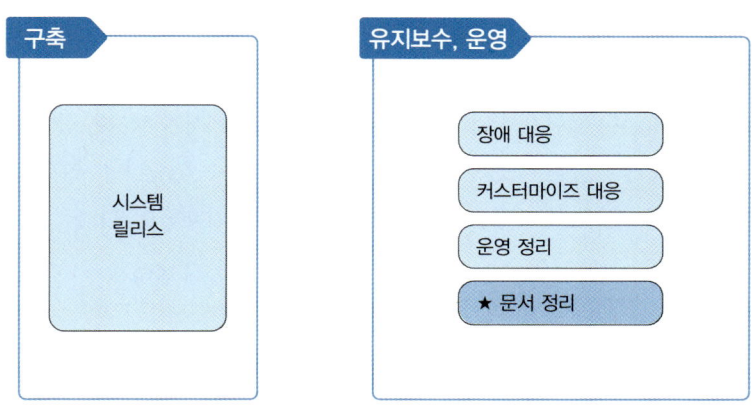

---

1 하지만 역시 문서 정리는 나중으로 미루기 쉽습니다. 하지만 관계자가 있고 아직 기억이 생생할 때 하지 않으면 나중에 훨씬 비싼 값을 치르게 됩니다.

78 설계서는 지속적인 관리가 중요

SYSTEM DESIGN

설계서를 활용하기 위해서는 설계서 내용이 정확해야 합니다. 하지만 설계서 유지관리는 꼼꼼히 생각하지 않으면 어려운 점이 많습니다. 설계서에 잘못된 내용이 있더라도 바로 알아차리지 못한다는 점도 어려운 부분입니다.

생각보다 어려운 설계서 유지관리

만약 설계서에 잘못된 내용이 있으면 작업 진행 중에 문제가 생길 것입니다. 이 점은 쉽게 상상할 수 있습니다. 그렇게 되지 않으려면 당연히 설계서를 제대로 업데이트해야 합니다. 하지만 그렇게 간단한 일이 아닙니다. 유지보수 작업을 하면서 기존 시스템을 수정하는데, 설계서는 수정하는 내용에 대해 작성합니다. 예를 들어 유지보수 개요를 설명하는 문서이거나, 프로그램을 수정할 부분만 따로 뽑은 로직 설계서라고 합시다. 시스템 릴리스가 끝나면 수정 내용을 기본 설계서에 반영합니다.[2]

하지만 사람이 하는 일인지라 관리계나 전체확인계의 설계서가 빠지는 등 반영 내용이 부족하거나 잘못된 곳에 반영하는 실수가 있을 수 있습니다. **설계서가 잘못되더라도 시스템에는 문제가 발생하지 않으므로 알아차리기 어렵습니다.**

따라서 문서의 유지관리 규칙을 정리하고, 수정 안건 대응 시 반영해야 하는 설계서를 대상으로 설계 및 리뷰를 하는 것이 효과적입니다.

---

[2] 안건 대응이 끝나기 전에 기본 설계서(마스터)에 반영하면 취소된 릴리스 내용을 지우지 않거나, 아직 반영되지 않은 내용을 다른 수정 작업에서 사용해 사고가 발생하는 등 다양한 문제가 생깁니다.

유지관리도 고려하기

설계서 유지관리에는 당연히 비용이 발생합니다. 그리고 비슷한 내용의 설계서가 있다면 이중으로 유지관리가 필요하게 됩니다. 이런 부분이 발견되면 해당 설계서를 하나로 합쳐서 없애는 판단도 필요합니다.

▼ 그림 10-2 설계서 유지보수 모습

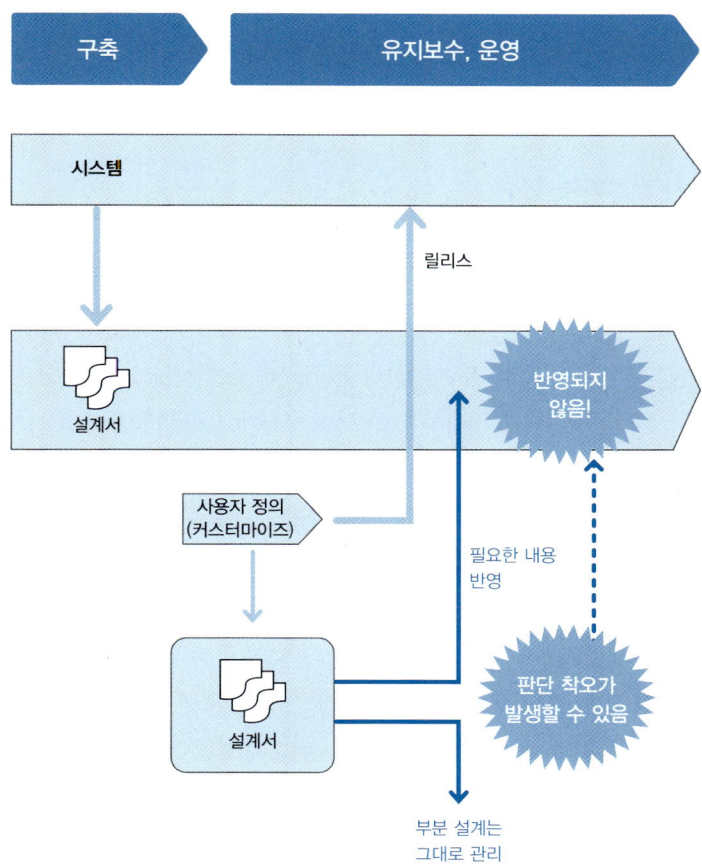

SECTION 79 설계서는 영향 조사에 사용

영향 조사는 시스템에 어떤 일이 발생할 것 같거나 발생했을 때 어떤 영향이 있을지 확인하는 작업입니다. 시스템 운영을 경험해 보면 알겠지만, 영향 조사는 꽤 자주 합니다.

영향 조사가 발생하는 경우

보통은 어떤 변경을 하기 전에 영향 여부를 확인할 때 조사합니다. 예를 들어 '우편번호를 5자리에서 7자리로 바꾸면 영향이 어느 정도일까요?'와 같은 경우입니다. 그 외에도 값의 의미가 변하거나, 계산 로직이 변경되거나, 법률이 개정되어 확인 기능을 추가해야 할 때 등 다양합니다. 시스템 장애 시에도 영향 조사가 필요합니다. 연동한 데이터가 원래라면 1이어야 하는데 10으로 전송되었을 때 후속 조치가 필요한지 여부를 포함해 영향이 어느 정도인지 조사합니다.

영향 조사에 요구되는 속도와 품질은 가지각색

같은 영향 조사라고 해도 필요한 응답 수준에는 차이가 있습니다. "대략적인 영향을 파악해서 예상 비용을 뽑고 싶으니 간단히 알고 있는 범위 내에서 알려 주세요.", "시스템 장애가 발생했으므로 10분 이내에 예상 영향 범위를 파악해서 가급적 빠르게 보고 바랍니다.", "시스템 수정을 위해 정확한 영향 범위를 파악 바랍니다." 등 요구사항은 다양합니다. 이러한 요구 수준에 맞춰 소스 코드나 설계서를 활용해서 조사합니다.

❤ 그림 10-3 영향 조사 모습 예

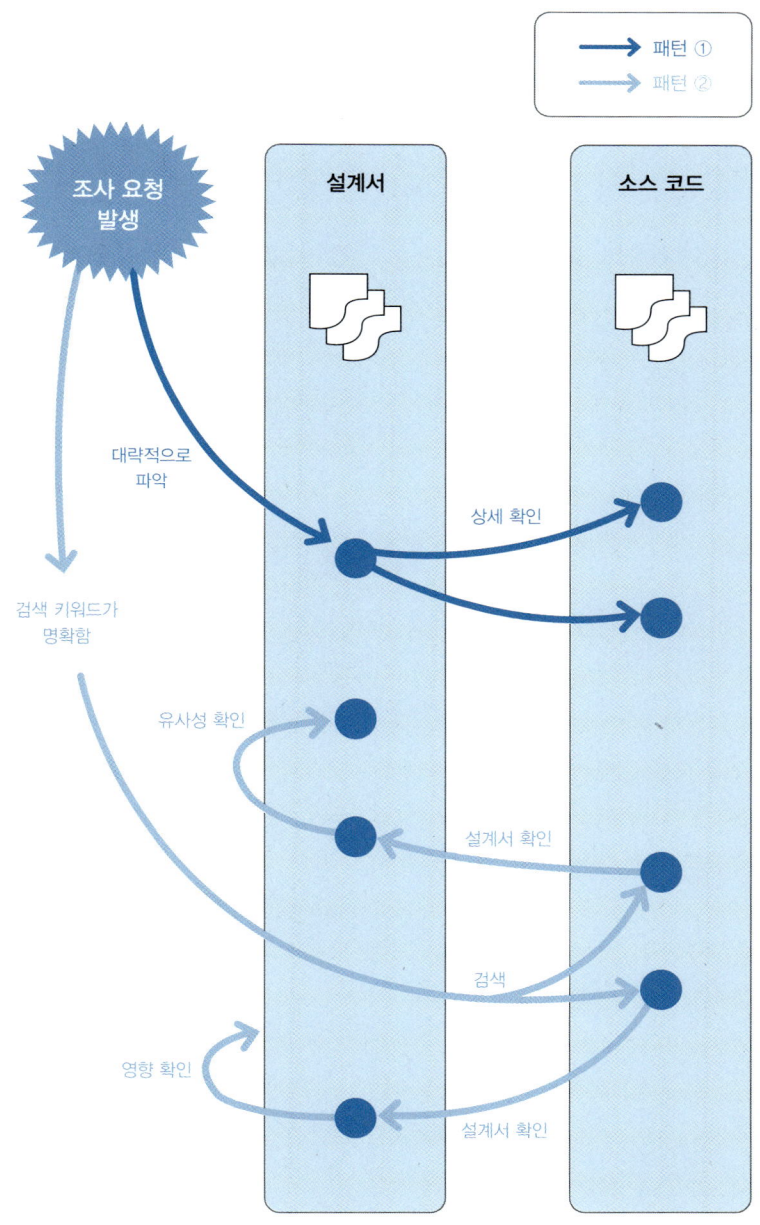

10장 설계서 활용 **267**

설계서가 없다면 오리무중

예를 들어 어떤 파일을 이리저리 옮겨서 대상 시스템까지 전송한다고 합시다. 이때 소스 코드를 바탕으로 조사한다면 하나하나 추적해야 합니다. 미리 설계서에 정리해 두면 빠르게 파악할 수 있습니다.[3]

---

3 특히 시스템 장애 시에 이런 관리계 설계서가 큰 힘을 발휘합니다. 저도 셀 수 없을 만큼 많이 도움을 받았습니다.

80 설계서는 시스템 품질 향상에 사용

SYSTEM DESIGN

설계서는 시스템의 사상과 개념 그 자체를 담고 있습니다. 구현하려는 것, 제약 조건 등 다양한 요인이 모여서 지금의 시스템을 형성합니다. 이를 무시하고 수정하면 예상치 못한 일이 발생할 수 있습니다.

전체 설계에 담긴 설계 사상

소스 코드만 본다면 왜 이런 방식으로 만들고 로직을 작성했는지 알 수 없습니다. 같은 처리 구현이라도 시스템 구축 패턴은 다양하기 때문입니다.

이런 설계 사상과 이념은 전체 설계에 반영하여 설계합니다. 유지보수, 운영도 전체 설계에 따라 수정하면 품질을 유지하면서 시스템을 사용할 수 있습니다. 반대로 **전체 설계를 무시한 수정을 반복하면 예상하지 못한 문제가 발생하기 시작합니다.** 유지보수성 저하, 보안성 저하, 하드웨어 장애 발생 시 복구 불가능 등 점점 시스템 품질이 떨어지기 시작합니다.[4] 아무리 수정할 때마다 설계서를 유지보수해도 이런 현상은 막을 수 없습니다.

현재 문제 확인과 리팩터링에 사용

설계 이념에 따라 설계하는 것은 중요하지만 현재 시스템이 언제나 정답은 아닙니다. 특히 신규 시스템 구축 프로젝트는 우여곡절이 많습니다. 일정과 비용을 맞추기 위해 설계 이념과 맞지 않는 대응을 할 때도 있습니다. 설계서를 확인하다 보면 그런 부분을 발견할 수 있습니다. 그때에는 리팩터링(Refactoring)

---

[4] 저도 경험한 적이 있습니다. 설계 사상과 맞지 않는 내용을 한번 넣기 시작하면 그 때문에 또 다른 어긋남이 발생합니다. 결과적으로 관리 패턴이 증가하고 유지보수 비용이 늘어납니다.

을 시도해 보기 바랍니다. 리팩터링은 외부에서 보이는 동작은 바꾸지 않고 내부 구조를 수정하는 것을 말합니다.

❤ 그림 10-4 전체 설계서에 따른 유지보수 대응 예

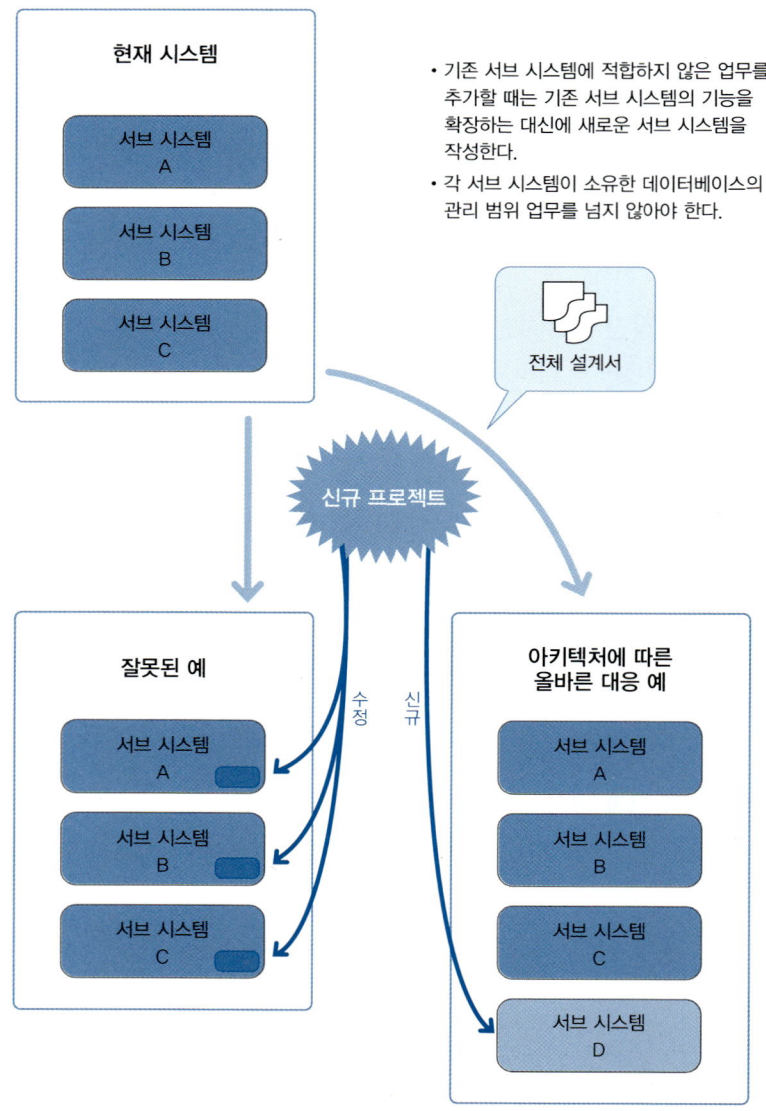

81 설계서는 교육에 사용

설계서는 살아 있는 노하우의 집합체입니다. 흔히 교육 연수보다 현장에서 배우는 것이 많다고 하는데, 실제로 가동 중인 시스템이나 설계서는 살아 있는 교재입니다. 꼭 교육에 활용해 보기 바랍니다.

설계서에서 배울 수 있는 것은 많다

대규모 시스템이라면 수백~수천 명이 달라붙어서 힘들게 설계서를 만들어 냅니다. 설계서를 단순히 시스템 사양서 목적으로만 쓴다면 돈을 그냥 내버리는 셈입니다. 다음에 나오는 그림처럼 설계서에서 배울 수 있는 것은 산더미입니다. **교과서적인 IT 기술뿐만 아니라 노하우도 잔뜩 배울 수 있습니다.**[5]

혼자서 설계서를 해석하는 건 한계가 있으므로 팀이나 뜻이 맞는 사람을 모아 스터디 그룹을 만드는 것을 추천합니다. 저도 바쁜 와중에 시간을 쪼개서 가르쳐 준 선배들이 많이 있었습니다. 실제 시스템을 주제로 삼는 공부는 피가 되고 살이 됩니다.

만약 현재 시스템에서 제대로 설계되지 않은 부분을 발견했다면 어떻게 하면 개선할 수 있을지 고민해 보면서 실력을 한 단계 더 늘릴 수 있습니다.

설계서는 업무 로직의 모음

시스템은 업무를 하기 위해 존재합니다. 즉, 프로그램은 업무 로직 그 자체입니다. 따라서 실제 업무 담당자보다 시스템 담당자가 업무에 대해 더 자세히 알기

---

[5] 마찬가지로 제 경험담입니다. 아무리 봐도 제품 관련 버그 같은데 원인을 찾을 수 없었습니다. 다만 이런 현상이 어떤 처리를 실행 중에는 발생하지 않는 것을 보고 이를 참고해 구현한 적이 있습니다. 이것도 어떤 의미로 살아 있는 노하우라고 생각합니다.

도 합니다. 시스템은 다양한 특수 상황에도 대응하므로 아주 드물게 발생하는 업무라면 담당자도 잘 모릅니다. 물론 자신이 만든 시스템 이외라면 현장 담당자가 더 잘 알고 있겠지만요.

❤ 그림 10-5 설계서에서 배울 수 있는 것

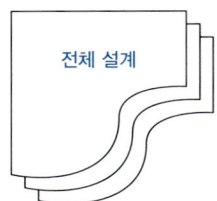

- 설계 이념
- 아키텍처 작성법
- 비기능 요구사항 대응 방법 등

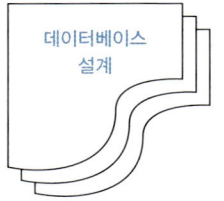

- 데이터베이스 다루는 방법
- 테이블 분할 개념
- 업무 관련 작업 등

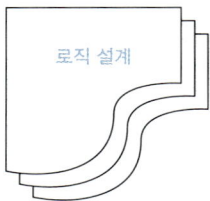

- 처리 패턴
- 발생 가능한 오류 파악
- 업무 로직 이해 등

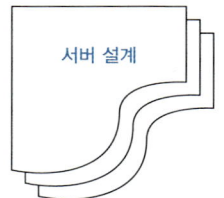

- 시스템 구조
- 사용 리소스 파악
- 운영 노하우 등

스터디 모임을 통해 실력을 향상시키자!

SECTION 82 설계서는 마이그레이션 준비에 사용

마이그레이션은 시스템 수명주기의 최종 단계인 '폐지'에 해당하고, 현재 시스템에서 하는 마지막 작업입니다. 유지보수, 운영하면서 계속 관리한 설계서의 성과가 여기서 나타납니다.

마이그레이션할 때 현재 시스템 사양 확인은 필수

시스템은 언젠가 반드시 폐지하기 마련입니다. 여기서 말하는 폐지는 업무가 없어지는 것이 아니라 하드웨어 노후화나 OS 지원 종료 등을 의미합니다. 업무 종료가 아니므로 업무를 다른 환경으로 이전해야 합니다. 즉, 현재 시스템에서 새로운 시스템으로 마이그레이션을 할 필요가 있습니다.

먼저 마이그레이션을 위한 검토 팀을 구성합니다. 검토 팀의 구성원은 현재 시스템을 잘 아는 사람이 아니라 오히려 잘 알지 못하는 사람으로 구성될 때가 더 많을 수도 있습니다. 일단은 설계서처럼 바로 확인할 수 있는 것부터 정보를 수집합니다. 이때 전체파악계와 관리계의 설계서를 자주 사용하는데 대략적인 정보를 파악하기에 딱 맞는 설계서입니다. 당장 급한 수정 대응에 급급해서 **이런 전체적인 모습을 알 수 있는 설계서를 유지관리하지 않으면 잘못된 영향 조사 결과가 나올 가능성이 높아집니다.**

❤ 그림 10-6 마이그레이션 검토 시 최초의 영향 조사

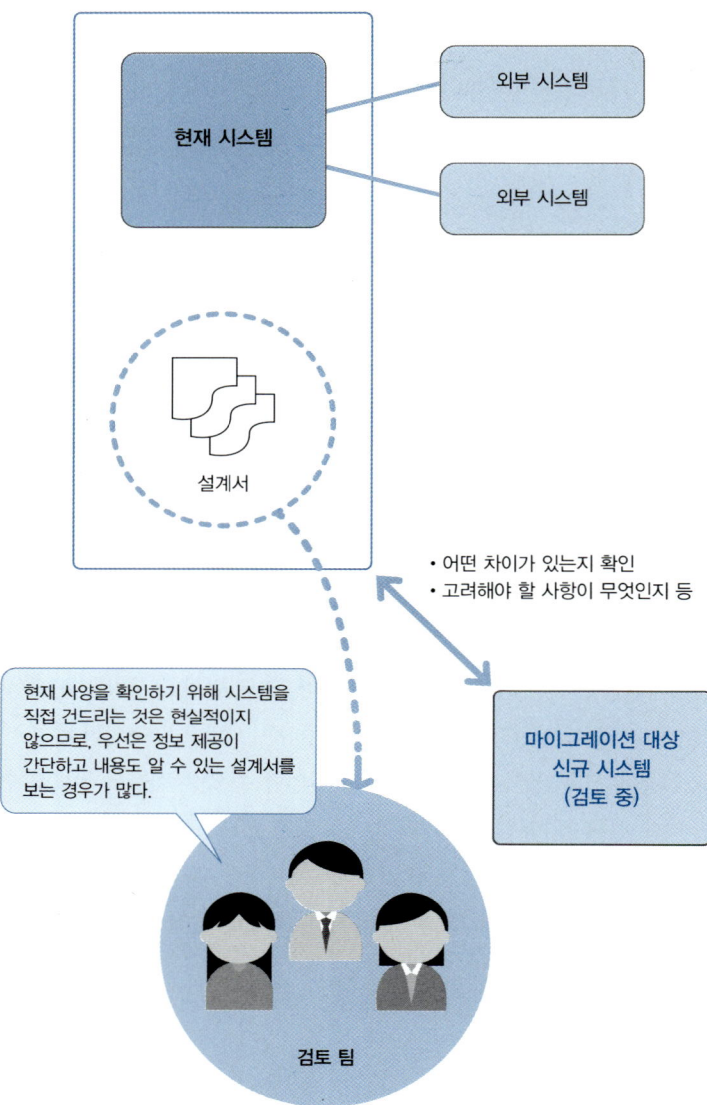

지속적인 유지관리로 비용 절감

그러면 검토 시작 전에 설계서를 최신 내용으로 수정하면 어떨까요? 실제로는 설계서 품질이 낮아서 검토 시작 전에 설계서 품질부터 개선이 필요한 경우도 있습니다.[6] 하지만 비용도 많이 들고 마이그레이션 프로젝트를 시작하기도 전에 상당한 시간을 낭비하는 꼴이 됩니다. 유지관리는 평소에 해 두는 것이 효율적입니다. 잘못된 설계서는 끝까지 문제가 될 수 있습니다.

---

[6] 과거에 어떤 대응을 했는지 알지 못하는 사람이 작업해서 오히려 지속적으로 유지관리한 것보다 비효율적일 때가 많습니다.

설계서는 필요 없다는 말도 안 되는 말

가끔 '설계서 따위 필요 없고 소스 코드만 있으면 충분하다' 같은 말을 듣곤 합니다. 여기까지 책을 읽은 여러분이라면 저건 말도 안 된다고 똑같이 느낄 것입니다.

이 말은 우선 그 대상의 범위가 불분명하다는 문제가 있습니다. 혼자서 만들 수 있는 애플리케이션 규모라면 설계서가 필요 없을 수도 있습니다. 실제로 저도 이 정도의 소규모 개발이라면 설계서를 작성하지 않습니다. 하지만 나중에 막상 수정하려고 하면 어떤 내용이었는지 전혀 기억나지 않습니다. 소스 코드에 주석을 작성하긴 했지만 단편적이라서 코드와 주석을 보면서 조금씩 기억을 되살려 겨우겨우 수정합니다. 과거의 나는 남과 다를 바 없습니다.

'Section 08 설계서를 작성하는 이유'에서 설명했지만 업무 시스템은 수많은 사람이 참여해서 만들고 운영합니다. 이런 상황에서 소스 코드를 공통의 의사소통을 위한 언어로 활용하기란 현실적으로 불가능합니다. 또한, 10장에서 설명한 것처럼 유지보수, 운영할 때 설계서는 생명줄과 마찬가지입니다. 4장에서 다룬 전체 설계 내용은 소스 코드만 봐서는 알 수 없습니다. 이런 점을 생각하면 설계서가 필요하지 않다는 사람은 개발 규모가 아주 작거나, 운영 경험이 없거나, 만들고 나서 뒷일은 내버려두고 도망치는 것을 전제한 것에 불과합니다. 아니면 아주 대단한 천재이겠지요.

이처럼 설계서는 중요합니다. 하지만 앞으로도 계속 그럴까요? AI의 등장으로 가까운 미래에는 프로그래밍이 거의 자동화될지도 모릅니다. 기능도 자동으로 추가되고 소스 코드가 있으면 영향 조사나 장애 발생 부분을 알아서 찾을 수도 있습니다. 그런 세상이 되면 설계서는 어디까지 필요할까요?

사실 설계서 자체는 업무적인 가치가 없습니다. 위에서 언급한 일을 효율적으로 하기 위해 설계서를 작성하는 것입니다. 설계서는 필요 없다는 것도, 또는 죽어도 필요하다는 것도 선입견일지 모릅니다. 가능하면 선입견을 갖지 말고 시대 변화에 맞춰 진짜 가치가 무엇인지 생각하면서 유연하게 적용하기 바랍니다(저 자신도 마찬가지입니다).

맺음말

SYSTEM DESIGN

끝까지 읽어 주셔서 감사합니다. 가능한 한 쉽게 정리했지만, 전문적인 내용을 빼고 설명하는 건 역시 어려운 일입니다. 당장 이해가 되지 않는 부분도 있었을 것입니다. 그런 부분은 시간을 두고 천천히 하나씩 이해하기를 바랍니다. 이 책은 앞으로도 통용될 수 있는 기초 지식을 다루었습니다. 여기서 얻은 기초는 결코 헛되지 않습니다. 이 책을 가까이 두고 잘 활용하고, 이 책에서 얻은 힌트가 다음 단계로 나아가는 데 도움이 되었다면 이보다 더 기쁜 일은 없을 것입니다.

이 책은 기술평론사의 도해 시리즈 중 하나입니다. 책 양식이 정해져 있어서 그에 맞춰 정리하는 데 많은 노력을 기울였습니다. 전하고 싶은 내용을 2쪽 단위로 압축해서 왼쪽에 설명, 오른쪽에 그림과 표를 두는 기본 형태로 정리했습니다. 분량으로 치면 2배는 더 쓴 느낌이라 조금 고생했지만 머릿속에서 정리하기에는 무척 좋은 형태라고 느꼈는데 어떠셨는지요?

마지막으로 출판 기회를 주신 기술평론사, 편집 담당 타카미 씨, 코타케 씨, 검토할 때부터 많은 조언을 주신 게게 씨, 테라하베스트 타카하시 노부마사 씨, 리뷰에 큰 도움을 주신 나가노 시로 씨, 다양한 측면에서 지도해 주신 고객, 상사, 선배, 동료, 후배, 파트너 여러분. 그리고 오랫동안 집필 활동 시간을 만들어 준 아내 사이코, 아들 코세이와 진세이. 여러분의 도움 없이는 이 책이 세상에 나올 수 없었을 것입니다. 이 자리를 빌려서 감사 인사를 드립니다. 정말로 고맙습니다. 이번이 두 번째 저서입니다. 책을 쓸 때마다 너무 힘들어서 다시는 안 한다고 생각했지만 지식을 전달하는 형태로써 책은 참 멋지다고 생각합니다. 기회가 된다면 또다시 도전해 보고 싶습니다. 그때 또 함께 할 수 있으면 좋겠습니다.

2023년 8월

이시구로 나오키

참고 문헌

- 『Docs for Developers 기술 문서 작성 완벽 가이드』, 자레드 바티, 재커리 사라 콜라이센, 젠 램본, 데이비드 누네즈, 하이드 워터하우스, 한빛미디어, 2023년
- 『그림으로 공부하는 마이크로서비스 구조』, 다루사와 히로유키, 사사키 아츠모리, 모리야마 쿄헤이, 마츠이 마나부, 이시이 신이치, 미야케 쓰요시, 제이펍, 2022년
- 『도해 입문 알기 쉬운 최신 오라클 데이터베이스 기초와 구조 5판』, 쇼와시스템, 2019년
- 『가장 쉬운 Git&GitHub 교과서 2판 인기 강사가 알려주는 버전 관리&공유 입문』, 임프레스, 2022년
- 『꼭 듣고 싶었던 소프트웨어 엔지니어링 수업〈1〉개정증보판』, 쇼에이샤, 2011년
- 『현장에서 도움되는 시스템 설계 원칙』, 기술평론사, 2017년
- 『도해 UML 구조와 구현을 한 권으로 확실히 알 수 있는 교과서』, 기술평론사, 2022년
- 『사용자 요구사항을 올바르게 구현하는 시스템 설계 이론』, 릭텔레콤, 2016년
- 『꼭 듣고 싶었던 소프트웨어 엔지니어링 신입 연수 3판 엔지니어가 꼭 익혀야 할 기초 지식』, 쇼에이샤, 2018년
- 『도해 요구사항 정의 이론과 실천 방법을 한 권으로 확실히 알 수 있는 교과서』, 기술평론사, 2020년
- 『인프라/네트워크 엔지니어를 위한 네트워크 기술&설계 입문 2판』, SB 크리에이티브, 2019년

- 『시스템 설계 의문 풀기 개정판』, 기술평론사, 2018년
- 『인프라 설계 이론 - 요구사항 정의에서 운영/유지보수까지 총망라』, 릭텔레콤, 2019년
- 『도해 인프라 엔지니어의 지식과 실무를 한 권으로 확실히 알 수 있는 교과서』, 기술평론사, 2021년
- 『현역 시스템 엔지니어가 알려주는 시스템 설계 시작하기: 기초 설계편(마메다누키 본점)』, 마메다누키 본점, 2021년
- 『처음 설계를 끝내기 위한 책 2판 - 개념 모델링에서 애플리케이션, 데이터베이스, 아키텍처 설계, 애자일 개발까지』, 쇼에이샤, 2022년
- 『엔지니어라면 알아야 할 시스템 설계와 문서』, 임프레스, 2022년
- 『시스템을 만드는 기술 - 엔지니어가 아닌 당신에게』, 일본경제신문출판, 2021년
- 『IT 시스템의 정석 - 사례로 배우는 시스템 기획 · 개발 · 운용 · 유지보수』, 비제이퍼블릭, 2023년

찾아보기

A

Acceptance Test 133
Actor 191
Availability 099, 112

B

Batch 061, 204
byte 172

C

CIA 112
Computer Security Incident Response Team 113
Confidentiality 112
Controller 070
CRUD 171
CSIRT 113

D

Data Definition Language 181
DDL 181
DMZ 220

E

EC 018
Electronic Commerce 018

F

Functional Requirements 025

I

IF 123
index 179
Integration Test 133
Integrity 099, 112
IP 주소 226

L

LB 218
Load Balancer 218
low-code 031

M

middleware 082
Migration 135
Migration Test 133
Model 070

Multiplexing 215
MVC 모델 070

N

NAT 223
NAT 변환 226
Network Address Translation 223
no-code 031
Non-Functional Requirements 025
Normalization 177
NoSQL 058

O

Object-Oriented 195
on-premise 066
Operational Test 133
OSI 모델 238
outsourcing 043

R

RASIS 098
RDB 058, 174
Relational DataBase 058
release 035
Reliability 099

S

Security 099
Service 248
Serviceability 099
Service Level Agreement 117
SLA 117
Software Regression 119
System Test 133

T

Throughput 235
trigger 162

U

UML 188
Unified Modeling Language 188
Unit Test 033, 133
Usecase Diagram 191

V

V자 모델 033
View 070
Volume 172

W

Waterfall model 021

Z

Zero trust 064

ㄱ

가상화 079, 244
가용성 112
개별계 052
객체 지향 195
결합 테스트 133
관계형 데이터베이스 058
관리계 052
규모 107
기능 요구사항 025
기밀성 112

ㄴ

내부 요인 075
네트워크 063, 212
노코드 031

ㄷ

다중화 215
단위 테스트 033, 133
데이터베이스 170
데이터 아키텍처 093

ㄹ

레이시스 098
로우코드 031
로직 188
리팩터링 269
릴리스 035

ㅁ

마이그레이션 135, 273
마이그레이션 테스트 133
마이크로서비스 아키텍처 071
메시지 127
모델 070
무결성 112
미들웨어 082

ㅂ

바이트 172
방화벽 232
배치 061, 204
백업 255

SYSTEM DESIGN

보안 110
보안 테스트 133
볼륨 172
뷰 070
비기능 요구사항 025

ㅅ

상태 전이 202
서비스 248
설계 종류 052
성능 105
성능 테스트 133
소프트웨어 회귀 119
수락 테스트 133
시서트 113
시스템 018
시스템 설계 020
시스템 아키텍처 091
시퀀스 다이어그램 197

ㅇ

액터 191
액티비티 다이어그램 193
영향 조사 266
온프레미스 066, 077
외부 연결 테스트 133
외부 요인 075
외부 접속 120
외주 043
요구사항 023

운영 037, 115
운영 테스트 133
유스케이스 다이어그램 191
유지보수 037
이메일 166
이중화 098, 215
인덱스 179
인터페이스 123
인프라 094
입출력 142

ㅈ

장애 대응 257
장애 테스트 133
전자상거래 018
전체파악계 052
정보 보안 3요소 112
제로 트러스트 064
종합 테스트 133

ㅊ

처리량 235

ㅋ

컨트롤러 070
클라우드 066, 077, 252
클래스 다이어그램 195

SYSTEM DESIGN

ㅌ

테스트 130
트리거 162

ㅍ

파일 182
폐지 273
폭포수 모델 021
표준화 125
프레임워크 054, 073
프로세스 흐름 다이어그램 200
플로차트 200

ㅎ

환경 101